国家自然科学基金项目（72074055）、广东省普通高校创新团
和广东省普通高校创新强校工程重点项目（2018WZDXM004）

我国长期护理保险制度 试点成效评估与推进机制研究

彭 荣◎著

中国财经出版传媒集团
经济科学出版社
Economic Science Press

图书在版编目（CIP）数据

我国长期护理保险制度试点成效评估与推进机制研究 /
彭荣著 . —北京：经济科学出版社，2022.2
ISBN 978 - 7 - 5218 - 3450 - 5

Ⅰ.①我… Ⅱ.①彭… Ⅲ.①护理 - 保险制度 - 研究
- 中国 Ⅳ.①F842.625

中国版本图书馆 CIP 数据核字（2022）第 031526 号

责任编辑：李　军　谭志军
责任校对：王苗苗
责任印制：范　艳

我国长期护理保险制度试点成效评估与推进机制研究
彭　荣　著
经济科学出版社出版、发行　新华书店经销
社址：北京市海淀区阜成路甲 28 号　邮编：100142
总编部电话：010 - 88191217　发行部电话：010 - 88191522
网址：www. esp. com. cn
电子邮箱：esp@ esp. com. cn
天猫网店：经济科学出版社旗舰店
网址：http://jjkxcbs. tmall. com
北京季蜂印刷有限公司印装
710 × 1000　16 开　14 印张　240000 字
2022 年 2 月第 1 版　2022 年 2 月第 1 次印刷
ISBN 978 - 7 - 5218 - 3450 - 5　定价：68.00 元
（图书出现印装问题，本社负责调换。电话：010 - 88191510）
（版权所有　侵权必究　打击盗版　举报热线：010 - 88191661
QQ：2242791300　营销中心电话：010 - 88191537
电子邮箱：dbts@ esp. com. cn）

前　言

根据 2020 年第七次人口普查数据，我国 60 岁以上人口占比为 18.7%，65 岁以上人口占比为 13.5%。这一数据表明，我国即将进入深度老龄化社会。人口快速老龄化与未富先老、失能人口与贫困人口相叠加，目前的社会养老保障体系、老年护理服务体系、养老服务设施、人力和资金储备等方面尚未做好应对。

按照党中央、国务院决策部署，2016 年人力资源和社会保障部出台《关于开展长期护理保险制度试点的指导意见》，正式启动长期护理保险制度试点计划，选择河北省承德市等 15 个城市开展长期护理保险制度试点，吉林和山东两省作为国家试点的重点联系省份。2019 年的《政府工作报告》提出，在全国范围内继续扩大长期护理保险制度试点。2020 年，国家医疗保障局和财政部发布《关于扩大长期护理保险制度试点的指导意见》，将北京市石景山区等 14 个地区纳入第二批长期护理保险制度试点范围。

稳步建立长期护理保险制度，是我国积极应对人口老龄化战略的重要组成部分。如何构建长期护理制度，满足老年人的长期护理需求，是我国人口老龄化进程中需要解决的重大现实问题。截至 2021 年，我国实施长期护理保险试点工作已经有五年时间，积累了经验，取得了成效，但仍存在不足。通过试点深入推进长期护理保险制度建设，是具有鲜明中国特色的政策实验形式。对试点取得的成效进行全面评估，发现试点存在的问题，探索解决问题的思路和具体对策，可以为我国推进长期护理保险制度试点，稳步建立长期护理保险制度提供重要依据和参考。

本书搭建了一个完整的研究框架，从长期护理保险制度建设成效、政策体系建设成效、政策实施效果三个方面，对我国长期护理保险制度试点成效进行评估。以长期护理保险制度试点城市为研究对象，构建长期护理保险政策文本数据库，以长期护理保险制度试点存在地区差异为研究起点，综合利用文献计量工具、文本分析、统计指数、系统动力学方法等量化分析工具，对长期护理保险制度试点成效进行全面系统的研究。对照试点成效、存在的问题和面临的挑战，提出我国推进长期护理保险制度试点的路径机制。

本书共分八章。第一、第二章分别是导论和理论基础。第三章分析试点地区长期护理保险制度运行现状。第四章以广州市为案例，对长期护理保险制度试点居民满意度进行调查研究。第五章对试点地区长期护理政策进行比较研究。第六章对长期护理保险政策强度和协调度进行评价。第七章研究长期护理保险对家庭照护负担的影响。第八章研究我国推进长期护理保险制度试点的路径机制。

本书是对我国长期护理保险制度试点成效的全面系统评估，主要采用量化评价工具，使研究过程规范、研究结果可靠。作者持续关注长期护理保险试点城市发布的政策文件，经过几年积累，构建了完整的长期护理保险制度试点政策数据库。本书构建了长期护理保险制度试点政策强度评价指标体系，测算了长期护理保险制度试点政策强度指数；整合多来源数据，利用统计指数模型、系统动力学模型和文本数据挖掘技术等方法评价我国长期护理保险制度试点的经济和社会效益，增加研究内容的深度和研究结果的精密度，为今后同行学者进一步研究完善提供有益的借鉴。

在本书的写作过程中，广东财经大学硕士研究生黄健航、贺佳鑫、廖嘉欣、张穗参与了部分章节的数据分析工作，王美芝、李芳、蔡雪娜、罗润珠、侯晶晶参与了资料整理工作。经济科学出版社对本书的出版给予了大量支持和帮助，出版社的工作人员在本书审校过程中付出了大量的时间和精力，在此对他们表示衷心的感谢！

本书的出版得到以下基金项目的支持：国家自然科学基金项目（72074055）、广东省普通高校创新团队项目（2020WCXTD014）和广东省普通高校创新强校工程重点项目（2018WZDXM004）。由于时间和能力水平所限，书中难免会出现错误，敬请广大读者批评指正！

彭　荣

2022 年 1 月

目　录

第一章 导 论

当前我国面临人口快速老龄化、未富先老、失能人口与贫困人口相叠加等难题。稳步建立长期护理保险制度，是我国积极应对人口老龄化战略的重要组成部分。如何构建长期护理制度，满足老年人的长期护理需求，是我国人口老龄化进程中需要解决的重大现实问题。本章介绍我国提出试点长期护理保险制度的背景，解读长期护理保险制度试点的重要性和必要性，对我国长期护理保险制度试点相关文献进行计量分析，并阐述本书的意义和价值。

第一节 研究背景与研究意义

一、研究背景

（一）我国从轻度老龄化社会进入深度老龄化社会

20 世纪 80 年代以来，随着我国经济实力的快速增长，医疗卫生条件持续改善，人口死亡率下降和预期寿命上升，老年人口占总人口比重呈稳步上涨趋势。1982 年联合国维也纳老龄问题世界大会首次提出，如果一个国家或地区 60 岁以上的人口占总人口比例达到 10%，或 65 岁以上人口占总人口的比重达到 7%，则该国家和地区属于老龄社会；如果 65 岁以上人口占比超过 14%，就是深度老龄化；如果 65 岁以上人口占比超过 20%，就属于超老龄化。根据这一标准，我国早在 2000 年就已经到达老龄社会。2010 年第六次人口普查资料显示，我国 60 岁和 65 岁及以上人口分别占总人口的 13.26% 和 8.87%。与 2000 年第五次全国人口普查相比，10 年时间里 60 岁及以上人口的比重上升了 2.8 个百分点，65 岁及以上人口的比重上升了 1.91 个百分点。根据 2020 年第七次人口普查数据，我国 60 岁以上人口占比为 18.7%，65 岁以上人口占比为

13.5%，比 2010 年分别上升了 5.44 个百分点和 4.63 个百分点。图 1 – 1 显示了 2000～2020 年我国 65 岁以上老年人口总数及比重情况。20 年间，我国老年人口年均增长率达到 4.14%，呈现明显的人口老龄化趋势。[①]

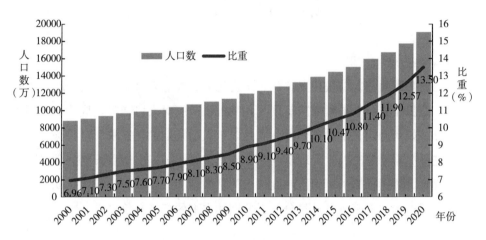

图 1 – 1　我国 65 岁及以上人口规模和比重（2000～2020 年）
数据来源：作者根据历年《中国统计年鉴》数据绘制。

　　如果按年龄将老年人进一步划分，可以分为低龄老人（60～69 岁）、中龄老人（70～79 岁）和高龄老人（80 岁以上）。低龄老人一般身体尚好，头脑比较清楚，经济上能自立，生活上也能自理。大多数低龄老人不仅不需要周围人给予照顾，反而可以再为社会或家庭做些工作。他们一般可以参与社会活动，有再就业意愿。中龄老人一般身体较差、多病，生活上基本上能自理，但有相当部分已失去自理能力。一些中龄老人能继续为社会服务，尤其是知识分子，另一些中龄老人则需要社会向他们提供经济帮助、医疗服务和生活照顾。高龄老人一般生活自理能力差或不能自理；体弱多病，有的甚至卧床不起和神志不清，患痴呆症比重较大。大多数高龄老人需要家庭和社会向他们提供经济帮助、医疗服务和生活照顾，继续为社会服务的人很少。图 1 – 2 显示了 2000～2018 年我国低龄老人（60～69 岁）、中龄老人（70～

---

　　① 人口老龄化标准是根据 1956 年联合国《人口老龄化及其社会经济后果》确定的划分标准，文献来源：United Nations. Department of Economic and Social Affairs. 1956, The Aging of populations and its economic and social implications United Nations, Dept. of Economic and Social Affairs, New York.

79 岁）、高龄老人（80 岁以上）的数量规模和比重。低龄老人数量从 2000 年的 7801 万人增长至 2018 年的 14971 万人，年均增长率为 2.5%；中龄老人数量从 2000 年的 4233 万人增长至 2018 年的 7023 万人，年均增长率为 2.1%；高龄老人数量从 2000 年的 1223 万人增长至 2018 年的 2954 万人，年均增长率为 3.1%。

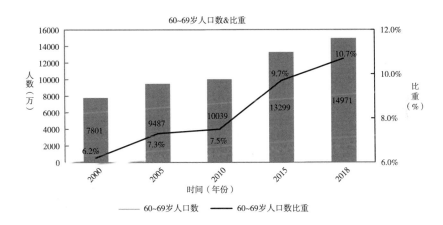

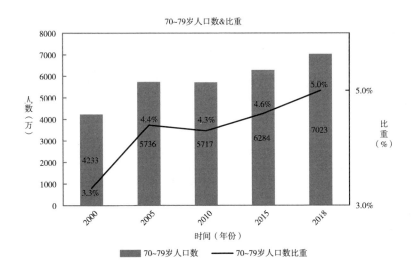

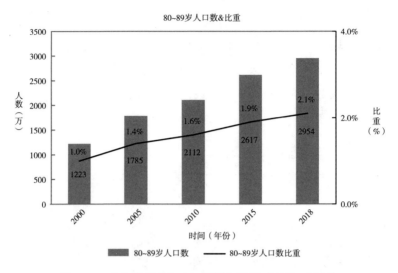

图1-2 分年龄段老年人口规模和比重（2000～2018）

数据来源：作者根据历年《中国统计年鉴》数据绘制。

表1-1显示了2020～2050年我国和世界老年人口分年龄段比重预测值。可以看出，2020～2050年我国60岁以上老年人口将从249776万人增长到485489万人，占总人口比重从17.4%增长到34.6%；我国80岁以上老年人口将从26618万人增长到115283万人，占总人口比重从1.8%增长到8.2%。未来30年，我国老年人口比重将超过世界平均水平。到2035年，我国60岁以上老年人口比重将达到高收入国家水平，远超中等收入国家和低收入国家的人口老龄化水平。

表1-1 中国、世界、高中低收入国家60+、80+人口比重的预测值

年份	中国		世界		高收入国家		中等收入国家		低收入国家	
	60岁+比重	80岁+比重	60岁+比重	80岁+比重	60岁+比重	80岁+比重	60岁+比重	80岁+比重	60岁+比重	80岁+比重
2020	17.4	1.8	13.5	1.9	24.4	5.0	12.2	1.4	5.2	0.4
2025	20.5	2.2	14.9	2.0	26.5	5.5	13.8	1.5	5.4	0.5
2030	24.8	2.8	16.5	2.4	28.2	6.5	15.7	1.8	5.8	0.5

续表

年份	中国		世界		高收入国家		中等收入国家		低收入国家	
	60岁+比重	80岁+比重	60岁+比重	80岁+比重	60岁+比重	80岁+比重	60岁+比重	80岁+比重	60岁+比重	80岁+比重
2035	28.4	4.1	17.8	2.9	29.8	7.5	17.4	2.3	6.2	0.5
2040	29.9	5.0	18.9	3.3	31.1	8.4	18.7	2.8	6.7	0.6
2045	31.4	6.3	20.0	3.8	32.1	9.4	20.2	3.4	7.4	0.7
2050	34.6	8.2	21.4	4.4	33.0	10.2	21.9	4.0	8.2	0.8

数据来源：2019年联合国世界人口展望数据库。

（二）人口老龄化引致巨大的长期护理需求

与人口老龄化伴随的，是老年人快速增长的健康服务需求，包括养老服务需求和长期护理服务需求。当前我国超过1.8亿老年人患有慢性病，慢性病患病率高达75%，失能或半失能老人超过4000万，占老年人口比例达18.3%。

根据1993～2013年国家卫生服务调查报告，我国老年人慢性病患病率呈上升趋势。图1-3显示了1993～2013年我国老年人慢性病患病率及其变化情

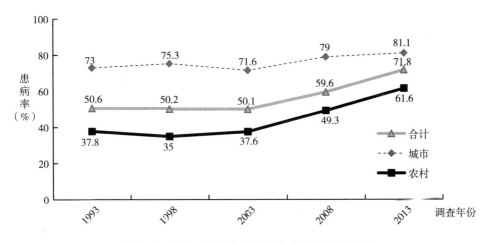

图1-3 1993～2013年我国老年人慢性病患病率

数据来源：国家卫生计生委统计信息中心.2013第五次国家卫生服务调查分析报告[M].中国协和医科大学出版社，2015.

况。2013 年老年人的慢性病患病率为 71.8%，其中城市和农村分别为 81.1% 和 61.6%，城市老年人慢性病患病率比农村高出 19.5 个百分点。从发展趋势来看，1993~2003 年，老年人的慢性病患病率保持稳定，基本维持在 50%，2003~2013 年，老年人的慢性病患病率呈现明显上升趋势，从 50% 上升至 70%。分城乡来看，历年城市老年人慢性病患病率均高于农村老年人，但是农村老年人慢性病患病率增长速度高于城市老年人。2003~2013 年，城市老年人慢性病患病率上升了 8.1 个百分点，农村老年人慢性病患病率则上升了从 33.8 个百分点。城乡老年人慢性病患病率的差异显著减少，1993 年两者相差 25.2 个百分点，2003 年两者相差 19.5 个百分点。

与 2008 年调查结果相比，2013 年六个年龄段的慢性病患病率均上升；60~64 岁组、65~69 岁组、70~74 岁组、75~79 岁组、80~84 岁组以及 85 岁及以上组的慢性病患病率 2013 年比 2008 年分别增加了 11、14.2、15.4、12.8、16.1 和 8.8 个百分点，其中 85 岁及以上组增加的幅度略小于其他年龄段；2008 年老年人慢性病患病率在 80 岁之后开始下降，2013 年则在 75 岁之后开始下降。

表 1-2 显示了 2008~2013 年我国老年人自评健康得分及自评有中度及以上健康问题的比例。可以看出，2013 年老年人口自评健康平均得分为 73.3 分，城市地区略高于农村地区。老年人口自评状况最差的维度是疼痛/不适方面，有 25.5% 的老年人认为有中度及以上疼痛。其次是行动方面，有 14.9% 的老年人行动有中度及以上困难，接着是日常活动方面，有问题的占 11.8%。城市老年人口在各个纬度出现中度及以上问题的比例均低于农村老年人口，其中差异最大的是焦虑/抑郁纬度，城市比农村低 3.1 个百分点。随着年龄的增加，老人自评健康各个维度出现中度及以上健康问题的比例均上升，且躯体方面问题增加幅度大于精神健康方面；80 岁之后老人在疼痛/不适方面的比例增加的幅度比行动方面的大；自评健康得分随年龄的增加而下降，其平均得分为 71.0，且 75 岁及以上老年人的自评健康得分均低于平均水平。

表 1－2　　　　　　　　我国老年人自评健康状况（2008～2013 年）

健康状况		2013 年			2008 年		
		合计	城市	农村	合计	城市	农村
自评健康得分		73.3	73.5	73.0	70.7	71.6	70.2
有中度及以上健康问题的比例（%）	行动	14.9	14.2	15.8	15.3	12.6	16.7
	自我照顾	7.9	7.1	8.8	10.2	7.6	11.6
	日常活动	11.8	10.8	12.9	14.4	10.6	16.4
	疼痛/不适	25.5	24.4	26.5	21.7	17.4	24.0
	焦虑/抑郁	9.5	7.9	11.0	13.2	8.5	15.8

资料来源：卫生部统计信息中心.2008 中国卫生服务调查研究［M］.中国协和医科大学出版社，2009；国家卫生计生委统计信息中心.2013 第五次国家卫生服务调查分析报告［M］.中国协和医科大学出版社，2015.

　　根据 2008 年和 2013 年国家卫生服务调查数据，我国老年人总的失能发生率在两次调查期间是下降的，这说明我国医疗卫生条件、老年人生活条件变得更好，因此减少了老年人失能发生率。表 1－3 显示了 2013 年我国老年人在行走、听力、说话、视力四个方面的失能状况。比较四个指标的失能发生率，可以看到视力失能的比重最高。2013 年，我国老年人视力有中度以上问题的占 25.2%，是最严重的失能状况；其次是听力（23.8%）。与城市地区相比，农村地区的老年人在听力和视力方面的失能情况更为严重。城市地区，西部老年人口失能状况最严重，东部最轻；农村地区，中部和西部老年人口失能状况较东部严重。

　　行走失能方面，老年人长期卧床的比例为 3.3%，老年人没人帮不能行走的比例为 2.0%，老年人不能独自出门的比例为 6.8%；无论是城市还是农村，老年人不能独自出门的占比最大，老年人没人帮不能行走的占比最小；城市老年人存在行走失能的比例（11.7%）比农村低 0.9 个百分点；西部城市存在行走失能的比例（13.1%）比中部城市高出 1.7 个百分点，比东部城市高出 2.3 个百分点；西部农村老年人存在行走失能的比例（14.1%）比中部农村高出 1.3 个百分点，比东部农村高 3.2 个百分点。

表1-3　　　　　　　2013年我国城乡老年人口失能状况　　　　单位：（%）

失能		合计	城市				农村			
			小计	东部	中部	西部	小计	东部	中部	西部
行走	长期卧床	3.3	3.4	2.8	3.9	3.5	3.2	2.9	3.6	3.0
	没人帮不能走	2.0	1.9	1.5	2.0	2.3	2.1	1.9	2.3	2.1
	不能独自出门	6.8	6.4	6.5	5.5	7.3	7.3	6.1	6.9	9.0
听力	很难听清楚	5.6	4.9	4.3	5.5	5.2	6.4	6.0	6.5	6.8
	需提高声音	18.2	16.1	14.0	14.7	20.1	20.5	18.1	21.7	21.9
说话	有困难	10.7	11.2	8.9	12.2	13.1	10.1	8.8	11.4	10.3
视力	中度困难	21.5	18.4	15.2	17.8	23.2	24.9	23.7	25.6	25.5
	极度困难	3.7	3.4	2.8	3.3	4.3	4.0	3.5	4.2	4.4

资料来源：国家卫生计生委统计信息中心.2013第五次国家卫生服务调查分析报告［M］.中国协和医科大学出版社，2015.

听力失能方面，老年人很难听清楚的比例为5.6%，老年人需提高声音才可以听到的比例为18.2%。城市老年人存在听力失能的比例（21.0%）比农村低5.9个百分点。西部城市老年人存在听力失能的比例（25.3%）比中部城市高出5.1个百分点，比东部城市高出7.0个百分点；中部和西部农村老年人存在听力失能的比例比较接近；西部农村老年人存在听力失能的比例（28.7%）比东部农村高出4.6个百分点。

语言失能方面，老年人说话有困难的比例为10.7%；城市老年人说话有困难的比例（11.2%）比农村高出1.1个百分点；在城市地区，由东向西，老年人说话有困难的比例逐渐增加，其中西部城市老年人说话有困难的比例（13.1%）比中部城市高出0.9个百分点，比东部地区高出4.2个百分点；西部农村老年人说话有困难的比例（10.3%）比东部农村高出1.5个百分点，中部农村老年人说话有困难的比例（11.4%）比东部农村高出2.6个百分点。

视力失能方面，老年人视力存在中度困难的比例为21.5%，老年人视力存在极度困难的比例为3.7%；城市老年人视力存在中度以上困难的比例（21.8%）比农村低7.1个百分点；城市老年人视力存在中度以上困难的比例比东部城市高出3.8个百分点；在城市地区，由东向西，老年人存在中度以上困难的比例逐渐增加；东中西部农村老年人视力存在中度以上困难的比例比较接近。

（三）老年人长期照护负担由家庭向社会转移

人口老龄化是人类社会发展的共同规律，是经济社会发展的必然结果。人口快速老龄化背景下，如何应对长期护理挑战是我国政府需要考虑的重要现实问题。我国长期护理服务体系处于初建阶段，社区和机构长期护理服务能力不足、对家庭照护的支持薄弱（Peng et al.，2015）。同时，我国社会护理服务能力供给不足、护理服务供需错位、老年群体支付能力不足等问题长期存在，构建长期护理服务体系对于满足老年人的长期护理需求成为当务之急。

2010 年我国需要长期护理的老人超过 1500 万人，到 2050 年这一数字将增至 2500 万~4500 万人。但是，我国养老机构收养的老人只占老人总数的2.1%，远低于西方国家 5%~7% 的水平，且偏向于接收照料需求不多的老人；社区照护处于发展的初始阶段，为老年人提供的长期护理服务非常有限。费孝通曾于《乡土中国》中提到，中国养老的"反馈模式"家庭给老年人提供养老，而老年人也提供代际抚养。显然，目前中国的养老问题不是单纯靠子女赡养可以解决的，急需由家庭养老向社会养老转变。

根据国家对社区的定位，它是居家老人获得护理服务的重要载体。图 1-4

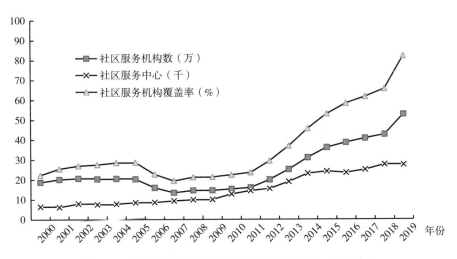

图 1-4 我国社区服务机构的发展状况（2000~2019 年）

数据来源：中华人民共和国民政部. 中国民政统计年鉴（2020）[M]. 中国社会出版社，2020；社区服务设施覆盖率 =（社区服务中心 + 社区服务站 + 其他社区服务设施）/村居委会。

显示了 2000~2019 年我国社区服务机构的发展状况。2000~2019 年，社区服务机构的数量和覆盖率呈上升趋势，社区服务中心的数量稳步增长，其中，2006 年的机构调整使得社区服务机构的数量明显下降。截至 2019 年年底，我国社区服务机构的数量达到 52.77 万个，社区服务机构覆盖率达到 82%，社区服务中心达到 27.48 万个。在发展的初始阶段，社区为老年人提供的护理服务非常有限。到 2019 年，社区为老年人提供的服务内容已经得到较大的扩展，从提供日间照料等基本生活服务扩展到包括医疗护理、康复训练等专业性较强的领域。尽管如此，社区护理服务仍然存在着很大的提升空间，特别是在农村地区。

老年护理机构是老年人的集中供养场所，包括养老院、老年护理院、老年福利院等多种形式。图 1-5 显示了 2000~2019 年我国老年养老机构的发展状况。不难看出，2000 以来我国养老机构的数量、床位数和年末收养老人数均呈上升趋势；床位数增速高于养老机构数增速。养老机构数量和规模的增长与老年人上升的机构护理需求相适应。冯等（2011）的研究显示，在南京、天津和北京等大城市，大约 60% 的养老机构建立于 2000 年之后。截至 2019 年年底，我国养老机构的数量达到 37021 万个，床位 467.4 万张，年末收养老人 231.6 万人。根据民政部数据，我国每千名老人拥有床位数从 2000 年的 8 张增长到 2020 年的 40 张。

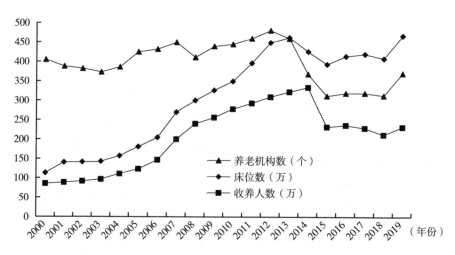

图 1-5　我国老年养老机构的发展状况（2000~2019 年）

数据来源：中华人民共和国民政部. 中国民政统计年鉴（2020）［M］. 中国社会出版社，2020.

综合来看，我国老年护理服务硬件建设在护理相关政策的指导和支持下取得了显著的进步，形成了向上的长期趋势，但与我国老龄社会的现实需求仍存在着很大的差异。比如，老年护理机构的服务质量不高，床位不足，私立机构入住费用偏高等。截至 2019 年年底，我国养老机构收养的老人只占老人总数的 1.3%，远低于西方国家的 5%~7%。同时，长期护理发展的城乡差异成为制约老年人获得公平护理服务的重要因素。

在机构和社区的长期护理功能建设相对滞后的背景下，家庭照护功能的弱化进一步阻碍了老年人长期护理需求的满足。超过 50% 的老人认为他们的长期护理需求没有得到完全满足。由此可见，我国社会长期护理服务供给能力不足和结构性失衡矛盾突出，如何满足老年人的长期护理需求是当前我国政府面临的重要现实问题。

发达国家和地区的经验表明，长期护理服务体系和长期护理保险制度是应对老年长期护理需求的重要保障，其中，完善的长期护理服务体系是长期护理保险制度有效运行的基础。由于在人口老龄化发展周期早期的积极应对，发达国家已经建成支持失能老人获得长期护理服务的机制。在美国、德国、日本等国家，长期护理服务体系经过多年的发展已经比较成熟，成为老年人获得长期护理服务的重要保障。各国政府还通过不断整合医疗资源和社会服务资源，为老人提供综合性、持续性的服务，应对老年人增长的长期护理需求。

我国的长期护理服务体系处于初建阶段，应对长期护理挑战的能力严重不足。自 2000 年以来，我国政府连续出台了多项政策和法规，逐步加强社区和机构服务建设，国家政策层面的老年长期护理战略逐步清晰，明确了家庭、社区、机构在长期护理服务体系建设中的定位。《国务院关于加快发展养老服务业的若干意见》认为，我国以居家为基础、社区为依托、机构为支撑的养老服务体系已经初步建立。但是，社区和机构的护理功能建设相对滞后、社会对家庭护理的支持薄弱、长期护理专业人员严重缺乏等是不争的事实。

（四）我国提出稳步建立长期护理保险制度的宏伟目标

如何构建长期护理制度，满足失能老人长期护理保障需求，是我国人口老龄化进程中需要解决的重大现实问题。长期护理保险是我国长期护理保障制度的主要组成部分，是积极应对老龄化、建设健康中国的重大举措。随着人口预期寿命的增长以及疾病谱的变化，现代社会对失能护理的需求快速增长，主要发达国家在长期照护上的支出不断增长。这不仅给个人和家庭带来沉重负担，而且给社会及公共财政带来沉重负担。具体到我国，则面临着人口快速老龄化、未富先老、失能人口与贫困人口相叠加等难题，亟须加快长期护理保障制度建设。

我国政府高度重视长期护理保险的制度建设。2015 年，为积极应对人口老龄化现象，《中共中央关于制定国民经济和社会发展第十三个五年规划的建议》中提出，要探索建立长期护理保险制度。习近平总书记提出，"要建立相关保险和福利及救助相衔接的长期照护保障制度"。中共十八届五中全会提出，"探索建立长期护理保险制度"。2016 年 6 月，人力资源社会保障部办公厅出台《关于开展长期护理保险制度试点的指导意见》，选取首批 15 个城市作为试点地区，包括河北省承德市、吉林省长春市、黑龙江省齐齐哈尔市、上海市、江苏省南通市、江苏省苏州市、浙江省宁波市、安徽省安庆市、江西省上饶市、山东省青岛市、湖北省荆门市、广东省广州市、重庆市、四川省成都市、新疆生产建设兵团石河子市，探索建立适合我国国情的长期护理保险制度，试点期限为 3 年。同时，将山东省、吉林省作为国家试点重点联系省份。我国长期护理保险制度是实现共享发展改革成果的重大民生工程，也是健全社会保障体系的重要制度安排。从试点的推进看，长期护理保险在解决失能人员的服务供给、财务压力等方面起到了重要作用，特别是对低收入的重度失能人群提供了基本的保障，维护了社会稳定，同时也为照料经济的发展提供了支撑。经过近五年的试点，各地在筹资模式、待遇支付、基金管理、经办服务等方面都进行了积极探索，摸清了问题，积累了宝贵的经验。

2020 年，《中共中央关于制定国民经济和社会发展第十四个五年规划和二三五年远景目标的建议》进一步要求，"稳步建立长期护理保险制度"。2020 年 9 月，国家医保局、财政部发布《关于扩大长期护理保险制度试点的指导意见》（以下简称《指导意见》），新增试点明确将北京市、天津市、山西省、内蒙古自治区、辽宁省、福建省、河南省、湖南省、广西壮族自治区、贵州省、云南省、陕西省、甘肃省、新疆维吾尔自治区等 14 个省份相关市区纳入长期护理保险制度试点。针对前期试点经验以及各地在试点过程中遇到的一些问题，《指导意见》一方面提出了在扩大试点过程中参保范围、筹资模式、待遇支付、经办管理等方面需要遵循的一些原则，另一方面也为试点的深入探索留出了相应的空间。《指导意见》提出，长期护理保险要坚持独立运行，着眼于建立独立险种。这个原则实际上再次确定了我国长期护理保障制度的主体是社会保险性质的长期护理保险。相比于完全财政负担的长期护理保障制度以及完全市场化的长期照护供给制，长期护理保险作为一种社会保险制度，较好地兼顾了筹资的可持续性与待遇的公平性，兼顾了激励效应与再分配效应，同时也符合我国已经建立的以社会保险为主体的社会保障制度框架。坚持独立险种、独立运行，则再次强调了长期护理保险的特殊性，从框架上划定了养老服务、长期护理与医疗服务之间的界限，为长期护理保险的筹资、待遇支付、失能标准确定等提供了依据。《指导意见》提出，力争在"十四五"期间，基本形成适应中国经济发展水平和老龄化发展趋势的长期护理保险制度政策框架，推动建立健全满足群众多元需求的多层次长期护理保障制度。

二、研究意义

通过试点深入推进长期护理保险制度建设，是具有鲜明中国特色的政策实验形式。我国长期护理保险制度试点工作的开展已经有五年时间，积累了经验，取得了成效，但仍存在不足（易春黎，2018；郑秉文等，2019；彭荣等，2020）。对试点取得的成效进行全面评估，发现试点存在的问题，探索解决问题的思路和具体对策，可以为我国推进长期护理保险制度试点，稳步建立长期护理保险制度提供重要依据和参考。

本书以试点城市为研究对象，构建长期护理保险政策数据库，以长期护理保险制度试点存在地区差异为研究起点，综合利用文本计量工具、文本分析、统计指数、系统动力学方法等量化分析工具，对长期护理保险制度试点成效进行全面研究。对照试点制度存在的问题和面临的挑战，提出我国稳步建立长期护理保险制度的路径和政策建议。

（1）理论价值。本书是对我国长期护理保险试点制度建设成效、政策体系建设成效、政策实施效果的系统研究，首次提出长期护理保险制度试点政策一致性评价指标体系，构建长期护理保险制度试点政策强度指数；整合多来源数据库，利用统计指数模型、系统动力学模型和文本数据挖掘技术等方法评价长期护理保险制度试点的成效，增加研究内容的深度和研究结果的精密度，为今后同行学者进一步研究完善提供有益的借鉴。

（2）应用价值。首先，跟踪并评价长期护理保险政策发展和制度运行动态，有利于总结试点经验并判断试点过程存在的主要问题。其次，对长期护理保险制度试点成效进行量化评估，有助于发现长期护理保险制度运行的经济效应，可以为扩大长期护理保险制度试点提供路径遵循，对我国稳步建立长期护理保险制度及政策体系具有参考价值。最后，本书构建的长期护理保险政策数据库，可以通过数据共享扩大本项目研究的社会效益。

第二节　国内外研究现状及评述

一、长期护理保险制度试点研究文献计量分析

长期护理保险制度试点是我国构建全国性长期护理保险制度的重要环节。目前关于我国长期护理保险试点制度评价的研究正在兴起，研究视角包括长期护理保险试点政策、试点成效、改进路径等。利用文献计量方法，回顾自2016年以来我国长期护理保险制度试点研究进展，对文献进行梳理和总结。

（一）文献来源与研究方法

本书以 CNKI 数据库中的期刊作为数据来源，在"期刊"的大类下，以"长期护理保险试点"作为检索主题词，对 2016～2021 年所发表的文献进行检索，共获得 124 篇文献。为了保证后续分析结果的准确性，对初步检索的文献进行筛选，删除会议、通知、文件等非学术性文献，共获得 93 篇文献作为分析样本。将目标文献按照 Citespace 所需格式导出并进行数据转换，得到最终研究的文献样本数据库。

Citespace 是在科学计量学、数据和信息可视化背景下将文献蕴含的潜在信息做可视化分析的软件。通过绘制科学知识图谱，能够更好地发掘该领域的研究热点，探索该领域的研究趋势和前沿热点。本书利用 CiteSpace 绘制知识图谱，用可视化的方式，直观地梳理我国长期护理保险制度试点研究的核心内容、发展历程、前沿领域等。

（二）长期护理保险制度试点研究文献发文量情况

发文量是衡量某个研究主题受重视程度的核心指标之一。图1－6展示了以"长期护理保险试点"为主题的发文量总体情况。2016年我国发布了《关于开展长期护理保险制度试点的指导意见》，正式揭开了我国长期护理保险制度试点的序幕。较早的一篇关于长期护理保险制度试点的文献是北京师范大学中国公益研究院在《社会福利》上发表的《中国长期护理保险制度试点与探索》，该文介绍了2016年以前我国各省份探索建立长期护理保险制度的进程；对青岛市和南通市在长期护理保险制度上的实施区域、参保对象及资金来源等方面进行对比分析；最后综合比较荷兰、德国、日本和韩国长期护理保险制度的实施情况，为我国后续开展长期护理保险制度试点工作提供重要的借鉴意义。

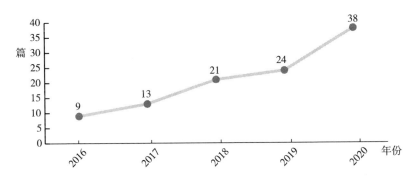

图1－6 相关文献年度发文量数量（2016～2020年）
数据来源：作者根据收集的历年发文量数据绘制。

从图1－6可知，在国家对长期护理保险制度试点工作的不断探索和加快开展试点工作的背景下，学者们对长期护理保险制度试点研究的重视程度逐步提高，相关文献的发表数量呈现逐年快速增长的态势，从2016年的9篇增长到2020年的38篇。

（三）长期护理保险制度试点研究关键词共现图谱分析

关键词作为一篇文献内容的核心，出现频率的高低反映了该领域的研究热点。在关键词共现图谱中，每一个节点代表着该研究领域的一个关键词，出现的频率越高，节点也就越大。节点与节点之间的连线反映了关键词间共现关系，线条粗细表明共现程度的强弱。将93篇目标文献导入CiteSpace，时间切片选择"From 2016 JAN To 2021 AUG"，"Years Per Slice"值设为1，选择标准为TOP50，Pruning选择"Pathfinder"和"Pruning sliced networks"，选择"Keyword"进行分析，得到长期护理保险制度试点的关键词共现图谱，如图1-7所示。

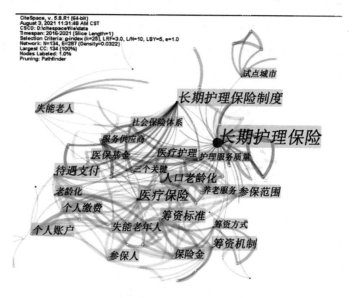

图1-7　长期护理保险制度试点关键词聚类图谱
数据来源：作者利用CiteSpace绘制关键词共现图谱得出。

由长期护理保险制度试点关键词共现图谱可知，共有140个关键词节点，节点间共307条连线，密度为0.0316。利用CiteSpace对140个关键词出现的情况进行整理，统计频次出现较高的关键词，如表1-4所示。

表1-4　　　　　　　　　　频次在3次以上的关键词

序号	出现频次	关键词	中心性	序号	出现频次	关键词	中心性
1	86	长期护理保险	1.50	13	4	医疗保险	0.21
2	20	长期护理保险制度	0.34	14	4	筹资标准	0.07
3	13	人口老龄化	0.16	15	3	待遇支付	0.12

序号	出现频次	关键词	中心性	序号	出现频次	关键词	中心性
4	10	筹资机制	0.18	16	3	长期护理	0.03
5	8	失能老人	0.20	17	3	个人账户	0.04
6	7	待遇给付	0.00	18	3	养老服务	0.02
7	6	多期 did	0.00	19	3	长期照护保险	0.00
8	6	国家级试点	0.00	20	3	试点城市	0.12
9	6	劳动就业	0.00	21	3	老龄化	0.10
10	6	政策效应	0.00	22	3	医保基金	0.16
11	5	社会网络分析	0.00	23	3	居家照护	0.10
12	5	政策试点	0.00	24	3	医疗护理	0.04

资料来源：作者利用 CiteSpace 对关键词统计频次得出。

由图 1-7 和表 1-4 可知，在长期护理保险制度试点研究领域，关键词出现频次排名前五的为长期护理保险（频次 86 次）、长期护理保险制度（频次 20 次）、人口老龄化（频次 13 次）、筹资机制（频次 10 次）和失能老人（频次 10 次）。这五个关键词的中心性也较高，可见在我国人口老龄化的背景下，长期护理保险制度以及其筹资机制一直都是长期护理保险制度试点研究的重点。失能老人、待遇给付、多期 did、国家级试点、劳动就业、政策效应、社会网络分析、政策试点等关键词紧跟随后，反映在该领域，对失能老人及待遇给付的关注度在不断上升；另外，也反映了自我国正式开展长期护理保险制度试点工作以来，我国学者也在通过不同的分析方法评估政策的实施效果，对我国长期护理保险制度的顺利实施具有重要意义。

（四）长期护理保险制度试点研究热点变迁

关键词的时序图谱能够反映某一领域的研究热点随着时间的变化而变化，也能够通过此推断该领域的前沿热点，反映某一时段内的研究趋势。运行 CiteSpace，在关键词共词分析的基础上，按照时间片段生成关键词时序图谱，如图 1-8 所示。可以看出，我国长期护理保险试点研究的不同时期有着不同的关注点。结合高频关键词以及发文量的总体趋势，可将长期护理保险制度试点的研究分成三个阶段。

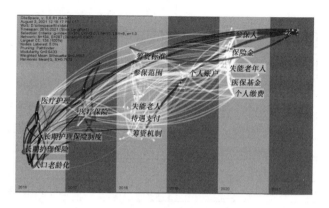

图 1 - 8　关键词时序图谱
资料来源：作者利用 CiteSpace 绘制关键词时序图谱得出。

第一阶段（2016 年），即从 2016 年试点工作展开开始，据 CNKI 数据库统计，2016 年有关我国长期护理制度试点的文献共有 6 篇。在此期间，我国学者对长期护理保险制度试点的研究仍然处于探索阶段，主要关键词有人口老龄化、长期护理保险制度、医疗护理。苑耀明等（2016）对山东省潍坊市扎实做好职工长期护理保险试点工作提出一些要求和建议，在长期护理保险实施效果初显的背景下，依旧强调需要从失能参保人员的不同医疗需求入手，确定多层次的医疗护理方式。在实施试点工作的过程当中，长期护理保险资金来源单一、可持续性差；保险经办人员不足；专业化的医疗卫生人员不足等问题比较突显。日社宣（2016）介绍了山东省日照市长期护理试点的现状，主要包括保险护理服务的四种方式和五大服务内容、护理保险的待遇支付范围和基金结算标准。王诗雨等（2016）针对辽宁省阜新市的失能老人人群对长期护理保险问题展开研究，指出存在经济欠发达地区、养老基础设施不够完善、居家养老观念比较普遍以及政府职能在长期护理保险方面发挥不足四大问题，使得阜新市构建长期护理保险制度存在障碍。针对长期护理保险资金来源的问题，指出可以三方缴费，即个人、企业和政府共同参与资金筹集。同时要积极推广长期护理保险的相关知识，加大对优质养老机构的扶持力度。总体来说，由于我国长期护理保险制度试点工作开展的时间还比较短，这一时期属于我国学者对长期护理保险制度试点研究的起步发展时期，对此展开研究的还比较少，研究尚未进入系统化阶段。

第二阶段（2017～2019年），文献的研究重点集中在筹资机制、待遇支付、参保范围、筹资标准和失能老人方面。各个试点城市在国家长期护理保险制度试点的前提下，继续对内部的长期护理保险试点进行不断探索和完善，优化长期护理保险制度的实施方案。2017年，上海市政府制定发布了《上海市长期护理保险试点办法》，在之前徐汇区、普陀区、金山区三个区率先实行长期护理保险试点的前提下，将试点工作扩大到全市范围。同样，吉林省在2017年也进一步推进了长期护理保险试点的开展，发布了《关于进一步推进长期护理保险制度试点的实施意见的通知》，明确了近期及远期的目标，进一步明确了长期护理保险的筹资机制、参保覆盖人群、待遇支付以及管理服务体系的要求。2018年，河北省承德市在长期护理保险制度实施已过一年半的情况下，发布了《关于进一步调整完善基本医疗保险大病保险医疗保障救助及长期护理保险等相关政策的通知》，阐明承德市在长期护理保险制度开展初期存在参保覆盖范围小、资金筹集来源单一以及缺乏专业护理队伍的问题，提出完善承德市长期护理保险制度的建议。

在这一阶段，除了部分试点地区进一步对内部长期护理保险试点工作进行完善之外，我国学者对长期护理保险试点的参保范围、筹资标准、筹资机制、待遇支付等方面也做了进一步的研究和创新，桂世勋（2017）在长期护理保险制度的参保范围上，认为应当扩大当前的覆盖人群范围，针对参加职工基本医疗保险的非本地户籍职工人群，提出了三种符合我国国情的资金运营模式。何世英等（2019）对试点地区的筹资制度进行研究，明确目前"医保划转为主、财政划拨为辅、个人和社会参与"独立的长期护理保险筹资机制，同时发现了筹资标准的测算方法、受益对象的评定标准和限制条件上仍然存在一定改善的空间。

也有较多学者比较分析了各城市长期护理保险的实施方案，比较其筹资性质、筹资来源、筹资水平等。文献主要利用比较研究和案例研究对试点地区长期护理保险政策内容进行分析。比较研究的视角包括参保对象、基金筹集、服务内容、待遇给付、保障和运行特点等方面（李强等，2018；吴海波等，2018；程煜等，2017）。一致的观点认为，我国试点地区长期护理保险制度政策条款既有共性，也存在差异。钟俊弛等（2017）针对资金来源、参保人群和支付待遇，将我国试点地区的老年长期护理保险制度的实施现状与美国、德国和日本进行对比分析，总结上述三个国家实施长期护理保险制度的特点，提出需要明确制度设计的目的与出发点、明确照护需求的人群、加强基础研究、建立合理的补偿机制等建议。邓晶和邓文燕（2017）对青岛市、上海市、南通市和长春市四地的长期护理保险筹资方案进行比较分析，提出扩宽筹资渠道、探索新的筹资方式、加大长期护理保险宣传工作力度、加强对保险机构的管理力度等建议。王群等（2018）对比分析长期护理保险制度试点城市的实施方案在参保对象、筹资机制、服务形式和待遇支付的特点，认为未来应当分期扩大参保范围，逐步放宽参保对象的限制条件、丰富筹资机制、明确政府责任边界、照护服务更加多元化和多层次化、设置合理的支付标准和支付形式，有机结合补偿型支付和定额支付。王群等（2018）重点对长期护理保险制度试点城市的服务项目进行比较研究，强调需要扩大服务范围、按需划分服务层级，优化资源配置以及规范服务项目，制定清晰的服务内容和标准。周磊和王静曦（2019）通过对全国 15 个试点城市实施方案进行对比，考察其在支付条件和待遇支付中的异同，从长期护理保险的定位、筹资机制以及待遇支付三个方面提出适当的政策建议，提出长期护理保险的目的在于提高和延续生命以及生存质量；强调政府以及个人在筹资过程中的责任；提高基金的统筹层次以助于分散风险，探索建立调剂金制度；科学确定补偿的标准，逐步完善长护险与商业保险、医疗保险等的政策衔接。

关于试点成效的研究以经验介绍为主，利用计量模型和微观数据开展实证研究的文献比较少见（于新亮等，2019；Feng et al.，2020）。学者们对山东、上海、河北试点长期护理保险制度的成效进行概括总结（杨文生，2017；龚秀全等，2017；李林等，2018），认为长期护理保险制度试点在减轻家庭照料压力、减轻护理服务经济负担等方面取得初步成效，实现了政府和群众的双赢，促进了养老护理机构的发展。利用计量模型和微观数据开展实证研究的文献比较少见。于新亮（2019）利用合成控制法首次量化评估了青岛长期护理试点制度对医疗费用的影响。冯等（Feng et al.，2020）利用医保数据，评价了上海长期护理保险试点制度对居民医疗费用支出的影响。

第三阶段（2020 年至今），随着我国长期护理保险制度试点工作取得了初步成效，国家也进一步扩大长期护理保险试点的范围，2020 年 9 月，国家医保局和财政部联合发布新增试点城市的名单，学者在该领域的研究也提出了更多的思考，对我国扩大护理保险制度试点存在的瓶颈和机遇展开了研究。由图1-8可知，这一阶段研究领域的关键词更多集中在保险金、医保基金和个人缴费方面。孙洁和孙跃跃（2020）对北京市石景山区的电话试点工作进行调查，在了解其瓶颈与不足的基础上，对我国扩大长期护理保险试点提出政策建议，需要完善激励机制，扩大参保人群范围，提升筹资机制的可持续性。同时存在与商业保险衔接不足的情况，未来应当充分发挥商业保险公司的专业性，提升市场化运作功能，创新委托经办机制，规范当地社保部门的职能。陈诚诚（2020）总结了德国、韩国和日本在参保缴费和资金筹集两个方面的经验，认为通过降低个人缴费额度和扩大参保人群范围有助于实现长期护理保险资金的可持续性发展，应该推广"大众参与、小众受益"的参保缴费模式。荆涛等（2020）在医疗保险精算平衡理论的基础上构建动态精算模型，模拟各试点城市扩大长期护理保险试点对我国城镇职工医保基金可持续性的影响。研究发现，17个省市在全面推广现行的试点方案下，预计到2025年，医保基金将出现比较严重的赤字。因此提出适当提高自付比例和上调人均筹资缴费率能减轻医保基金的财政负担，30%左右的自付比例较为合理，建议独立设险、独立筹资，保障长期护理保险制度资金的稳定性。

近几年来，有关长期护理保险制度试点过程中的失能评级问题的研究较为集中。周四娟和原彰（2020）对试点城市的失能等级评定表进行比较研究，发现存在失能表过于简单、等级划分不够明确和统一、评定机构没有统一的标准等问题，在失能等级评定表上仍需要进一步完善和创新，可以探索第三方评定机构的发展模式，促进制度公平。焦培欣（2020）指出，自2016年我国开展长期护理保险试点工作以来，就存在各地护理等级评估标准不统一的问题，对日本的评估标准及配套条件进行探究，为我国制定评估标准提供参考。2021年8月，国家医保局同民政部印发了《长期护理失能等级评估标准（试行）》，要求各试点地区要按照要求，根据城市的实际情况，促进标准的统一性、待遇的均衡性和制度的公平性。可预计未来一段时间，在长期护理失能等级评估方面的研究会逐渐增多。

总体来说，国内研究主要对我国长期护理保险试点政策进行比较，对试点成效进行案例研究。长期护理保险制度试点效果评估和政策评价多采用定性研究方法，主要是基于个别试点地区的经验分析和案例研究，尚未见关于各地区长期护理保险制度试点成效的全面系统研究。与国外同类研究相比，由于我国长期护理保险制度尚处于试点阶段，实践经验和数据积累有限，尚未形成跟踪研究和持续研究。

二、国外研究现状述评

国外学者密切关注长期护理保险制度的社会经济影响，跟踪研究贯穿于制度实施的整个过程，提出了许多改革的方向和具体措施。研究认为，社会长期护理保险制度减轻了家庭照料者的照料负担（Umegaki et al.，2014），激励女性劳动力供给（Sugawara and Nakamura，2014），对家庭照料者劳动力参与具有显著的正溢出效应（Fu et al.，2017），减轻医疗负担（Choi et al.，2018）和由于家庭成员需要长期护理导致的家庭福利损失，有利于增加长期护理服务可及性和卫生服务利用（Kim et al.，2013）。随着人口老龄化加剧，依赖代际资本转移贡献的社会长期护理保险筹资模式将遭受挑战，为了减少未来的长期护理保险负担，学者们认为必须不断推进改革，以保证长期护理保险制度的可持续性（Kato，2018；Cremer et al.，2016；Rhee et al.，2015）。这些改革策略包括增加联合支付（Kato，2018），实施基于健康的分层管理（Kim and Lim，2015），规避道德风险，创新护理服务供给模式（Kim et al.，2015）等。总体来说，整合商业和社会长期护理保险，优化长期护理保险计划，成为长期护理保险制度的新趋势（Nadash and Cuellar，2017）。

国外研究表明，长期护理保险制度对社会经济有着广泛的影响，其特征随着时代的发展变化，必须推进改革以应对人口老龄化的严峻挑战。由于采用的研究视角、数据和方法等不同，经验研究结果呈现差异，进而引导出不同的政策见解。这些研究在提供了更为广泛的视野与比较对象的同时，也给本书带来有益启示。

与国外研究比较而言，国内长期护理保险制度量化评价研究处于初始阶段，关于长期护理保险制度试点政策和效果评价的实证研究较少。由于我国长期护理保险试点时间不长，积累的数据有限，有关优化长期护理保险制度的政策建议受到证据支持不足的约束。因此，进一步的研究需要充分利用大数据挖掘技术和定量评价方法，加强制度运行效果的量化评价。

第三节　研究框架和主要内容

本书从制度建设成效、政策体系建设成效、政策实施效果三个方面对我国长期护理保险制度试点成效进行全面系统的评估，主要采用量化评价工具，使研究过程规范、研究结果可靠。根据成效评估结果，得出扩大长期护理保险制度试点的启示，研究我国推进长期护理保险制度试点的路径和机制，提出我国稳步建立长期护理保险制度的政策建议。

首先，在文献研究的基础上提出本研究的意义和价值；其次，分析试点地区长期护理保险制度运行现状，并以广州市为例对长期护理保险制度试点居民满意度进行了调查研究，总结试点制度建设的成效；再次，对试点地区长期护理政策差异和政策强度进行评价，总结政策体系建设成效；再其次，从家庭照护负担视角对长期护理保险政策实施效果进行评价；最后，阐述我国推进长期护理保险制度试点的建设路径、机制和政策建议。

各章主要内容如下：

第一章是导论。本章介绍我国试点长期护理保险制度的背景，解读长期护理保险试点的重要性和必要性，对我国长期护理保险制度试点相关文献进行计量分析，阐述本研究的意义和价值。

第二章是基本概念和理论基础。本章介绍长期护理保险研究相关基本概念，包括长期护理、长期护理保险、长期护理筹资、商业长期护理保险等。本章还介绍了国外主要长期护理保险制度模式。

第三章是试点地区长期护理保险制度运行现状。本章分析我国选定为长期护理保险制度试点的 29 个城市的空间布局与聚类特征。由于第二批试点城市开展试点的时间较短，仅对首批 15 个试点城市，从试点制度实施背景、制度基本情况、运行效果三个方面分析长期护理保险制度运行现状。

第四章是长期护理保险制度试点居民满意度追踪调查研究。本章以长期护理保险制度试点城市广州市为案例研究对象，以广州市居民为调研对象开展跟踪调查研究，分析广州市居民对长期护理保险制度的认知度和满意度的变动情况，以此反映试点制度在民众满意度方面的成效。

第五章是试点地区长期护理保险政策比较研究。本章对首批 15 个试点城市的 84 项长期护理保险政策文件进行文本分析，根据开展长期护理保险工作的具体内容，从覆盖范围、运行模式、筹资机制、服务形式、待遇标准等方面分析各个试点城市长期护理保险试点制度的差异。

第六章是试点地区长期护理保险政策强度与协调度评价。本章以首批 15 个试点地区制定的 84 项最新长期护理保险政策文件为研究对象，构建包含 10 个一级变量和 44 个二级变量的 PMC 指数模型，对试点地区长期护理保险政策强度进行评价。运用耦合协调模型，对试点地区长期护理保险政策与人口老龄化及经济发展水平的协调程度进行分析。

第七章是长期护理保险对家庭照护负担影响的仿真模拟研究。本章基于系统科学理论，构建符合我国实际的长期护理服务系统，分析系统的结构和功能；构建长期护理服务投入指标体系，收集 29 个省份相关数据，评价长期护理服务供给水平的地区差异；构建系统动力学（SD）模型，模拟失能老人的长期护理需求、照护选择和长期护理服务利用过程，进而测算长期护理保险支付比例、长期护理机构床位增长率、社区护理能力的调整时间三个政策变量对家庭照护负担的影响。

第八章是我国推进长期护理保险制度试点的路径机制。本章全面总结我国长期护理保险制度试点的成效，提出我国长期护理保险制度建设存在的问题；分析我国长期护理保险制度建设的影响因素，提出推进我国长期护理保险制度试点的路径机制。

第二章　基本概念和理论基础

本章介绍长期护理保险研究的相关概念和长期护理保险制度的主要模式。长期护理保险研究相关基本概念包括长期护理、长期护理保险、长期护理筹资、商业长期护理保险等。长期护理保险制度可分为社会护理保险制度和商业护理保险制度两大类。前者由政府强制实施，以德国、日本为典型代表。后者由投保人通过购买护理保险合同的方式自愿参加，以美国为典型代表。

第一节　基本概念

一、长期护理的概念

根据世界卫生组织的定义，长期护理是指在一段比较长的时间里为身体功能有障碍而缺乏自我照顾能力的人，提供日常生活活动帮助、健康照料、情感援助和社会服务。各国学者给予长期护理很多不同的称呼，例如："长期照护""长期照料""长期照顾""老年照护""长期健康护理""长期介护""长期养护""养老护理"等（曹艳春和王建云，2013）。

一般来说，可以从"长期"和"护理"两个方面来界定长期护理的内涵。"长期"是对护理延续时间的规定。长期护理的时间一般为 3～6 个月以上。对"护理"的界定可以分为护理对象、护理内容、护理需要三个方面。长期护理对象具有的特点包括患有身体疾病或心理疾病，具有功能障碍和需要长期提供照料服务。由于具有这些特点的人群主要为老年人，许多学者提出，长期照护对象就是"老年人"，包括80岁以下的"低龄老人"和80岁以上的"高龄老人"。关于长期护理内容，世界经济合作与发展组织认为，长期护理服务范围包含健康、个人与社会，例如对病人提供的创伤敷裹、疼痛管理、药物处理、剂量测定、预防、康复或者缓和等的医疗服务（OECD，2005）。美国健康保险学会（HIAA）对长期护理内容的界定为，"长期护理包括医疗服务、社会服务、居家服务、运送服务或其他支持性的服务。长期护理与健康护理的区别在于健康护理是提供对疾病的治疗，长期护理是针对慢性疾病或失能失智人员进行长期的照护"。绝大多数研究用日常生活活动（ADL）和器具性日常生活（IADL）是否需要帮助作为长期护理需求的标准。日常生活活动主要是指洗澡、进食、洗漱、穿衣、室内活动、上厕所、控制排便等活动。应用社会设施的日常生活活动主要包括做饭、乘车、购物、理财等内容。通常将至少有一项 ADL 能力失能界定为需要长期护理。实施长期护理的目的在于提高由于病理性衰老或由于正常衰老的老年人的生活质量和生命质量，它也是预防新的疾病发生的重要措施。

关于长期护理服务提供方式，学者们认为，长期照护服务可以连续提供，也可以间歇性地提供。在提供服务的机构或人员选择上，美国联邦长期照顾保险计划认为：长期照护可以通过各种途径得以实施，包括居家、助理设施或者护理院等。长期照护服务既可以由正规的专业机构提供，也可以由社区和家庭提供。家庭照料属于非正式照料，通常是由家人、亲属、朋友和邻居提供的护理服务，一般不提供报酬，不与任何组织挂钩。机构照护、正式的居家照料和社区照料属于正式照护，主要指由长期照护机构的人员提供的照护服务、由非亲属提供的有偿照料服务或属于组织的其他人员提供的照料服务。提供正式护理的人员通常是护士、医生或受过培训的社会工作者。一般认为，家庭护理和社区护理相对机构护理具有一定的优势，社区养老有益于老人身心健康，而机构养老缺乏家庭的温情和情感支持（冯友梅等，2018）。

长期以来，学者们对正式照护与非正式照护的关系一直持有争议（Sergi and Cristina，2012；Bremer et al.，2017）。一些学者认为正式照护与非正式照护是互补关系，另一些学者认为正式照护与非正式照护应是替代关系。互补关系的成立要求正式照护与非正式照护相互补充，共同满足一种需求。因此，只有当正式照护与非正式照护在服务内容上形成伙伴式的责任分担，在功能上形成相辅相成的增强关系或当正规机构为家庭护理人员提供护理知识指导等，才可认为正式照护与非正式照护形成相辅相成的互补关系。替代关系的成立则要求正式照护与非正式照护可以互相替代来满足同一种需求与愿望。如果随着正式照护服务的增加，非正式服务质量和数量减少，机构正式服务的提供使得一些家庭不再提供照护服务或减少提供的服务数量，则认为正式服务与非正式服务存在替代关系。此外，有些学者研究发现，在不同的前提背景下，正式服务与非正式服务之间可以既存在互补关系，也存在替代关系（刘雯薇，2021）。

综上所述，关于长期护理的概念虽然有多种表述，但其核心都是一致的。长期护理指较长时间的医疗或非医疗性质的服务，包括健康照顾、个人照顾和社会照顾等内容。大多数的长期护理是帮助他人完成日常生活活动，如穿衣、吃饭、洗澡和如厕等。长期护理可以在家庭、社区或专门的机构等场所被提供给有护理需求的人。

二、长期护理保险的概念

美国健康保险学会（HIAA）认为，长期护理保险是为消费者设计的，对其在发生长期护理时发生的潜在巨额护理费用支出提供保障（布莱克和斯基博，2003）。荆涛（2005）认为，长期护理保险是指对被保险人由于年老、严重或慢性疾病、意外伤残等导致身体上的某些功能全部或部分丧失，生活无法自理，需要入住安养院接受长期的康复和支持护理或在家中接受他人护理时支付的各种费用给予补偿的一种健康保险。戴卫东（2014）认为，长期护理保险是由国家颁布护理保险法律，以社会化筹资的方式，对由于患有慢性疾病或处于生理、心理伤残状态而导致生活不能自理，在一个比较长的时期内需要依赖他人的帮助才能完成日常生活的人所产生的护理费用以及非正规护理者的补助进行分担给付的一种制度安排。概括来说，长期护理保险是指当被保险人非常虚弱以至于在没有其他人帮助的情况下不能照顾自己，甚至不能利用辅助设备时给付保险金的一种健康保险。

长期护理保险需求来源于人们规避长期护理风险的要求。长期护理风险通常具有长期性，需要耗费大量的人力和护理费用，影响人们的生活质量和经济水平。影响长期护理保险需求的主要因素有五个：一是风险因素。风险是保险存在的前提和基础。无风险也不需要保险。风险因素存在的程度越高、范围越广，保险需求的总量也就越大；反之，保险需求量就越小。长期护理的风险客观存在，几乎人人都要面对。年龄越大，发生风险事件的概率越高。二是经济因素。经济因素主要包括两个方面，一方面是消费者的收入水平，另一方面是利率。保险是社会生产力发展到一定阶段的产物，并且随着社会生产力的发展而发展。保险需求的收入弹性一般大于1，即收入的增长引起对保险需求更大比例的增长。但不同险种的收入弹性不同。利率水平的变化对储蓄型的保险商品有一定影响。长期护理保险产品由于逆选择的存在，价格较高，需要有一定经济能力的人才能消费得起。三是价格因素。保险商品的价格是保险费率。保险需求主要取决于可支付保险费的数量。保险费率与保险需求一般成反比例关系，保险费率越高，则保险需求量越小；反之则越大。四是人口因素。人口因素包括人口总量和人口结构。保险业的发展与人口状况有着密切联系。人口总量与人身保险的需求成正比，在其他因素一定的条件下，人口总量越大，对保险需求的总量也就越多，反之就越少。人口结构主要包括年龄结构、职业结构、文化结构、民族结构。由于年龄风险、职业风险、文化程度和民族习惯不同，对保险商品需求也就不同。长期护理保险需求受老年人口数量和比例的影响，与人们的受教育程度、保险理念密切相关。五是商品经济的发展程度。商品经济的发展程度与保险需求成正比，商品经济越发达，则保险需求越大；反之则越小。

第二节　长期护理筹资[①]

一、长期护理基金

长期护理筹资是指通过合法途径（私人保险、共同支付、税收或社会保险等）来收集、管理和分配资金，从而为可能需要长期护理的老年人提供长期护理保险和护理服务（Stone，2000；Ranci and Pavolini，2013；European Commission，2015），并保证长期护理服务质量和适配性（European Commission，2013；Feng，2019）。在大多数国家，长期护理保险基金可以支付一系列

---

① 本节内容来源于文献：Wang J, Gu D, Zhong R, Peng R, Wu B. Long - term care financing. In: Danan Gu, Matthew E. Dupre. （eds） Encyclopedia of Gerontology and Population Aging. 2020, Springer, Cham.

家庭和社区护理服务，包括个人护理（洗澡、上厕所或吃饭）和支持性服务（房屋清洁、准备膳食或购物）以及传统的家庭健康护理（护理、治疗和家庭健康护理）和社区服务（家庭送餐和成人日托）（Ikegami and Campbell，2002；Manton et al.，2006；Ranci and Pavolini，2013；WHO，2015；Brugiavini et al.，2017）。由于长期护理保险的定义和服务因不同国家而异，甚至随着时间的推移，一个国家内也有着不同的社会经济和政策基础，所以长期护理保险覆盖范围因国家而异。但不论其覆盖范围有多大差异，长期护理保险基金通常包括四个重要组成部分：覆盖范围、资金来源、管理和支付。

许多国家已经探索了增加长期护理保险基金来源以减轻老年人长期护理费用负担的方法（Ranci and Pavolini，2013）。例如，丹麦、芬兰、挪威和瑞典等北欧国家通过增加政府预算和税收，来增加长期护理保险的资金来源（Brugiavini et al.，2017）。德国和日本等国家采用全覆盖的公共长期护理保险制度来扩大保险基金池（Gleckman，2010；Colombo et al.，2011；Ikegami，2019）。美国已经采用商业长期护理保险和经过经济状况调查的方式（例如医疗补助）来帮助低收入者享受长期护理保险制度（Frank，2012；Schmitz and Giese，2019）。其他发达国家（例如澳大利亚、法国、希腊、爱尔兰、意大利、新西兰、波兰、西班牙和瑞士）已经实施了全覆盖的个人长期护理待遇支付（现金或实物）来帮助老年人获得护理服务（Colombo et al.，2011）。

尽管过去十年长期护理资金稳步增加，但长期护理的筹资机制探索仍是一个世界性难题。长期护理总费用的持续增长使所有 OECD 国家的政府在长期护理保险筹资机制改革上面临着前所未有的挑战（Colombo and Mercier et al.，2012）。在美国，存在大量未被满足的护理需求（O'Leary and Chow，2016），在不同社会经济群体之间也存在严重的不平等现象（Case and Deaton，2015），长期护理保险筹资机制改革迫在眉睫。荷兰是世界上第一个实施现代长期护理保险制度的国家，目前由于长期护理费用上升，荷兰公共财政的可持续已经受到威胁（Wouterse and Smid，2017）。因此，制定一种完善的解决方案来为长期护理服务提供可持续性的资金，以使全球所有有护理需求的人都能广泛、低价、公平地享受长期护理服务，这个问题的解决任重而道远（Feng and Glinskaya，2019）。

二、长期护理基金的覆盖范围

长期护理基金的覆盖范围通常分为三种形式：单一计划内的全民覆盖、混合系统和经过经济状况调查的安全网计划（Colombo et al.，2011；世界卫生组织，2015）。单一计划中的全民覆盖意味着所有人（或所有老年人）都有权获得长期护理保险服务。例如，在北欧国家，无论收入或资产状况如何，每个人都有权享受长期护理保险（Brugiavini et al.，2017）。在日本，所有65岁及以上的主要被保险人，以及40～64岁参加医疗保险且卧床、失智或失能的二级被保险人都可以享受长期护理服务（Olivares-Tirado and Tamiya，2014）。在韩国，所有65岁及以上的韩国成年人，无论其收入状况如何，都可以享受长期护理保险（Song et al.，2014；Joen and Kwon，2017）。

经济状况调查安全网计划意味着长期护理服务由政府公共部门资助，为通过经济状况调查（即低收入）的个人提供保障，以支付长期护理服务的高昂费用（Mor and Maresso，2019）。例如，在英国，长期护理保险系统被视为一个"安全网"系统，它只资助那些负担不起护理费用但护理需求较高的人（Comas-Herrera，2010）。美国通过医疗补助机构采取经济状况调查，仅向通过了严格的收入资产测试的人提供长期护理保险，并且人们只有私人资产耗尽后才能获得享受公共资助的资格（Calmus，2013）。然而，经济状况调查计划的使用造成了很多人没有资格获得公共资金，也负担不起所需的护理费用，这引发了人们对长期护理服务供给公平性的担忧（Colombo et al.，2011）。

混合系统中的长期护理筹资覆盖范围是满足护理需求评估的老年人，或满足全民覆盖和经济状况调查的长期护理条件的组合。护理需求由评估团队（医生、护士或社会工作者）评估，旨在界定享受长期护理服务的资格，并根据老年人的残疾和失能程度制定所需护理的时间和水平（Manton et al.，2006；Kraus et al.，2010；European Commission，2015）。对于残疾，申请人必须在日常生活活动 ADLs（如进食、穿衣、洗澡、上下床、室内走动和如厕）或IADLs（四处走动、洗衣、家政、电话使用、准备膳食、购物、步行距离和理财等）方面有困难且至少持续六个月。对于未满足的需求，申请人必须在ADL和IADL方面至少有两个未满足的需求（Pickard et al.，2007）。在许多经合组织国家，长期护理保险强调为失能老人提供针对性服务，因此公共长期护理保险制度与 ADL 和 IADL 密切相关（Colombo and Mercier，2012）。就包括的 ADL 数量而言，各国对未满足需求的定义存在一些差异。在奥地利和德国（2017 年 1 月 1 日之前）以及西班牙，未满足的需求包括来自 ADL 和 IADL 的项目，而新改革的德国制度（自 2017 年以来）和法国制度均未将 IADL 包括在资格标准中，并且英国不区分 ADL 和 IADL。除了 ADL 和 IADL，所有程序都包括对认知功能、心理能力的评估，并且通常与行为风险评估相结合（Eisen and Sloan，1996；De Vries et al.，2011；Brugiavini et al.，2017）。

三、长期护理保险筹资渠道

一般来说，长期护理保险资金来源模式有政府计划模式、强制医疗保险和私人储蓄等。政府计划模式的资金来源主要是政府预算、税收和财政转移支付。税收资助基金是联邦政府和州政府使用税收收入来提供和资助长期护理服务或长期护理设施，如丹麦、芬兰、挪威和瑞典等北欧国家（Brugiavini et al.，2017）。财政转移模式是指长期护理资金来源于其他公共基金（如医疗保险基金、公共医疗保险基金或其他社会福利基金）（Yang et al.，2016）。例如，我国上海的长期护理保险基金是从公共卫生服务划拨的，而青岛的长期护理保险基金是从医保基金划拨的（Lu et al.，2017；Yang et al.，2016）。

强制医疗保险模式或公共长期护理保险模式，资金来源于工资税或由雇员和雇主支付的与年龄相关的长期护理保险（Colombo et al.，2011）。在德国，法律规定社会长期护理保险的保费为雇员总工资的 1.7%（2017 年后为 2.55%），由雇员和雇主共同承担。退休人员只需支付一半的保费，另一半则由他们的养老基金支付（Büscher et al.，2011；European Commission，2019；Nadash et al.，2018）。在日本，2019 年 40~64 岁人群是参加社会保险的主力人群，他们的缴费率为 1.73%（Ikegami，2019）。在 OECD 国家，长期护理保险资金来源多种多样，例如工资和直接税、社会保障、公共和个人缴费、保险费、政府补助和自付费用（Colombo et al.，2011）。

私人储蓄模式旨在让所有公民通过支付保费来为自己和他们的家属投保，从而免于自行负担护理费用（Colombo and Mercier et al.，2012）。美国是典型的私人储蓄模式，其长期护理保险通过市场方式为老年人提供自愿性商业长期护理保险（Brugiavini et al.，2017；Schmitz and Giese，2019），但成本差异很大，其覆盖范围、待遇支付和资格认定标准，视个人购买者年龄和健康状况而定（O'Leary and Chow，2016；Braun et al.，2019）。在新加坡，长期护理服务和资金由公共部门和个人共同承担。公共来源包括经过经济状况调查的公共补贴和政府对护理服务供给者的赠款和慈善捐赠（Graham and Bilger，2017），而个人资金来源是商业性长期护理保险。新加坡政府帮助个人开设储蓄账户，个人将钱存入账户以备后用。个人也可以购买商业长期护理保险（Chin and Phua，2016）。OECD国家也有私人储蓄账户来支付长期护理费用，例如综合运用债券、股票发行计划（例如澳大利亚）、反向抵押贷款计划以及商业人寿保险和私人长期护理保险单等（Colombo et al.，2011）。

长期护理保险筹资机制在不同国家各不相同，通常有现收现付制、完全积累制和部分积累制三种体系（Eling，2020）。现收现付制是将现在收集的资金用于支持当前的受益人（Tell and Cohen，2019）。这是一种代际转移模式，老年人的长期护理费用由当前这一代员工直接支付。由于工作人口的税收或缴费率取决于老年人的长期护理需求，因此该系统在工作人口和经济均在增长的国家运作效果良好，但在经济停滞不前的国家运作效果不好（Eling，2020）。德国和日本的系统采用现收现付制（Ikegami，2019；Eling，2020）。完全积累制是将现在收集的资金留作未来某个时间点的投资和收益给付（Tell and Cohen，2019）。这种模式可以避免代际转移，但由于金融风险和年化通货膨胀，它可能会减少实际资金价值（Wouterse and Smid，2017）。部分积累制是现收现付制和完全积累制的综合。例如，三支柱体系是部分资金积累体系之一，它是一种多支柱的、强制的、自愿的长期护理保险筹资机制。瑞士实施了退休保障的三支柱体系，包括个人资本资助的职业退休计划和税收补贴的自愿性私人退休储蓄，以可持续和公平的方式为长期护理保险提供资金（Eling，2020）。

除了以上三种常见的筹资机制外，还有其他几种。值得注意的是，荷兰政府有四种替代方案来为政府的长期护理服务资金不足提供支持：现收现付制、储蓄基金、养老金领取者税（所有工作人员均缴纳保费），以及特定人群的储蓄基金（仅针对实际享受长期护理服务的人群征收保费）（Wouterse and Smid，2017）。现收现付制和养老金领取者税对终生净收益具有相对较大的代际再分配作用，而特定人群储蓄制度和养老金领取者税在荷兰的代际影响相对较小（Wouterse and Smid，2017）。总之，不存在适用于所有人的最优模型。最优模型取决于各自国家的经济、社会、文化和人口因素（Wouterse and Smid，2017；Eling，2020）。

四、长期护理基金管理

政策性长期护理保险制度设计并非易事。它依赖于政治（政府）支持和福利制度的完善程度、商业保险市场的类型以及所涉及的家庭结构（Klima-viciute and Pestieau，2018）。虽然大多数国家或地区都有政府管理的长期护理保险，但有些国家或地区由商业保险公司管理。政府对长期护理保险的支持主要是对老年人的福利金、对残疾人的长期服务以及对长期护理设施建设的补贴。许多发达国家严重依赖地方政府在中央政府的政策指导下设计和管理其长期护理保险制度（Brugiavini et al.，2017）。例如，在日本，长期护理保险制度受中央政府作为长期护理保险筹资和强制保险制度管理主体的法律管辖。中央政府的作用包括制定长期护理保险政策、为长期护理保险制定法律框架、提供资金、跟踪服务利用和支出的程度以及监督护理服务的提供（Olivares - Ti-rado and Tamiya，2014）。市政当局的角色是保险公司，为人们提供长期医疗保健和日常护理，并在财务和管理方面支持长期护理机构系统（Olivares - Ti-rado and Tamiya，2014）。在瑞典，中央政府将长期护理保险的筹资、组织和管理的几乎所有责任委托给市政当局。在中国，长期护理保险由地方政府资助和管理（Yang et al.，2016；Li and Otani，2018）。在英国，长期护理保险是由地方当局委托进行的（Colombo and Mercier，2012）。德国的做法是将长期护理保险纳入社会保险。

与其他一些医疗保健部门享受巨额政府补贴的国家不同，新加坡和美国强调个人责任，政府只关注负担不起医疗费用的低收入人群。在新加坡，医疗保健系统是一个"3M"系统：Medisave（强制性个人健康储蓄账户，由雇主和雇员供款）、MediShield（一种基本的国家医疗保险计划）和 Medifund（一种面向低收入人群的捐赠基金）（De Castries，2009）。但是，健保双全不包括长期护理费用，除门诊康复、住院临终关怀和家庭姑息治疗服务外，保健储蓄不能用于长期护理费用。中央公积金局管理保健储蓄和保健保计划，而还有其他保健储蓄批准的综合保障计划与私人保险公司合作，提供更全面的保障。政府补贴仅适用于支付长期护理费用的志愿福利组织，而来自私人和营利性提供商的长期护理服务对许多人来说仍然很昂贵（Chin and Phua，2016）。在美国，政府对医疗保健计划的管理是医疗保险和医疗补助。医疗保险支付了大部分急性病病后康复护理和家庭健康服务的费用。医疗补助是长期护理服务的主要支付者，但主要侧重于经过经济状况调查的个人（O'Leary and Chow，2016；Braun et al.，2019）。其余大部分由老年人自己、家庭成员或商业长期护理保险自付费用（Gleckman，2010）。商业保险公司根据个人购买者的年龄，决定通过个人市场销售哪些保单，这在成本、承保的福利和资格标准方面可能会有很大差异（O'Leary and Chow，2016；Braun et al.，2019）。美国通过税收优惠和政府资助的营销活动，采取了适度的措施来扩大商业长期护理保险，并将这种保险与医疗补助更紧密地联系起来，老年人在医疗补助下直到他们耗尽个人终身储蓄才能获得长期护理服务（O'Leary and Chow，2016；Schmitz and Giese，2019）。然而，这些努力收效甚微，商业长期护理保险的参与率仍然很低，62岁以上的人中只有约10%的老年人拥有商业长期护理保险（O'Leary and Chow，2016；Braun et al.，2019）。

五、长期护理筹资面临的挑战

长期护理保险资金面临的主要挑战是担心未来资金的可持续性和可负担性以及当前筹资机制的公平性（Costa - Font and Courbage，2012；Olivares - Tirado and Tamiy，2014；Galiana and Haseltine，2019）。这些挑战可以概括为四个部分：首先，它指的是长期护理保险费用的多少。随着人口老龄化速度加快，加上医疗保健的进步和护理质量的提高，预计长期护理费用在不久的将来会上升。例如，荷兰作为欧洲最早实施长期护理保险制度的国家之一，长期护理保险总费用从1968年的不到10亿欧元增加到1998年的近130亿欧元，且在2014年超过了278亿欧元（Joshua，2017）。在美国，长期护理保险支出费用在2017年占GDP的0.5%（OECD，2019），预计到2060年将超过1%。由于资金限制，大多数公共系统无法覆盖全部人口的长期护理保险费用。同样，商业保险市场也很难以适当的价格提供完善的解决方案（Costa‐Font and Cour‐bage，2012）。因此，为了降低长期护理保险费用并扩大老年人享受护理服务的机会，一个国家的长期护理保险制度改革战略应强调发展管理式护理以及社区护理和居家护理（Galiana and Haseltine，2019）。此外，应认为合理的长期护理保险费用对维持和照顾老年人生活来说至关重要（Galiana and Haseltine，2019）。已经有一些国家在长期护理保险项目的改革或一些试点项目中探索实施这种策略。例如，我国青岛2012年启动了国家长期护理服务试点项目，为失能人员提供负担得起的长期护理服务。过去几年，青岛市失能老年人长期护理服务的自付费用显著减少（Chang et al.，2020）。在英国等国家，由于对非正规护理的需求显著增加，未来市场中老年人的长期护理费用可能会受到非正规护理服务水平的影响（Pickard et al.，2007；Galiana and Haseltine，2019），开发更实惠的长期护理保险制度将更加迫切。

其次，政府资金面临着越来越大的长期护理保险筹资压力，特别是对于有政策性长期护理保险制度的国家。例如，经合组织国家公共长期医疗保健支出占GDP的百分比预计将从2012年的0.9%增长到2030年的1.5%（Lorenzoni，2015）。为了减轻财政负担，政府通过提高保险费用和减少福利支出来改变长期护理保险的筹资方式。在荷兰，解决资金短缺的策略是增加中高收入群体的共同支付比例（Joshua，2017），而且也收紧了享受长期护理保险的资格认定标准。在日本，计划于2017～2023年进行的长期护理保险制度改革侧重于通过将长期护理保险高收入用户的共同支付率提高到30%，以保持长期护理保险资金的可持续性。德国长期护理保险制度基于现收现付制，已将强制性缴费从1996年的1.7%提高到2019年的3.1%（Blank，2020）。对于美国等采取经济状况调查测试的国家，更强调个人责任和个人负担长期护理保险的能力。为了减轻其医疗补助计划的压力，已在探索实施的措施包括扩大州和联邦税收，以及鼓励消费者购买商业保险。

再次，与长期护理保险制度的待遇给付形式有关。由于现金给付和服务给付各有优缺点，选择现金给付还是服务给付显得极为重要。在韩国，仅在没有正规服务的地区采用现金给付方式（Seok，2010）。实物给付模式需要专业护理人员和成熟的长期护理设施管理人员。虽然在美国只有少数培训项目在运作，但在德国和荷兰，护理人员得到了更完善的支持和培训（Harris‐Kojetin et al.，2019；Rhee et al.，2015）。近年来，欧洲国家广泛引入了新形式的护理保险制度，不仅可以购买正规护理，还可以购买非正规护理（Leon，2014）。非正规护理服务通常由亲属和家庭成员免费提供。与此同时，由于家庭结构的变化和女性劳动力市场参与度的提高，非正规护理的供应能力正在下降（Costa‐Font et al.，2017）。由于近年来养老院的成本迅速上涨，加上老年人更偏好居家护理，人们对扩大居家护理的公共资金产生了相当大的兴趣。

最后，如何维护长期护理保险制度的公平性是另一个重要问题。在长期护理风险不确定性下，当前的长期护理保险是不够的，关于长期护理保险制度公平性的争论是人们应该为自己的护理服务提供多少资金以及应该为他们提供多少公共资金（Costa‐Font and Courbage，2012）。在许多国家护理需求没有得到满足很常见（Mazurek et al.，2019；Peng et al.，2015；Garcia-Gomez et al.，2015）。在美国，商业长期护理保险和政策性长期护理保险的局限性使大多数人无法规划或保护自己免受长期护理保险筹资风险的影响（Cohen and Feder，2018）。为了平衡支出和收益，由于公共部门和商业部门支付者的混合以及合作机构的多样性，大多数国家的长期护理筹资机制是相当复杂的（Wang et al.，2020）。

鉴于上述所有挑战，长期护理保险制度的重点是在公平性和财务可持续性之间找到平衡。许多国家已经开始改革长期护理保险制度。未来，医疗领域的创新行动，如正规护理与非正规护理的融合，将对长期护理保险制度产生深远的影响。为保持长期护理保险资金的可持续性，经济发展和代际公平应成为长期护理保险制度改革的重要考虑方面。

第三节　商业长期护理保险

一、商业长期护理保险供给

长期护理保险是通过运用大数法则的原理，采用风险分担的方法来化解长期护理风险的一种方式。长期护理保险由其高费用和低发生率，具有相当的"可保性"，成为商业医疗保险的潜在增长点。例如，美国的商业护理保险运行已经较为成熟，多样化的产品设计能够满足不同人群的需要，而且由于采用市场化运作的方式，市场竞争往往能促使保险公司提供高保障水平和优质服务。同时，由于商业护理保险有利于减轻政府财政压力，因此受到政府的鼓励。

（一）长期护理保险产品的定价

保险产品定价即保费的厘定是保险精算的重要内容。对于保险公司来说，适度、公平、合理的保费一方面确保了保险公司的偿付能力，另一方面也是新的保险产品在市场占有一席之地的重要保证。长期护理保险定价主要采用三种理论方法：一是曼联方法。曼联方法基于的假设是在年龄为 x 时因失能而导致的护理费用得到补偿，以后各年的护理时间与 x 岁时的失能状态有关，不考虑 x 岁以前的状态，其原理与马尔可夫链的无后效性相似。基于全体人口得出的年平均护理周数（也称护理率）来计算保费，为了能运用利率因子以及生存率，护理率必须依每年分开计算。二是减量表模型。该模型假定一定的时间段内，研究群体中每个个体的状态可能会发生改变。原来处于健康状态的人可能需要长期护理服务，病人的状态可能好转也可能恶化，也就是说，在一定的时间段内，处于某种状态的人数是会发生改变的。减量表模型就是考察人数的改变情况，继而计算状态转移概率的。三是多状态马尔可夫模型。该模型是由固定数目的状态组成，计算在不同的状态之间有相互转移的可能性和相应的转移概率，利用这些转移概率计算保费和准备金。它是一种有别于传统寿险精算模型的方法，特别是要涉及不同的健康状态分类和状态的转移时，更能发挥其优势。长期护理保险的保险金给付的数量取决于被保险人的健康状态。经过专业的居家护理或护理院护理，被保险人的健康状态可能会发生改变，从而直接影响到未来保险金给付水平，也就是说，长期护理保险要涉及不同的状态分类和状态转移，因此多状态马尔可夫模型可以作为长期护理保险厘定费率的方法。运用多状态马尔可夫模型对长期护理保险进行定价，关键是确定健康状态分类标准，从而对特定人群进行调查，计算或统计出不同健康状态之间的转移概率。

（二）长期护理保险产品的一般特点

第一，补偿性。传统的健康保险产品如医疗保险、收入损失保险是对被保险人因疾病或意外事故所致伤害时产生的医疗费用或收入损失进行补偿。而长期护理保险的重点在于维持和增进患者的身体机能，提高其生存质量，一般并不以完全康复为目标，更多的情况是使接受服务的对象的身体机能好转或维持现状。

第二，长期性。传统的健康保险以一年期或一年以内的短期险种居多（长期的失能保险主要补偿完全丧失工作能力的被保险人的收入损失，可给付至退休年龄；有的医疗保险可以续保），而发达国家所有的长期护理保险保单都有保证续保的规定。保证对被保险人续保到某一特定年龄，如80岁，有的保单甚至保证终身续保。保险人可以在续保更新时提高保险费率，但必须对有同等情况的全体被保险人同等对待。保险人承诺保单的可续保性，该产品才能够真正为被保险人接受长期性的护理服务提供保障。

第三，通货膨胀保护条款。由于通货膨胀因素的存在，若干年后保险金的给付可能不足以支付逐年上升的护理费用，所以长期护理保险产品通常有通货膨胀保护的条款。有的保单向投保人提供了保证承保权，赋予被保险人定期购买额外保险的权利，且不必提供可保证明，被保险人可按他们购买时的年龄确定缴费率，不断增加其保单的保额，以增强对付通货膨胀的能力，有的产品规定日给付额可以根据通货膨胀的指数以一定的年增长率予以增加。同时，为避免这些措施给投保人带来的缴费负担，保单还规定在被保险人达到某一年龄或投保缴费满一定年限以后，这两种方法就不能再采用。

第四，现金价值。传统的健康保险产品多为短期险，保费缴纳采用自然保费制，而长期护理保险产品由于承保时间长，保费一般采用均衡保费制，保单具有储蓄性，因此在其生效若干年后，便会出现一定的现金价值积累。如果被保险人做出撤销其现存保单的决定时，保险人须向其提供"不丧失价值"的选择权。一种方式是被保险人选择"减额交清保险"，即将积累的现金价值作为抵交保费以获得低于原来每日保险金的给付，保险期限则与原来的相同。另一种方式是被保险人选择"展期保险"，即积累的现金价值作为趸交保费以维持原来相同的保额，但保险有效期将比原来的要短。被保险人也可以选择领取解约金的方式，通常由保险人将其所收取的保费总额扣除已给付的保险金额及其他费用后，将余额一次性返还给被保险人。

（三）影响供给的因素

影响长期护理保险供给的因素很多，主要列举如下：一是保险资本量。保险公司经营保险业务必须有一定数量的经营资本。在一般情况下，可用于经营保险业的资本量与保险经营供给成正比关系。二是保险供给者的数量和素质。通常保险供给者的数量越多，意味着保险供给量越大。在现代社会中，保险供给不但要讲求数量，还要讲求质量，质量的提高，关键在于保险供给者的素质。保险供给者素质高，许多新险种就容易开发出来，推广得出去，从而扩大保险供给。三是保险需求。保险需求是有购买力的保险需要，因此，假设其他条件不变，一国的经济形势越好，消费者的购买力越强，人们对保险的需求越大。四是保险经营管理水平。保险的专业性、技术性很强，保险的经营管理要有相当的专业水平和技术水平，以及人事管理和法律知识等方面均要具有一定的水平，其中任何一项水平的高低，都会影响保险的供给。假定其他条件不变，保险人的经营技术和管理能力越强，保险的供给能力越强。五是保险产品的价格。从理论上讲，保险产品价格与保险供给成正比：保险商品价格越高，则保险商品供给量越大；反之则越小。六是保险成本。对保险人来说，如果保险成本低，在保险费率一定时，所获的利润就多，那么保险人对保险业的投资就会扩大，保险供给量就会增加。保险成本高，保险供给就少；反之，保险供给就大。七是保险人才。这里主要指保险经营所需的专门人才，如精算师、承保员、理赔员、风险评估人员等。保险人才越充足，保险供给的质量就会越好，反之则越差。八是市场竞争。保险市场竞争具体表现为互补品和替代品的数量变化。它对保险供给的影响是多方面的，一方面，竞争引起保险公司数量上的增加或减少，从总的方面来看会增加保险供给；另一方面，保险竞争使保险人改善经营管理，提高服务质量，开辟新险种，从而扩大保险供给。九是政府的政策。如果政府的政策对保险业采用扶持政策，则保险供给增加；反之，若采取限制发展的政策，则保险供给减少。

二、商业长期护理保险市场供求规律

（一）保险市场供求一般规律

供求规律是市场经济的自动调节机制。它的一般含义是：当市场上商品的供给和需求不能对接时,价格就会因之发生变化,价格的变化反过来影响商品的供求数量,使两者逐渐互相趋近,最后达到市场均衡。当商品供给大于需求时,价格会因之下降;当商品供给小于需求时,价格会因之上升。

通常而言,一般商品市场的供求规律适用于保险业。但在供求规律作用的过程中,消费者心理因素或市场行为常常会导致供给需求曲线的变异,进而导致不同的市场反应。这主要是由逆选择和道德风险引起的。

(二)长期护理保险有效需求不足的原因

长期护理保险有效需求不足,是目前国际上长期护理保险市场面临的一个普遍现象。从长期护理保险产品的供给方来看,市场供给的不完善,如保单保障范围狭窄和价格偏高是两个主要影响因素。长期护理保险提供的保障范围太窄,使保险条款缺乏吸引力,消费者既难以挑选合适的品种,又担心理赔困难。长期护理保险保单的保费含有较高的附加保费,远高于公平精算保费。首先,长期护理保险市场通常存在较高的逆选择和道德风险。高于保险人对长期护理风险发生率预期的个人更愿意投保,而且拥有保单的被保险人与未投保者相比,在长期护理方面的消费会更多。其次,保险合同签订后还会发生各种各样的问题,如了解自身未来健康状况好于预期的被保险人会退保,保险公司面临因护理成本上升而产生的风险,不能依靠个体风险的大量汇聚而被分散。最后,商业保险市场是一个不完全竞争市场,各种交易成本、摩擦成本会使保单价格上涨。这些因素促使商业保险公司在为长期护理保险产品定价时基于经营风险控制的需要做高保单价格(Brown and Finkelstein,2007)。

从长期护理保险产品的需求方来看,影响长期护理保险需求的因素包括经济原因、消费者认知的缺乏、替代因素等(Coe et al.,2015;赵娜和陈凯,2015)。首先,过高的保费导致人们不愿或没有能力购买长期护理保险;价格因素对消费者的续保决策也有显著影响。虽然高保费是需求不足的原因,但判断保费是否过高是一个复杂的过程,与一个人的行为与心理有关。其次,人们通常忽略低概率、高损失的风险,所以如果老年人低估对长期护理的需求,即使他们在其他方面表现得很理性,也会降低他们对长期护理保险的需求。研究表明,子女对长期护理风险了解得越多,其父母对该保险的需求就越大。消费者如果有父母住进养老院的经历,购买长期护理保险的可能性会更大。最后,家庭成员所提供的非正式护理以及其他医疗保险（如美国的 Medicaid）等替代因素的存在，都会抑制商业长期护理保险的需求。另外，消费者的教育水平、性别、婚姻状况等也会对长期护理保险的需求产生影响（Burgdorf et al.，2018）。

三、长期护理保险的逆选择和道德风险

长期护理保险中的逆向选择，是指在建立保险关系之前，投保人试图利用自己掌握私有健康信息，以低于精算得出的合理保费价格取得长期护理保险的倾向。在长期护理保险的核保过程中，被保险人享有较大的主动性，如一些被保险人在投保时隐瞒病状等。

长期护理保险的风险主要来自被保险人和医护方。来自被保险人的道德风险的具体表现形式：一是被保险人投保后的某些潜在意识或不当行为。在长期护理保险存在的情况下，护理费用的部分或全部由保险公司承担，这使得被保险人倾向于消费更多的医疗服务，从而造成了医疗资源的浪费。此外，被保险人也许不再注意身体保健。二是被保险人的保险欺诈行为。

医护方为了追求自身利益的最大化而发生道德风险的现象也较为普遍。如医护方利用其专业知识优势，进行不必要的医疗设备检查，做不必要的护理，不当地延长被保险人在护理机构的时间等，"诱导"被保险人进行不必要的护理消费。这样就加剧了医护服务市场的信息与价格扭曲，进而影响了保险人对长期护理保险市场中投保人的可能损失概率估算。

第四节　长期护理保险制度

一、世界长期护理保险制度发展历程

20 世纪下半叶以来，作为解决老龄化问题的一项重要措施，国外老年护理保险制度应运而生。该制度对于化解老龄危机、保障老年人护理服务需求、抑制医疗费用的飞速上涨起到了重要的作用。1968 年，荷兰正式通过《特殊医疗费用支出法》（荷兰语简称 AWBZ），是第一个为长期护理服务提供强制

性长期护理保险的国家。1986 年，以色列成为最先引入保险技术、推出社会化长期护理保险的国家。1994 年，德国颁布了《护理保险法》，长期护理保险成为继养老保险、医疗保险、事故保险、失业保险四大险种之后的"第五大支柱"险种，并于 1995 年开始实施强制性长期护理保险。1995 年，日本政府提出了"关于创设护理保险制度"的议案，经过了近 3 年的讨论，于 1997 年 5 月和 12 月，分别在众议院和参议院获得通过，并且于 2000 年通过了《护理保险制度》的法律，长期护理保险制度正式加入其社会保险体系。20 世纪 80 年代中期，美国商业保险开始运作长期护理保险险种——承保被保险人在医院或家中因接受各种个人护理服务而发生的相关护理费用。到 20 世纪 90 年代，随着美国政府医疗保障体系改革的推进和相关法规的出台（1996 年联邦健康保险可转移与说明责任法案），长期护理保险得以加速发展。直至今日，长期护理保险已成为美国最受欢迎的健康保险产品之一。

二、长期护理保险制度模式的类型

根据实施主体的不同，长期护理保险制度可分为社会护理保险制度和商业护理保险制度两大类。前者由政府强制实施，以德国、日本为典型代表。后者由投保人通过购买护理保险合同的方式自愿参加，以美国为典型代表。

长期护理保险制度是适应老龄化社会发展趋势的社会保障制度，其发展的影响因素可以概括为五个方面。一是社会因素，包括人口老龄化、家庭结构小型化、女性劳动职业化、医疗护理成本巨大等；二是经济因素，包括国家经济实力增长、老年经济贫困等；三是政治因素，包括社会主义思想、政党之间妥协等；四是文化因素，包括个人主义浓厚、信奉自由主义、家庭观念淡漠等；五是其他因素，比如宗教因素等（戴卫东，2014）。

三、德国的长期护理保险制度

德国是世界上社会保险最发达的国家之一，也是第一个以社会立法形式实施社会保险的国家。1994 年德国颁布了护理保险法，1995 年 1 月 1 日护理保险法正式实施生效，成为继养老保险、医疗保险、事故保险、失业保险四大险种之后的"第五大支柱"险种。这是德国社会保障发展史上一个重要的里程碑，也对后来日本等国护理保险制度的产生有重要影响。

德国长期护理保险法规定了护理保险跟从医疗保险的原则，即所有医疗保险的投保人都要参加护理保险。德国的护理保险是逐步实施的，从 1995 年 1 月 1 日起保险税款开始交纳；同年 4 月 1 日起，开始提供与家庭医疗有关的保险给付和服务，这是第一阶段；同年 6 月 1 日起，开始提供与规定医疗有关的保险给付和服务，此为第二阶段。保险费一半由投保人支付，一半由雇主支付。国家官员、法官和职业军人由国家负责，他们患病和需要护理时有专门人员负责并承担有关费用，除此之外的所有公民则纳入法定护理保险体系。在德国，联邦卫生部监管长期照料机构的财务，同时负责收集相关的数据和指导长期照料领域方面的立法手续。联邦政府和地方政府共同负责维护长期照料基础设施和管理成本收益，确保足够的服务，并监管服务的质量和效率。长期照料机构基金和法定医疗保险基金的医疗审查委员会负责评估人群的照护需求，安排相应等级的照护救助，并与照护提供方进行费用议价并支付费用。

德国的长期照料服务分为在家护理和住院护理两大类，先后于 1995 年 4 月 1 日和 1996 年 7 月 1 日引入。护理按需要强度分成三类：第一类护理主要是指在患者个人饮食、卫生、日常行动方面 1 周至少需要多次服务，每天至少 90 分钟；第二类护理主要是指患者 1 天至少需要 3 个不同时间的服务，每天至少 3 小时，并且 1 周需多次家务服务；第三类护理指患者需日夜服务并且 1 周需多次家务服务，每天至少 5 小时。需要长期照料的人员可以选择机构照料、正式家庭照料服务、家庭照料现金津贴，或者现金和正式家庭照料服务结合。自长期照料制度建立以来，以家庭、社区和机构为基础的照料提供者显著增加；尽管机构照料率稍有增长，但没有报告显示机构照料等候时间过长。

德国法律规定，长期照料服务的不同模式包括社区照顾的实物福利、非正式照料的现金津贴、现金和实物福利组合等。接受家庭照顾的人可以从社区照顾的实物福利或者现金福利中选择。现金直接给被照料者，由其选择将现金给予家庭（或者其他非正式）照料者。为提升照料质量，护理服务的提供者一年要接受两次专业的考核。考核结果会汇报给长期照料机构。现金和实物福利可以相互结合。但是，所有福利都有上限，可以一次性领取，超过上限的部分需要自付。

德国的长期护理保险制度力图鼓励家庭照顾。被保险人可以选择接受服务或者现金津贴。尽管某一级别的现金津贴仅相当于该级别以家庭或社区为基础的服务价值的一半甚至更少，但大概有72%的住家受益人选择接受现金津贴。另外，如果一个家庭成员每周提供至少14个小时的照料，那么长期照料保险也会覆盖该家庭成员的社会保险保费。这么规定的目的是为了主要照顾者这份"工作"比常规雇佣工作更吸引人。

德国长期护理保险制度是一项典型的社会保险制度，实施的是由社会保险费用来筹资的方式，而国家财政不介入长期护理保险的待遇给付。长期护理保险费率从1995年税前工资的1.0%，上升至2019年的3.05%。德国长期护理保险费率在近十年连续不断的调升反映出随着人口老龄化、长期护理保险制度的结构性改革以及长期护理需求不断上升的基本事实。

四、日本的长期护理保险制度

1970年日本进入老龄化社会，65岁以上人口所占比重为7.1%。2011年日本的老龄化率排在世界第2位，高达22.9%。2020年，日本男性的期望寿命为81.6岁，女性的则为87.7岁，创历史新高。日本是世界上老龄化问题最为严重的发达国家。1997年，日本政府通过了"关于创设长期护理保险制度"（即《介护保险法》）的议案，并于2000年开始实施。日本的长期护理制度以政府为管理主体，采用强制保险的方式。长期护理保险制度的对象是40周岁以上的人，其中又分为两种被保险人：一是65周岁以上的老人，称为第一种被保险人；二是40周岁到64周岁且参加了医疗保险的人，称为第二种被保险人。这两种被保险人在他们因卧床不起、痴呆等原因需要起居护理或需要有人帮助料理家务和日常生活时，可以得到护理服务。

日本护理保险制度提供包括保健、医疗、福利在内的综合服务，主要有居家服务和设施服务两个方面。居家服务指的是被保险人大部分时间住在自己家里接受各种服务。所能接受的服务种类大致有：护理（家庭服务员）、帮助洗浴、帮助康复、日托康复、居家疗养指导（医师、牙医等上门诊断、治疗）、日托护理、短期入住设施、痴呆老人共同生活护理、收费老人福利院护理、支付租赁及购买福利用具费用、支付住房改装费等（安装扶手、拆除台阶等）。对以居家和社区为基础的服务，消费者可以依据他们需要的程度选择有上限的服务种类和数量。政府对每一项服务确立统一标价，照料提供者相互竞争，顾客依据品质认知度和方便程度对其进行选择。这些以居家和社区为基础的服务主要由私人提供，后者向市町村报销支出，而机构服务仅有专门提供社会服务的社会福利企业提供。设施服务是指被保险人入住到各种福利设施的服务。具体有护理老人福利设施（特别养护老人之家）、护理老人保健设施（老人保健设施）、护理疗养型医疗设施（疗养型病床、老年人痴呆病疗养病房）等。

在护理费用的分担上，如果被保险人接受了护理保险服务，那么，他要负担全部费用的 10%，其余 90% 由护理保险负担。日本长期护理保险资金 50%来源于被保险人交纳的保险费，50% 由政府负担（中央政府负担 25%，都道府县负担 12.5%，市村町负担 12.5%）。被保险人交纳的保险费因被保险人而异。第一种被保险人根据收入交纳保险费，养老金在一定金额以上的人，保险费直接从养老金中扣除，另一部分养老金不足一定金额的人将保险费交到市町村。第二种被保险人根据现已加入的医疗保险计算保险费，与医疗保险费一并交纳。

根据护理保险服务的程序，护理保险原则上是需要护理的被保险人根据自己的意愿，选择和决定利用哪种服务。被保险人首先要向保险人（市町村）提出认定申请，然后由市町村的认定审查会对被保险人的身体状态进行认定，看其是否符合护理标准和需要何种程度的护理。如果被保险人被认定需要护理，那么被保险人本人或其家属便可直接向提供服务的机构提出利用服务的申请，也可以通过专业机构挑选适合自己的护理服务内容及护理机构。如果被保险人对认定结果有异议，可以向都道府县的审查机构提出申诉。

日本护理保险制度的运营主体（保险人）是市町村，国家和都道府县在财政上和事务上给予支持。老年健康福利局隶属健康、劳工和福利部，负责长期照料事务。中央政府制定长期照料的法律框架，并提供资金。地方政府包括都道府县和市町村。都道府县是广域的地方政府，负责给市町村提供和协调要求特殊知识的公共服务。市町村是负责给居民提供基本公共服务的地方政府。市町村是长期照料机构系统的保险人，老年人向市町村征询长期照料服务。这些政府部门制定长期照料的政策，追踪服务的利用程度和花费的情况，并且监管照料提供者，但并不直接提供服务。

日本的长期照料保险计划的一个突出特点是，不给付照料者现金，而是通过分担家庭照料者的一部分工作来帮助他们。在计划实施前曾有人建议提供现金补助，但受到妇女群体的反对，称这样虽会提高家庭收入，但并不能降低照顾者的负担，因为绝大多数照顾者是女性。反对者认为只有直接提供正式服务，才能实际减轻家庭负担。鉴于此，日本长期照料保险计划仅提供服务而非现金上的福利，服务内容包括居家服务、成人日间照料、临时看护、住宅改造、上门服务等。

随着老龄化程度的加深，日本长期护理体系的维持也出现了一些问题。其中，最突出的是长期护理体系的财政支出急剧增加。在这种情况下，当该保险体系出现支出大于收入的情况时，解决的办法只能是增加财政支出或增收保费，而这两种方式都会增加公民的经济负担。另外，日本的护理经理身兼服务提供商的角色，当专职于某一服务提供单位中的照顾经理为需要介护的被保险人设计照护计划时，可能出现护理经理为维护本身机构利益而发生涉及不符合被保险人身心状况的服务，因此需要避免护理经理的两难困境。

五、美国的长期护理保险制度

20 世纪 40 年代，美国进入人口老龄化社会。2019 年，美国的老龄化率为 15%，排在全球第 8 位，男性的期望寿命为 75 岁，女性为 80 岁。随着长期照护需求的快速增长，在美国出现了多种形式的长期照料服务。以家庭和社区为基础的服务包括家庭健康护理、个人护理、健康支持服务、喘息服务、交通、膳食递送到户等；以机构为基础的服务主要由养老院提供。日常生活活动提供协助是长期照料服务中增长最快的一种形式。生活协助和养老院不同的是，它并不提供复杂的医疗服务，通常被列为以家庭和社区为基础的服务项目。在服务供给方面，几乎所有的长期照料服务都是由私人（民营企业）提供而非政府机构。目前的趋势是伴随着养老院利用（率）的下降，以家庭和社区为基础的服务和生活协助越来越多。在州政府一级，大多数长期照料的服务由美国卫生和公共服务部管理。美国医疗保险和医疗补助服务中心负责医疗保险计划的日常运作，以及医疗补助计划的联邦政府部分。美国老龄管理局负责维护老年人及其照料者的权益，同时为支持服务提供资金。联邦政府制定医疗补助指导方针，同时要求州政府覆盖一部分特定人群（以低收入人群为主），为其提供补贴。州政府可以决定本州医疗补助计划的种类、数量、期限和服务范围。

　　美国长期照料资金的主要来源是联邦医疗补助，其次是联邦医疗保险和其他来源。联邦医疗补助是给经过资产审核的低收入个人和家庭提供的社会补助项目，由联邦政府和州政府共同资助。医疗补助涵盖符合资格的个人在机构接受照料的所有费用，包括床位、膳食及护士照料，同时它也允许各州涵盖个人在家接受照料的费用。联邦医疗保险由受益人捐献、工资税和一般收入共同资助，是一个针对残疾或者 65 岁及以上老年人的津贴项目。该项目更侧重于急症护理而非长期照料，并且只涵盖由专业护理照料或者康复治疗而产生的长期照料费用。尽管潜在的市场是巨大的，但美国商业长期保险的市场目前并不大。美国居民在长期照料方面的私人支出更多的是通过现款支付的方式。

　　在美国，长期照护支出和服务质量是重要的公共政策议题。2010 年，美国的长期照护服务支出达到 3420 亿美元，其中还未计入家庭和非正式照护者大量的额外支出。然而，减少个人在长期护理上昂贵花费的途径却少之又少。大部分人用个人储蓄来弥补长期照护花费，直到他们符合政府的医疗补助条件为止。弱势老年人很大程度上依赖家庭的无偿支持，否则就要放弃自身所需要的照顾。据统计，非正式老年照护的成本甚至大于政府投入，每年超过 3750 亿美元。在考虑长期照护经费改革的同时，美国的政策制定者就必须兼顾长期照护对各州和家庭的负担，制定政策来帮助无偿的义务护理者，减轻老年人对联邦医疗补助的依赖。

　　美国养老院的照护质量一直是一个问题。据报道，2013 年在入住联邦医疗保险支持的养老院的老人中，33% 的老年人在其居住期内发生过受伤或其他伤害事件。这些事件中，59% 是由于治疗不符合规范、患者监督不足以及照护延迟和照护失效造成的。然而这些事件本来是可以预防的。超过 50% 的损伤导致患者再次入院，并支出共计 28 亿美金的花费。2011 年，有 25% 居住在联邦医疗保险支持的养老院的老年人再次入住医院。有可能还有更多的例子未被报道，因为消费者可能会因为担心失去照护提供者而不投诉。这就需要法律法规的强力执行来保证老年人的权利和安全。

　　最近几年，美国的长期照护模式有了很大的变化。与过去相比，今天美国的老年人是一群受教育程度更高、更富裕、也更挑剔的消费者群体。因此，他们对于照护质量的要求更高。为了满足老年人的需求，长期照护的模式也在改变。持续照护退休社区的发展就是很好的例子。持续照护社区是一种复合式的老年社区，通过为老年人提供自理、介护、介助一体化的居住设施和服务，使老年人在健康状况和自理能力变化时，依然可以在熟悉的环境中继续居住，并获得与身体状况相对应的照料服务。在过去，持续照护退休社区仅为满足老年人基本需要提供基本服务。现在，有了更多种类和服务选择来提升生活质量。在未来，人们会致力于发展更个性化的服务来满足老年人个体需要。

长期照料系统在过去数年中正在发生一些变化。第一，医疗补助计划（Medicaid）"再平衡"。从其长期以来被批判的以资助机构照护为主转向资助更多以家庭和社区为基础的服务（HCBS）。第二，对机构养老依赖的降低，其他居民区照料场所的增加。生活协助和相关设施（例如个人家庭护理）、寄宿制护理院、成年人寄养家庭照顾、老年服务住宅等为老年人独立生活提供膳食、家政服务和社交/娱乐服务。第三，家庭护理设施的增加以及更多样化的选择，促使养老院的文化发生转变，小型、非营利、更舒适，并支持独立或者"辅助生活"的养老院成为典范。第四，付费照料服务在家庭和社区服务中越来越流行。第五，辅助技术使用率的增长。依靠辅助技术来改造家庭照护环境成为一个持续的趋势，常用的辅助技术包括拐杖、步行车、扶手杆、调高的马桶座、助推器和装有放大按钮的电话等等。更广范围的环境改造和社会变化包括连接人行道和街道的斜坡、残疾人坡道、残疾人停车位、超市滑板推车、超市递送服务、处方邮购、社会保障支票直接存入银行等。

保险服务的内容也在发生变化。美国长期护理保险公司的保险服务内容越来越多样化、个性化，并逐渐满足不同投保人的实际需求。保险公司最初主要为客户提供单一的长期护理产品，其保单明确规定了所服务的项目内容，例如只包括在疗养院提供的长期护理服务、只包括居家提供的长期护理服务等。而目前很多保险公司已开始提供综合的长期护理服务产品，涵盖疗养院和家庭均提供的多种长期护理服务等内容。

目前，美国居民普遍对政府参与长期护理保险持肯定态度并寄予期待。未来，由政府公共部门和商业保险公司共同提供长期护理保险的模式将成为新的趋势。在美国长期护理保险的发展过程中，政府发挥着重要的引导作用。一方面，大多数美国居民认为长期护理服务的费用应由个人承担，由商业保险公司提供资金保障用于购买长期护理服务。另一方面，美国居民认为政府公共部门参与到长期护理保险计划中，能有效吸引尚未购买长期护理保险的人。政府应制定长期护理保险服务过程中涉及的税收免征或税收优惠相关政策规定，允许雇主或个人使用税前收入购买长期护理保险，以激励民众购买长期护理保险。美国可能通过对传统的完全商业长期护理保险模式进行变革，以满足年轻一代的需求。

第三章 试点地区长期护理保险制度运行现状

本章首先分析我国选定为长期护理保险制度试点的 29 个城市的空间布局与聚类特征。由于第二批试点城市开展试点的时间较短，仅对首批 15 个试点城市，从试点制度实施背景、制度基本情况、运行效果三个方面分析长期护理保险制度的运行现状。

第一节 长期护理保险试点城市空间布局与聚类特征

一、试点城市空间分布情况

国家统计局发布的《东中西部和东北地区划分办法》，将我国长期护理保险制度首批试点城市划分为东部、中部、西部、东北部四类试点地区。首批 15 个试点城市分布在 14 个省份，其中，东部地区城市 7 个，包括河北省承德市、上海市、江苏省南通市、江苏省苏州市、浙江省宁波市、山东省青岛市、广东省广州市；中部地区城市 3 个，包括湖北省荆门市、安徽省安庆市、江西省上饶市；西部地区城市 3 个，包括重庆市、四川省成都市、新疆生产建设兵团石河子市；东北地区城市 2 个，包括吉林省长春市、黑龙江省齐齐哈尔市。需要说明的是，由于首批试点包括的 14 个省份中，重点联系省份为吉林省和山东省。除长春市和青岛市外，这两个省份还有其他 20 个城市也在试点长期护理保险制度。由于这 20 个试点城市的典型性相对较弱，本书未将它们包含在内。

第二批扩大试点新增 14 个试点城市，东部地区城市有 3 个，包括北京市石景山区、天津市、福州市；中部地区城市有 3 个，包括晋城市、开封市、湘潭市；西部地区城市有 7 个，包括呼和浩特市、南宁市、昆明市、汉中市、甘南藏族自治州、乌鲁木齐市；东北地区城市有 1 个，为盘锦市。汇总来看，本项目研究的 29 个试点城市中，东部地区城市有 10 个，中部地区城市有 6 个，西部地区城市有 10 个，东北地区城市有 3 个。本书研究的 29 个试点城市具体名单见附录 1。

二、试点城市空间聚集特征分析

收集 29 个试点城市的经济发展、人口老龄化数据，进行空间聚类分析。经济发展水平评价指标体系选取 4 个指标建立，分别是人均国民生产总值、人均可支配收入、人均消费支出、医疗卫生财政支出。

人口老龄化评价指标选取试点城市人口老龄化程度（即 65 岁及以上老年人口比例）、老年抚养比、少儿抚养比、人口自然增长率 4 个指标。其中，老年抚养比 =（65 岁及以上老年人口数/15～64 岁人口数）×100%，少儿抚养比 =（0～14 岁人口数/15～64 岁人口数）×100%。数据来源于各地区国民经济和社会发展统计公报、城市统计年鉴、第七次人口普查数据库（具体见附录 2）

依据城市经济发展评价指标体系和人口老龄化评价指标体系共 8 个指标，对我国长期护理保险制度首批试点城市进行分类，用 SPSS 22 软件的 Ward 系统聚类进行分析，将长期护理保险制度首批试点城市和第二批共 29 个城市分为五类：第一类为苏州市、上海市、宁波市、北京市石景山区、南通市；第二类为广州市、青岛市、福州市、乌鲁木齐市、天津市、呼和浩特市；第三类为昆明市、盘锦市、湘潭市、石河子市、晋城市、汉中市；第四类为成都市、长春市、重庆市、荆门市、安庆市、承德市、齐齐哈尔市；第五类为南宁市、开封市、黔西南布依族苗族自治州、上饶市、甘南藏族自治州。试点城市分层聚类分析属性如图 3　1 所示。

可以看出，第一类城市位于江浙沪经济优势地带，经济发展水平处于靠前水平，同时存在着较高的人口老龄化，对长期护理保险有着较高的需求；第二类大多是沿海发达城市或者经济处于较高水平的城市，人口老龄化低于一般水平，长期护理保险需求与发达的经济水平有着错位现象；第三类城市经济发展为中等水平，老龄化处于较高水平，对长期护理有着较高需求；第四类城市经

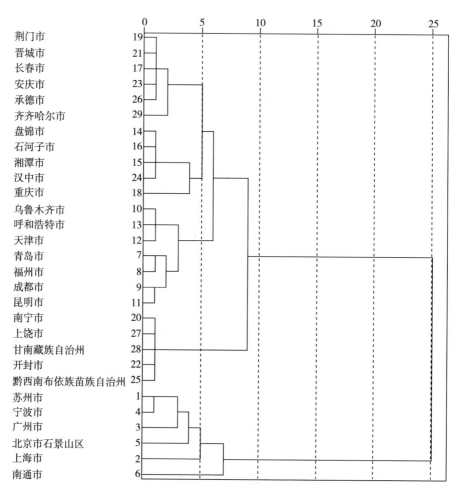

图3-1 试点城市分层聚类分析

济发展低于一般水平，老龄化处于中等水平；第五类城市经济水平最差，且老龄化也最低，对长期护理保险的需求最低。

　　为了更直观地反映空间中各城市的聚类情况，利用 ArcGIS 软件将聚类类别结果进行地图可视化后，可以看出，29 个试点城市主要分布在中东部地区，除新疆外大体呈均匀分布，存在两个局部聚集区域。

第二节 东部地区试点城市长期护理保险制度运行现状

一、承德市

(一) 政策实施背景

表 3-1 显示了 2000~2020 年河北省和承德市人口结构变化趋势。可以看出,三次人口普查数据均显示承德市老龄化程度略高于河北省。2000 年,承德市 65 岁以上老年人口比重超过 7%,意味着进入人口老龄化社会。2000~2010 年,承德市 65 岁以上老年人口比重增加 1.41 个百分点,增长较为缓慢,但是,2010~2020 年,65 岁以上老年人口比重大幅增加 5.49 个百分点,说明人口老龄化程度呈现出持续加深的趋势。

表 3-1　　　　　2000~2020 年河北省和承德市人口结构变化趋势　　　单位:%

地区	年龄段	2000 年	2010 年	2020 年
河北	0~14 岁	22.80	16.83	20.22
	15~64 岁	70.30	74.93	65.86
	65 岁以上	6.90	8.24	13.92
承德	0~14 岁	22.09	17.37	17.71
	15~64 岁	70.73	74.04	68.21
	65 岁以上	7.18	8.59	14.08

2016 年 7 月,河北省承德市被确定为长期护理保险试点城市之一,同年 7 月 3 日,承德市正式启动长期护理保险制度试点。

(二) 试点政策基本情况

1. 参保对象

承德市长期护理保险的参保对象为参加城镇职工基本医疗保险的所有人员。保障对象为按一定的评定标准 (如 Barthel 指数评定量表) 被评定为重度失能的参保人,不包括中度、轻度失能参保人员。

2. 筹资方式

承德市长期护理保险筹资途径主要有三个：参保个人、职工基本医疗保险基金结余、政府财政补贴。此外，接受企业、单位、慈善机构等社会团体和个人的捐助。基金额度为参保人员上一年度工资总额的 0.4%，其中，职工基本医疗保险基金负担 0.2%，个人和财政分别负担 0.15% 和 0.05%。政府财政和城镇职工基本医疗保险基金负担部分，每年初一次性划入长期护理保险基金。参保人员个人负担部分，每年划拨城镇职工医疗保险个人账户时，以其上年度工资总额为基数一次性扣缴划入长期护理保险基金。

3. 服务形式

在长期护理保险政策实施之初，承德市仅提供机构护理一种服务形式。凡选择进行居家护理的参保人均不得享受待遇支付，所产生的一切费用均由个人负担。对于选择医疗机构护理的参保人，只有在定点医疗机构进行看病、住院的参保人才可以享受护理保险待遇。随着试点工作的推进，长期护理保险制度得到完善。目前，承德市提供了医疗机构、养老机构、家庭护理机构三类定点服务机构，满足不同程度失能人员的护理需求。承德市长期护理保险提倡以家庭护理服务为主，并明确规定了家庭护理服务的标准与内容，且对定点机构派去的专业医护人员的服务质量支持线上评价。

4. 待遇支付

承德市长期护理保险待遇支付包含现金给付和服务给付两种形式。长期护理保险待遇支付标准如表 3－2 所示。在医疗保险定点医疗机构设置的符合规定的护理床位接受护理服务的，每床日结算定额暂定为 70～80 元；在定点护理服务机构、养老服务机构的护理床位接受护理服务的，每床日结算定额暂定为 60 元。由定点家护服务机构提供全日制上门服务的，支付标准为每人每月 1500 元（不足整月的按 50 元/日计算）；提供定期上门服务的支付标准为每人每月 450 元（不足整月的按 15 元/日计算）。如果参保人的护理费用超出相应的待遇支付额度，则超出部分由参保人个人或其家庭负担。如果参保人护理费用不足相应的待遇支付额度，则接受原有待遇支付的 70% 作为补偿。

表 3-2　　　　　　　　　承德市长期护理保险待遇支付标准

服务形式		待遇支付标准
医疗保险定点医疗机构	一级机构	80 元/床·日
	二级及以上机构	70 元/床·日
护理服务机构、养老服务机构		60 元/床·日
家护服务机构	全日制上门服务	1500 元/月（50 元/日）
	定期上门服务	450 元/月（15 元/日）

资料来源：《承德市城镇职工长期护理保险实施办法（试行)》。

（三）试点制度运行效果

1. 缓解了失能家庭的经济负担

截至 2017 年末，承德市长期护理保险申请人数达 65 人，其中 47 人享受到保险补偿，占比为 72.3%（朱琳琳，2019）。2019 年底，承德市长期护理保险参保人数为 27.84 万人，定点护理服务机构为 13 家，床位数为 581 张；长期护理保险筹集资金为 15582.7 万元，为 1460 位参保人支付长期护理费用 1200.47 万元，在很大程度上减轻了失能人员及其家庭的经济负担（王文韬和尚浩，2020）。

2. 促进了养老护理服务产业的发展

长期护理保险制度的实施，大大促进了承德市养老护理服务产业的发展。随着试点的实施，承德市第一家专业护理院、第一家专门家护服务机构应运而生，填补了本市护理服务的空白。医养结合机构规模随之扩大，并专门规划了重度失能人员护理区域。

3. 拓宽了创业就业渠道

随着承德市长期护理保险制度的实施和完善，定点护理服务机构数量不断增加，对专业护理人员的需求也越来越大。长期护理保险的发展为社会提供了更多的就业岗位。由于现有的医疗护理机构、养老服务机构不能满足长期护理保险继续发展的需要，承德市积极吸引众多创业者投身养老产业，提供更多的就业选择。

4. 扩大了市场主体的参与率

一方面，承德市政府通过公开招标的方式，选择最合适的商业保险公司参与经办，充分利用商业保险公司专业的经办制度和管理服务经验，在提高了制度实施效率的同时，也增强了商业保险公司的参与度。另一方面，长期护理经办机构要负责委托具备资格的医疗机构进行失能等级评定，增强了第三方评估机构的参与度。这些市场主体的参与进一步加深了政府与市场的联系，间接促进商业性长期护理保险的发展。

二、上海市

（一）政策实施背景

上海是我国最早进入老龄化社会的城市，也是我国老龄化程度最高的大型城市。2009～2019 年上海市 60 岁及以上人口总数和占人口总数及比重如表3－3 所示。可以看出，60 岁及以上人口数从 315.7 万人增加至 516.55 万人，平均每年增加 20 万人，年均增长率为 5.05%。60 岁及以上人口占总人口比重从 22.54% 上升至 35.20%，十年间增加了 12.66 个百分点。上海市老年人口绝对数量增长迅速，老年人口比重不断增加。按此趋势发展，人口老龄化问题将演变成严重的人口难题。

表3－3　　　　上海市 60 岁及以上人口数及比重（2009～2019 年）

人口数及比重	2009	2010	2011	2012	2013	2014	2015	2016	2017	2018	2019
人口数（万）	315.70	331.02	347.76	367.32	387.62	413.98	435.95	457.80	481.61	502.03	516.55
比重（%）	22.54	23.44	24.50	25.74	27.06	28.77	30.21	31.57	33.10	34.33	35.20

根据国家长期护理保险制度试点指导意见，上海市政府于 2016 年 12 月 29 日印发《上海市长期护理保险试点办法》，决定于 2017 年 1 月 1 日起在徐汇区、普陀区、金山区先行开展试点工作，试点期限为一年。一年以后，《上海市长期护理保险试点办法》经过修订，于 2018 年 1 月 1 日起在全市各区试点实施。

（二）试点政策基本情况

1. 参保对象

上海市长期护理保险参保对象为本市职工基本医疗保险参保人员（第一

类人员）、参加了本市城乡居民基本医疗保险的 60 周岁及以上人员（第二类人员）。参保人可自愿申请长期护理需求评估，经评估护理需求等级为二至六级且在评估有效期内的，60 周岁及以上已按规定办理申领城镇职工基本养老金手续的人员，满 60 周岁按规缴纳居民医保且享受居民医保待遇的人员，均可享受长期护理保险待遇（刘田静，2018）。

2. 筹资方式

对第一类人员，按照用人单位缴纳职工医保缴费基数 1% 的比例，从职工医保统筹基金中按季调剂资金，作为长期护理保险筹资。对第二类人员，根据 60 周岁以上居民医保的参保人员人数、按照略低于第一类人员的人均筹资水平，从居民医保统筹基金中按季调剂资金，作为长期护理保险筹资。此外，在长期护理基金入不敷出时，政府会对其了以财政支持，对享受长期护理保险待遇且经济困难的老人给予养老服务补贴。

3. 服务形式

上海市长期护理保险提供的护理服务主要有三种形式：第一种是社区居家照护，由基层医疗卫生机构和护理院为居家的参保人员提供上门照护服务，或者在社区日间照料中心等场所集中提供照护服务；第二种是养老机构照护，由养老机构为入住的参保人员提供照护服务；第三种是住院医疗护理，由社区卫生服务中心、护理院和部分承担老年护理服务的二级及以上医疗机构，为入住在其机构内护理性床位的参保人员提供医疗护理服务。

4. 待遇支付

上海市长期护理保险待遇支付方式根据失能人员选择的服务形式而变化。对于享受养老机构照护的参保人员，在评估有效期内发生的符合规定的养老机构照护的服务费用，长期护理保险基金的支付水平为 85%。对于选择社区居家照护服务的失能人员，长期护理保险基金承担社区居家照护所需费用的90%，剩下的 10% 由个人承担（张如茜，2020）。为鼓励更多失能人员选择居家护理，上海市长期护理保险制度规定，接受居家照护服务、评估等级为五级或六级的重度失能老人，还将获得服务时间或现金补助方面的政策优惠。例如，失能等级为五级或六级的参保人员，连续接受居家照护服务 1~6 个月时长内的，可自主选择增加 1 小时/月的服务时间，或现金补助 40 元；连续 6 个月以上的，可自主选择每月增加 2 小时服务时间，或现金补助 80 元（刘田静，2018）。

（三）试点制度运行效果

上海市长期护理保险制度自试点以来整体有序推进，由点到面逐步发展，长期护理保险在实施过程中效果显著。

1. 受益人群持续扩大

从整体上看，上海长期护理保险制度稳步实施。截至 2019 年 7 月底，上海市长期护理保险试点各街镇社区事务受理服务中心累计受理申请已达到 50.8 万人次，累计完成需求评估 45.5 万人，接收服务对象 41.6 万人，覆盖人群不断扩大。[①]

2. 养老护理体系不断完善

上海市长期护理保险政策宣传有效，长期护理保险服务规范有序，养老服务机构和养老护理员队伍不断壮大，可以有效应对区域内长期护理需求。以松江区为例，该区以"幸福"为主题，打造幸福养老院、幸福老人坊等多维度养老空间，覆盖养老机构和社区老人，为老人量身定做最佳养老模式。同时紧跟时代潮流引入"互联网＋"思维，创新服务模式、拓宽服务渠道，推出"松江养老"公众平台，加强信息公开，多途径为老人解决养老服务问题（曹新宇，2020）。为了能够提供优质的护理服务，上海市积极鼓励社会化评估组织的建设，制定了统一、完善的评估体系，从而促进评估系统更加标准化和规范化，促进了上海市养老服务产业的发展与完善。

三、南通市

（一）政策实施背景

南通市以"长寿之乡"闻名全国，从 1983 年已经进入老龄化社会，先于全国 17 年、江苏省 4 年。根据南通市统计局数据，目前南通市老年人口共计 194 万人，占总人口的 25.28%，老龄化程度居全省最高。80 周岁以上的高龄老人达 32 万人，占老年人口的 16.63%，位居全省第一。老年人口每年增加近 6 万人，年增长率达 3%，高于全国 2.85% 的增长速度。全市空巢老人已近 98

---

① 上海数据来源：祝越. 长护险能否更贴近老年人需求. 文汇报客户端，2019－08－27，［EB/OL］https：//wenhui. whb. cn/third/baidu/201908/27/285676. html

万人，占老年人口半数以上。70 岁及以上的老年人中有 90% 患有慢性病，疾病、意外或衰弱导致身体或精神受损，需要护理照料的失能和半失能者约 32 万人，仅市区老年人口中失能人数就已达 2.81 万人。①

为了应对南通市一直以来严峻的人口老龄化问题，2015 年 10 月，南通市政府出台了《关于建立基本照护保险制度的意见（试行）》，决定从 2016 年 1 月 1 日起正式实施基本照护保险制度，同年 7 月，南通市被列入国家建立长期护理保险制度的首批试点城市行列。南通市首次将基本照护保险制度作为社会保险"第六险"，正式列入社会保障体系。

（二）试点政策基本情况

1. 参保对象

根据《关于建立基本照护保险制度的意见（试行）》规定，南通市长期护理保险制度参保人包括所有城镇职工和城乡居民，基本实现了长期护理保险制度全覆盖。2019 年 1 月，南通市将年满 6 周岁的重度失智儿童纳入长期护理保险制度的保障范围，实现了对重度、中度失能，重度失智人员的保障全覆盖。截至 2017 年，南通市长期护理保险制度已涵盖了 120 万参保人，护理保险基金支出 1330.84 万元，为 3767 名失能人员提供了护理服务（陈彦洁，2018）。

2. 筹资方式

南通市长期护理保险基金以政府补助、个人缴费、医保基金为主，企业、单位、慈善机构等社会团体和个人捐助作为补充，形成了多元化、动态稳定的筹资机制。按照南通市现行的制度规范，南通市市民每人每年的长期护理保险基金账户中一共划入资金 100 元，政府补贴、个人缴纳、医疗保险基金账户划转分别按 4∶3∶3 的比例划入。除了对一般参保人按比例进行的财政补贴外，南通市政府还对未成年人以及城镇最低生活保障家庭、特困职工家庭、完全或部分丧失劳动能力的重残人员的全部长期护理保险费用予以补贴，因此南通市政府面临的经济负担也相对较重，为此南通市财政每年都会从福利彩票公益金中安排一定数量的资金用于充实基本照护保险基金。

---

① 南通数据，目前指 2015 年，数据来源：张烨. 南通酝酿实施护理保险制度　减轻失能患者医疗负担 [EB/OL]. https：//www.haohebian.com/news/heb/41291.html

3. 服务形式

南通市长期护理保险制度提供的服务形式主要包括养老机构长期照护、机构定点照护、居家上门照护等形式，照护内容在大方向上可以归为两类，分别是生活护理和医疗护理。按上述分类，2017 年 5 月初，南通市初次推出两种服务套餐，分别包含 12 项和 10 项服务内容。随后在 2017 年 6 月将原来的双套餐模式扩充为 6 种，不同的套餐对应不同的服务内容和服务价格，满足了参保人的多样化需求。同年年末，南通市再一次升级了服务内容，新增了"清洁服务""压疮护理"及"体征检测"三项服务套餐。南通市不断根据市民需求调整提供的服务套餐，推出了包含身体照护、生活照料及保健护理在内共22 项服务内容的超完美套餐，充分满足了市民的个性化需求（殷志芳，2020）。

4. 待遇支付

在待遇支付方面，南通市的长期护理保险结算方式遵循定额结算、按季发放、不设起付线的原则。为了鼓励中度失能和半失能人员尽量选择居家护理，南通市政府根据参保人选择的护理形式不同设置了差异化支付方式，对于选择机构照护的重度失能人员，他们将得到相对较多的保险给付，且由于医疗机构与养老机构固有的成本差异，选择医疗机构照护的失能人员将比选择养老机构照护的失能人员每天多获得 10 元的保险给付；而如若中度失能人员选择机构照护，则他们每天仅仅能获得 10 元的保险给付，因此对于中度失能人员来说，选择居家照护会更加划算。根据南通市人力资源与社会保障局数据，南通市长期护理参保人中选择机构护理和选择居家护理的人数比为 1∶4。正因为这种差异化的保险给付方式，才使得中轻度失能人员多数选择居家照护成为可能，在很大程度上节约了照护资源（陈彦洁，2018）。

（三）试点制度运行效果

1. 受益人数持续扩大

南通市自试点长期护理保险制度以来，逐步形成以"机构照护、居家服务、津贴补助、辅具支持、预防管控"为特色的制度体系，覆盖全市 720 万名参保人员，被老百姓亲切地称为生命的"第六险"。截至 2020 年 12 月，全市有 25727 人享受长期护理保险待遇，其中居家护理 21640 人，上门服务量达

123 万人次；入住护理院 3296 人，入住养老院 791 人。①

2. 护理服务产业蓬勃发展

试点以来，南通市护理服务业蓬勃发展，极大缓解了医疗机构优质医疗资源供给紧张的矛盾，2 千余名失能人员从医院转至护理院，解决了失能人员反复住院导致的"社会性住院"的难题，节约了大量医保基金。大批"405060"就业困难人员因此获得了工作机会，带动了培训市场的繁荣，200 多家定点照护机构吸引大批从业人员，就业人员超过 10000 人，为经济高质量发展不断注入新的活力。长期护理保险基金的投入拉动了社会资本的踊跃投入，总计投资已超过 24 亿元，定点照护机构也从最初的 2 家发展到目前的 50 多家（陈志斌等，2020）。

3. 第三方经办模式起到示范作用

南通市长期照护保险通过政府招标、购买社会化服务和商业保险机构具体经办的模式，将失能等级申请、评估认定、费用结算、服务监督等工作委托商业保险机构社会化经办。一方面，解决了医保经办机构服务能力不足的问题；另一方面，也契合"放管服"改革的方向和专业化管理的要求，有效提升了经办服务水平。在服务方式上，该模式则充分抓住"互联网＋"的发展机遇，借助手机 App 实现了失能人员及其家属、照护公司及其服务人员、辅具租赁公司、照护服务中心、医保经办机构等环节的互联互通。南通市逐步形成"机构照护、居家服务、津贴补助、辅具支持、预防管控"五位一体的照护保险模式，取得积极成效，也为全省试点地区起到带头示范作用（陈志斌等，2020）。

四、苏州市

（一）政策实施背景

苏州市于 1982 年就进已经入了老龄化社会。根据苏州市第七次全国人口普查公报（第四号），2020 年全市常住人口为 1274.8 万人，其中 65 岁以上占比

---

① 数据来源：中央财经. 南通又一次登上中央媒体 长期照护保险工作获央视点赞，2021－03－04，［EB/OL］http：//www. zgnt. net/content/2021－03/04/content_3040557. htm

12.44%。在苏州所属地级市及县区，常熟市（15.98%）、太仓市（16.07%）、姑苏区（18.39）的老龄化程度最为严重，均已超过15%，老龄化现状形势最为严峻。工业园区（8.49%）、昆山市（8.79%）、虎丘区（7.25%）的老龄化程度相对较低，但也都处于老龄化社会。2016年，苏州市被人力资源和社会保障部批准成为国家首批15个长期护理保险试点城市之一，自此，苏州市展开了长期护理保险制度的探索与完善进程。①

（二）试点政策基本情况

苏州市长期护理保险试点分两个阶段实施。第一阶段从2017年到2019年，通过多元筹资建立长期护理保险基金，将重度、中度长期失能人员基本生活照料费用纳入保障范围。第二阶段从2020年起至今，探索将基本医疗保险基金保障的长期失能人员医疗护理费用纳入长期护理保险基金保障范围。

1. 参保对象

苏州市长期护理保险的参保对象是职工基本医疗保险、城乡居民基本医疗保险的参保人员。参保人员因年老、疾病、伤残等导致长期失能、生活不能自理需要护理的，经过一段时间治疗病情稳定后，经专业机构进行失能评定和资格认定，可享受长期护理服务协议机构提供的服务。

2. 筹资方式

苏州的长期护理保险基金按照以收定支、收支平衡、略有结余的原则筹集。长期护理保险基金由个人缴费、政府补助和职工基本医疗保险、城乡居民基本医疗保险统筹基金结余划转组成，其中个人缴费不高于上年全市常住居民人均可支配收入的0.2%；政府补助部分，由各级财政依法依规在每年年初从财政预算安排、福彩公益金、残疾人就业保障金等资金中一次性划转；社保经办机构每年年初从社会基本医保统筹基金结余中一次性划转。

苏州市长期护理保险制度试点第一阶段，个人缴费部分暂免征缴，政府按50元/人·年补助，职工基本医疗保险统筹基金结余按70元/人·年划转，城乡居民基本医疗保险统筹基金结余按35元/人·年划转。试点第二阶段筹资标准由市人社部门会财政部门商定，报市人民政府批准后公布执行。苏州市正在

---

① 苏州市统计局. 苏州市第七次全国人口普查公报（第四号）. 发布日期：2021-05-31，［EB/OL］http://tjj.suzhou.gov.cn/sztjj/tjgb/202105/63f291317a62483ba1b6872b64b45b98.shtml

探索新的个人缴费标准，有望根据不同群体收入水平、年龄段来确定个人缴费标准。

3. 服务形式、待遇标准

根据参保人员的护理需求，苏州市长期护理保险服务形式包括医疗机构住院护理、养老机构护理、社区居家护理。长期护理保险对入住机构的重度失能人员保障额度为 26 元/天，中度失能人员保障 20 元/天；居家护理重度失能人员保障额度为 30 元/天，中度失能人员保障 25 元/天。基金支付给提供服务的专业机构，不直接支付给个人，已建立待遇标准根据经济社会发展状况、长期护理服务供给能力、基金收支情况等因素动态调整机制（郭语涵，2020）。

4. 经办模式

苏州市长期护理保险依托本市社保经办机构进行经办管理。在确保基金安全和有效监控的前提下，积极探索委托第三方参与长期护理保险经办管理的范围、路径和方法，充分发挥具有资质的商业保险机构等各类社会力量的作用。将长期护理保险的申报受理、等级评定、费用审核、结算支付、服务管理等经办管理业务，按照购买服务方式，通过政府招标委托给专业机构经办管理。建立了社会保险经办机构与第三方管理机构的有效工作衔接机制，以确保长期护理保险制度的有效运行。

（三）试点制度运行效果

1. 参保范围覆盖全体居民

苏州市长期护理保险制度已实现所有区域、所有参保人员"两个全覆盖"，这既符合长期护理保险是医疗保险跟随性险种的制度规律，也避免出现人群有别，先城后乡碎片化问题。同时，长期护理保险制度在市民中的知晓度不断提升，其保障功能逐步显现，充分体现了社会保险广覆盖、保基本、可持续的特征。

2. 受益人群多

截至 2019 年年底，苏州市共有住院护理机构 87 家，居家护理机构 59 家，护理人员共计 14158 人，共覆盖 1033.47 万人，累计受理失能认定申请 37546 人，评估通过 28535 人。试点实施以来，享受长期护理保险待遇共计 28535 人，支付 16804.26 万元，其中选择居家护理 18894 人，占 66.21%，选择机构护理 9641 人，占比 33.79%。享受长期护理保险待遇人群平均年龄 81 岁，60 岁以上老人占比 95.4%，最大的 108 岁。长期护理保险基金支付共计 16804.26 万元保障力度巨大，受益人群颇广（盛政，2020）。

3. 民众满意度高

苏州市长期护理保险制度运行三年来，苏州医保部门创新性地建立了政策框架、失能评估办法、评估标准和信息系统，基本形成了具有苏州特色的长期护理保险模式，为苏州失能失智人员和家庭撑起了一把"保障伞"，民众满意度较高，被苏城百姓评选为年度"十大民心项目"之一（李琰，2019）。

五、宁波市

（一）政策实施背景

1992 年，宁波市 65 岁以上老人占总人口的比率超过 7%，宁波市正式进入人口老龄化社会。宁波市在经济高速发展的同时，人口老龄化现象日益突出，人口老龄化增速越发明显。近年来，宁波市人口老龄化以每年 3% 的速度增长，2019 年 65 周岁及以上老年人口占户籍人口总数的 17.8%，宁波市接近步入超老龄社会。同时，社会呈现出家庭小型化、少子化、高龄化、空巢化"四化叠加"新态势，重度失能人员家庭普遍面临着家庭护理难、护工成本高昂、适宜照护机构难进等困境（周硕，2018）。

2016 年 6 月，人力资源和社会保障部下发《关于开展长期护理保险制度试点的指导意见》，将宁波市确定为 15 个长期护理保险制度试点城市之一。2017 年，长期护理保险被列入宁波市委深改项目和政府年度任务，宁波市政府于当年 9 月出台了《宁波市长期护理保险制度试点方案》，规定从 2017 年 12 月开始，正式启动长期护理保险试点。

（二）试点政策基本情况

1. 参保对象

宁波市长期护理保险参保对象为海曙区、江北区、鄞州区、高新区、东钱湖旅游度假区的职工基本医疗保险的参保人员（不含参加住院医疗保险人员）。

2. 筹资方式

从市区职工基本医疗保险统筹基金累计结余中先行安排 2000 万元资金作

为长期护理保险试点启动资金。试点范围内职工医保参保人员个人无须另外缴费参加长护保险。

3. 服务形式

宁波市失能人员护理分两种情形：一是专业机构护理，指长护保险护理服务试点机构中的二级及以下医疗机构，为入住在其机构内独立护理病区护理性床位的参保人员提供护理服务；二是养老机构护理，指长期护理保险护理服务试点机构中的养老机构，为入住其机构内护理部护理床位的符合条件的参保人员提供护理服务。

4. 待遇支付

在专业医疗机构和养老机构享受护理的，床日支付标准均为40元，由长期护理保险经办机构与护理服务机构之间进行支付结算，其他应由个人承担的护理费用由参保人员个人支付给护理服务机构。例如，某护理机构与个人协议明确每月护理费为3000元，如该月为30个自然日，参保人员入住满30天，长期护理保险基金支付1200元，该部分由经办机构支付给护理机构，个人承担1800元，该部分由个人家庭支付给护理机构。

长期护理保险与职工基本医疗保险、工伤保险、居家养老服务、重度残疾人护理补贴等制度衔接，享受长期护理保险待遇人员不再重复享受其他类似政府补贴，本人在申请长护保险待遇时可自愿选择享受其中一项待遇，已经选择长护保险待遇的由社保部门按月将享受名单报残联，当月就不再重复享受重度残疾人护理补贴。

（三）试点制度运行效果

宁波市长期护理保险制度切实保障了民生，成效显著。根据宁波市人力资源和社会保障局网站数据，截至2018年3月初，第一批经过评估的重度失能的574位参保人员已经开始享受到长期护理保险的待遇，长期护理保险基金已经支付133万元，平均减轻了每人每月1200元的负担。

1. 政策体系系统化

宁波各试点地区均已出台一个主体文件（实施意见）和若干配套办法（实施细则、失能等级评定标准、机构协议管理办法、服务项目管理办法等），逐步形成了较为完整的长期护理保险制度体系，尤其是失能评估系统运行顺利。各试点地区商保公司准备充足，积极配合人力资源和社会保障部等部门开展评估工作。截至目前，通过评估初筛等流程，各地失能评估通过率均维持在较高的稳定水平，且评估资金未发生纠纷（卢珩，2019）。

2. 优化了医疗资源配置

宁波市长期护理保险制度使长期缺乏护理保障的失能人员，得以转移到专门护理机构享受专业性护理服务，缓解了重度失能人员长期占用医院床位的现象，避免了医疗资源浪费和医保基金过度支出的问题。同时，长期护理保险制度的发展完善，有利于促进社会养老护理产业的发展，以有效需求带动有效供给，引导社会资本更多地投入养老护理服务产业。

3. 增强了失能人员的幸福感

长期护理保险提供护理服务的特质，使失能人员感受到切实的获得感，从而提升了自身生活质量和尊严，建立长期护理保险制度满足了多样化、多层次的护理需求，增加了人民群众在共建共享发展中的幸福感。

六、青岛市

（一）政策实施背景

青岛市早在1987年就已经进入了人口老龄化城市行列，是我国第一批进入人口老龄化的城市。1987年，青岛市60周岁以上的老年人口占比率先超过了10%，比全国进入老龄化水平（2000年）提前了13年。根据青岛市民政网数据，截至2019年年底，青岛市60岁以上老年人口数量为186.6万人，占青岛市总人口的21.4%，高于全国同期老年人口比重3.3个百分点。其中，80岁以上高龄老人规模达31万人，失能失智老人大约10万人。青岛市老龄化水平呈现出基数大、程度高的特征。另外，根据青岛公开数据开放网最新数据，2019年青岛市残疾人总数为19.39万人，占全市总人口数的比重高达2.2%。

由于青岛市老龄化水平一直以来都领跑全国，残疾人口数占比也相对较高，为此青岛市政府早在2012年就以群众需求最为迫切的医疗护理为切入点，率先展开了对长期护理保险制度的探索：2012年7月青岛市颁布了《关于建立长期医疗护理保险制度的意见（试行）》，正式建立了长期护理保险制度，青岛市长期护理保险制度开创了我国长期护理制度的先河，也标志着长期护理保险首次与城镇职工、居民医疗保险挂钩，为全国长期护理保险制度建设提供了宝贵的借鉴经验。

（二）试点政策基本情况

长期护理保险制度已经在青岛市实行了 8 年有余，并根据实际情况不断调整、补充与完善。在长期护理保险制度实施初期，参保人范围仅包括拥有城镇职工基本医疗保险或城镇居民基本医疗保险的城镇居民。面对参保人覆盖范围不全的问题，青岛市从 2015 年起，便将新型农村合作医疗保险参保人也纳入了长期护理保险的参保人范围，自此青岛市实现了长期护理保险制度的城乡全覆盖。2017 年，青岛市又将重度失智老人纳入了长期护理保险保障范围内，并建设了"失智专区"，为失智老人提供了特别的护理服务。2018 年，为满足不同家庭失能失智老人的多样化需求，青岛市引入了"全人全责"的理念。

1. 参保对象

青岛市长期护理保险分为两大类，一类是职工护理保险，另一类是居民护理保险。护理保险实施原则为"跟随医疗保险"原则，即原参加职工社会医疗保险的参保人同步为职工护理保险参保人，原参加居民社会保险的参保人同步为居民护理保险参保人。青岛市长期护理保险的参保人群不仅实现了城镇和农村全覆盖，且将年满 60 岁的重度失智老人也纳入了参保范围。另外，凡因年老、疾病、伤残等原因导致身体的某些功能全部或者部分丧失，长年卧床，生活无法自理的参保人均可申请长期护理保险待遇，没有年龄等方面的限制。

2. 筹资方式

青岛市长期护理保险资金实行市级统筹。职工护理保险资金和居民护理保险资金实行收支两条线。职工护理保险资金主要通过五个渠道筹集：一是按照基本医疗保险缴费基数总额 0.5% 的比例，从职工基本医疗保险统筹基金中按月划转；二是按照基本医疗保险个人缴费基数 0.2% 的比例，从应划入在职职工本人医疗保险个人账户的资金中按月代扣；三是按照每人每年 30 元标准，财政予以补贴；四是从职工基本医疗保险历年结余基金中一次性划转；五是社会捐赠。城乡居民长期护理保险基金则由城乡居民医疗保险账户按一定比例划转。青岛市财政每年会从社会福彩基金中划转 2000 万元作为长期护理保险基金的补充。

3. 服务形式

青岛市长期护理保险提供了"4+3"的服务形式。针对完全失能老人和重度失能老人可为其提供"专护"（由专门的定点医院的专业老年病房提供专业化护理服务）、"院护"（入住养老机构或疗养院享受其提供的护理服务）、"家护"（由专门的医护人员到参保人家中提供长期性护理服务）和"巡护"（社区护理机构医护人员到参保人家中提供巡诊服务）四种护理服务形式。针对重度失智老人，专门开设了"失智专区"，由失智专区的专门护理人员为其提供"长期照护""短期照护（不超过60天）""日间照护"三种照护服务形式。多样化的服务形式满足了老人的个性化护理需求，也使得众多有失能失智老人的家庭可以做出最适合自己的选择。

4. 待遇标准

同社会医疗保险一样，长期护理保险的待遇支付设置了等待期。经过等级评估的长期护理服务申请人可根据其评估等级享受相应的待遇：参保职工按护理费用的90%报销，一档参保居民（成年居民、少年儿童、大学生）按护理费用的80%报销，二档参保居民（成年居民）按护理费用的70%报销。除巡护期间发生的药品、检查检验等费用需要按相关门诊规定报销外，其余费用均按上述比例报销。对享受"院护"或"家护"服务的参保人，每床日定额包干费用（含个人负担部分）为60元；对在二级医院接收"专护"的参保人，每床日定额包干费为170元；对在三级医院接受"专护"的参保人，每床日定额包干费为200元。

（三）试点制度运行效果

1. 受惠全市城乡居民

青岛市长期护理保险试点制度不断随现实情况而调整优化，目前已成为我国运行时间最长、服务人次最多的长期护理保险项目。截至2019年，青岛长期护理保险试点制度覆盖了860万城乡居民，累计支出近17亿元，惠及6万多名失能失智人员，服务老人平均年龄为82岁，失能失智人员累计得到的照护服务天数为2504万天。为出院后转入护理服务机构的重症老人，平均延长了310天的生命，为1万多名老人带去了生命的临终关怀（陈彦洁，2018）。

2. 养老机构护理型床位规模及占比均提高

截至 2020 年上半年，青岛市全市备案养老机构共有 260 家，其中公办养老机构有 19 家、民办养老机构有 241 家；街道级居家社区养老服务中心有 51 家；全市总床位共 5.4 万张。青岛市"医养结合"的服务也居全国领先水平。2019 年，青岛市医养结合养老机构数量达到了 141 家，占养老机构总数的一半以上（55.7%），护理型床位共有 24846 张，占机构养老床位总数的 58.9%。①

3. 医疗资源配置得到优化

长期护理保险制度缓解了二、三级医院的养老护理压力，实现了失能失智人员在二、三级医院与定点服务机构之间的分流，一方面使得大医院能够为更多的患有疑难病症的患者提供及时、优质的医疗服务，另一方面也减轻了因"社会性住院"导致的大额医保开支，从而避免了医疗资源的浪费。另外，参与经办的保险公司为护理服务申请人提供了专业而高效的失能等级评定服务，从而使相关医院免去了评定工作，而且由于保险公司和医疗机构之间存在的独立性，有效扼制了参保人"占用床位"的行为，在一定程度上优化了医疗资源的配置。

4. 增强了患者及其家庭的幸福感

一方面，长期护理保险制度减轻了患者的家庭经济负担，使得失能家庭花较少的钱享受专业的护理服务成为可能，长期护理保险较高的报销比例，在很大程度上分担了患者及其家属高昂的医疗机构长期护理服务支出；另一方面，由于长期护理服务的专业性，享受长期护理保险服务的失能失智老人可以得到更加全面、更加专业、更加舒适的护理服务，使失能失智老人能享有体面的晚年，为老人及其家庭带去强烈的幸福感。

七、广州市

（一）政策实施背景

在 2016 年底，广州市人口老龄化程度已经超过当年全国人口老龄化程度

---

① 青岛数据来源：刘笑笑. 青岛将加快发展医养结合养老机构，鼓励驻青院校设养老服〔EB/OL〕. https：//0555mas.com/xinwen/73887.html

和广东省老龄化程度。2016 年广州市户籍人口为 927.76 万人，常住人口为 1490.44 万人。其中，60 岁以上老年人口为 154.61 万人，占总人口的 17.76%，65 岁以上老年人口为 103.4 万人，占 11.88%。同时，广州市还存在严重的"区域性老龄化"现象。根据市老龄委、市民政局、市统计局联合发布的《2018 年广州老龄事业发展报告和老年人口数据手册》，广州市的三大老城区越秀区、海珠区和荔湾区的户籍老年人口数分别达到 29.93 万人、26.42 万人和 20.69 万人，占当地户籍人口数超过 20%。按照老龄化率划分，人口老龄化率超过 20% 即进入中度老龄化。这意味着，广州市越秀区、海珠区、荔湾区已进入户籍人口中度老龄化社会。

人口的老龄化带来了严重的空巢问题，养老、医疗保障需求逐年增长，广州市现有的医疗保险制度和传统的家庭照护模式已经远远不能满足当前失能老人的照料和日常护理的需求。面对这一系列现实问题，广州市开始探索医养护一体化的养老模式，而长期护理保险制度的构建是该模式的重要突破口和落脚点。根据 2016 年国家发布的长期护理保险试点意见，广州市成为首批入选全国 15 个试点城市之一，同时也是广东省内唯一的试点城市。2017 年，广州人力资源和社会保障部发布《广州市长期护理保险试行办法》，决定于 2017 年 8 月起在广州市正式实施长期护理保险制度。

（二）试点政策基本情况

1. 参保对象及保障范围

广州市长期护理保险参保对象是本市职工社会医疗保险参保人员。参保人员因年老、疾病、伤残等导致长期失能，生活不能自理需要护理的，经过一段时间治疗病情稳定后，经专业机构进行失能评定和资格认定后，可享受长期护理服务协议机构提供的服务。

2. 筹资方式

广州市长期护理保险制度运行之初，长期护理保险基金视社保基金预算而定，其筹资标准为 130 元/人·年。该政策实施两年后，广州市规定长期护理保险参保人不再单独缴纳保费，长期护理基金直接从职工社会医疗保险统筹基金中统一划拨。相比青岛市、成都市、苏州市等地，资金来源或多或少都有政府、单位、个人和其他捐赠者的影子，广州市和上海市的长期护理保险资金筹集方式具有明显的一线城市特征（60＋养老观察，2020）。

3. 服务形式

广州市长期护理保险提供的服务形式主要包括居家护理和机构护理，具体服务内容包括但不限于医疗护理、生活照料等。当前，广州市正在探索"以机构护理为基础，以社区照料为依托，以居家养老为主体"的服务方式（孙莹，2019）。居家护理是指以家庭护理为主，社区护理为辅的服务形式，失能老人可居家享受护理服务。协议护理服务机构委派专员为失能老人提供上门服务，包括养老机构在内的各类主体发挥补充作用，共同参与护理工作。居家护理模式的显著特点是老年人居住在家中，不仅能够得到家人的照料，同时也能得到社区机构和专业机构的专业化照料（张萌，2018）。

4. 待遇支付

广州市根据失能服务形式的长期护理保险待遇支付标准如表3-4所示。如果失能人员需要的是基本生活照料，机构护理服务支付标准为不高于120元/人·天；居家护理服务为不高于115元/人·天。如果需要医疗护理，支付标准则根据医疗护理服务项目价格确定，基金最高支付限额为不超过1000元/月。失能人员使用居家护理时，保险支付比例为90%，高于机构护理的支付标准（75%）。

表3-4　　　　　　　广州市长期护理保险待遇支付标准

待遇类别	服务项目	支付标准	基金支付比例	基金最高支付限额
机构护理	基本生活照料	不高于120元/人·天	75%	≤90元/天
	医疗护理	根据医疗护理服务项目价格确定		1000元/月
居家护理	基本生活照料	不高于115元/人·天	90%	≤103.5元/天
	医疗护理	根据医疗护理服务项目价格确定		1000元/月

（三）试点制度运行效果

广州市长期护理保险制度试点覆盖了751.95万职工医保参保人员，遴选确定63家定点服务机构，制度运行总体平稳，成效初步显现。

1. 减轻了失能老人及其家庭的经济和事务性负担

截至 2019 年 3 月底，全市累计受理 10950 例（人次）长期护理需求鉴定评估申请，经评估有 10006 人次可享受长期护理保险待遇，通过率为 91.4%，享受待遇者绝大多数为 80 岁以上退休人员。对符合规定的长期护理费用，基金累计支付 10032 万元，人均月支付仅 2334.9 元，符合规定的长期护理费用基金支付率为 79.4%，失能人员以往依靠退休工资和子女赡养作为护理费用来源的状况得到明显改观，很大程度上减轻了失能老人及其家庭的经济和事务性负担（60 加养老观察，2020）。

2. 发挥了保险的社会功能

广州市经过三年的长期护理保险制度运行，在拉动就业创业，促进养老、照护服务产业的发展，支持家政服务业的发展等方面发挥了积极作用。与此同时，广州市长期护理保险支持街（镇）、社区组建专业社工、志愿服务和互助服务队伍，打造出志愿服务与养老服务相结合的"广州模式"。

3. 社会反响良好

根据长期护理保险定点机构综合考核结果，参保人及家属对定点服务机构提供照护服务满意度高达 96.77%。长期护理保险制度推动广州的老龄事业再上新水平，不断满足广大老年人对美好生活的新需求，让老年人有更多的获得感、幸福感、安全感，受到居民的普遍欢迎，社会各界高度赞同（李苏阳，2019）。

第三节 中部地区试点城市长期护理保险制度运行现状

一、荆门市

（一）政策实施背景

荆门市是我国的长寿之乡，目前正处于老龄化快速发展阶段。截至 2018 年年底，全市共有 60 周岁以上老年人口 54.17 万人，占户籍总人口的 18%，并以每年 2 万人的速度增长，呈现出高龄化、失能化、空巢化、增幅快速等特点和趋势。

为了更好地缓解人口老龄化和失能人口的照料问题，解决失能人员的长期护理保障，提升失能人员的生活质量，荆门市政府积极响应国家号召，在2016年11月22日发布了《荆门市长期护理保险办法（试行）》。根据《关于开展长期护理保险制度试点的指导意见》，荆门市成为中南地区唯一长期护理保险试点城市。

（二）试点政策基本情况

1. 参保对象

荆门市采取逐步扩大长期护理保险参保范围的办法，在2016年将职工医保参保人员纳入参保范围。2017年将城乡居民医保参保人员纳入参保范围，到2018年实现了参保范围全覆盖的目标。目前，荆门市长期护理保险共计覆盖全市7个区县（市直、东宝、钟祥、掇刀、屈家岭、京山、沙洋）的245万参保人（陈小涵，2020）。

2. 筹资方式

荆门市长期护理保险基金筹集采取个人缴费、医保统筹基金划拨、财政补助等方式筹集，按照本市上年度居民人均可支配收入的0.4%确定，其中，个人承担37.5%，医保统筹基金划拨25%，财政补助37.5%。在个人缴纳部分，与基本医疗保险费同步征收。其中，配置医保个人账户的人员，经本人同意后从其医保个人账户划转；无医保个人账户的退休人员，经本人同意后从其养老金账户中代扣代缴；享受最低生活保障的人员、完全丧失劳动能力的重残人员（1~2级）以及特困供养对象由财政全额补助。在医保统筹基金筹集部分，每年初按照参加长期护理保险的人数从医保统筹基金中一次性划转。在财政补助部分，由财政部门于每年年初一次性划转。2017~2019年，荆门市筹资标准为80元/人，其中个人缴费30元、医保基金划拨20元、财政补助30元。

3. 服务形式

荆门市长期护理保险参保人员可根据日常生活活动能力评分情况，自愿选择护理方式。护理方式主要有三种：居家护理、养老机构护理、医院护理。其中，居家护理分为全日护理和非全日护理。全日护理是由护理人员到保障对象家中提供长期24小时连续护理服务。非全日护理是由护理人员到保障对象家中提供每日不低于2小时护理服务。在养老机构护理中，养老院、福利院等定点护理服务机构为入住本机构的保障对象提供长期 24 小时连续护理服务。在医院护理中基本医疗保险定点医疗机构或医养融合定点护理服务机构设置医疗专护病房，为入住本机构的保障对象提供长期 24 小时连续护理服务。

4. 待遇支付

对于选择全日居家护理的失能人员，每人每日限额为 100 元，由长期护理保险基金支付 80%，个人承担 20%；对于选择非全日居家护理的失能人员，每人每日限额为 40 元，由长期护理保险基金支付。养老机构护理每人每床日限额为 100 元，由长期护理保险基金支付 75%，个人承担 25%。医院护理每人每床日限额为 150 元，由长期护理保险基金支付 70%，个人承担 30%。[①]

（三）试点制度运行效果

1. 基本实现参保对象全覆盖

荆门市长期护理保险经过五年的发展，已基本实现了参保对象全覆盖。长期护理保险制度试点提高了老年人口与失能人口的生活质量，减轻了失能群体的个人和家庭负担，并且带动了养老护理产业发展，促进了健康扶贫。据荆门市政府发布的数据，截至 2019 年 6 月，全市长期护理保险参保人数达到了 247 万人，受理失能人员长期护理保险待遇申请 1.35 万人，已评定 1.11 万人，符合条件并正在享受长护保险待遇的为 7162 人。[②]

2. 带动了相关产业的发展

自荆门市启动长期护理保险制度试点工作以来，荆门市长护保险基金累计收入为 2.7 亿元，累计支出为 1.3 亿元，累计结余为 1.4 亿元。确定定点服务机构 121 家，带动其中 35 家养护机构再投资 3 亿元，吸引 8 家民营企业投资医养护产业，培训护理人员 2.6 万（何庆华，2019）。通过"引、育、补、提、奖"五大手段，打造一批高质量护理工作人员；通过"补、减、免、贷"政策，打造市、县、乡、村四级护理机构，推进护理机构的立体化阵地的形成（陈耀锋，2018）。

---

① 荆门数据来源：荆门日报. 我市调整完善长期护理保险制度试行办法. 2019 – 08 – 27 ［EB/OL］. http://www.jingmen.gov.cn/art/2019/8/27/art_438_233873.html

② 安庆数据来源：2011 年数据来源于《安庆统计年鉴（2012）》；第七次人口普查数据来源于《安庆统计年鉴（2021）》

二、安庆市

（一）政策实施背景

安庆市是我国中部地区城市中经济发展水平较低的城市，社会养老问题较为突出。2011 年安庆市有老年人口 91.3 万人，占全市总人口数的 14.8%，这标志着安庆市已步入深度老龄化社会。根据第七次人口普查数据，安庆市常住人口为 416.5 万人，60 岁以上占比为 21.5%，65 岁以上占比为 17.06%，老年人口比重较 2011 年显著上升。虽然社会资本已全面进入养老服务市场，但养老机构建设层次不高，仍以中小型为主，管理和护理专业化水平低，社会认可度不高，养老机构空置率较高。居家养老服务的连锁化、规模化运营仍处在初期发展阶段，存在基础设施较薄弱、服务供给不够优化、医养结合不够充分等问题。

2016 年，安庆市被国家人力资源和社会保障部确定为 15 个首批长期护理保险制度试点城市之一，安庆市作为安徽省唯一的试点城市，积极响应国家政策和号召。2017 年 4 月，安庆市人力资源和社会保障局、财政局出台了《安庆市职工长期护理保险实施细则》。安庆市长期护理保险制度坚持"以人为本，统筹安排"的原则，逐步建立覆盖全员、多元筹资、保障基本、待遇分级、适合市情的长期护理保险制度。并且强调长期护理保险的建立与实施要与本市经济发展水平和承受能力相适应，长期护理保险与医疗保险要相对独立，实行分类管理。

（二）试点政策基本情况

1. 参保对象

在试点初期，安庆市长期护理保险的覆盖范围为在市区范围内参加了本市城镇职工基本医疗保险的人员，同步参加职工长期护理保险。在试点后期（2021 年），安庆市将进一步扩大受益人群，参保人群将不仅限市区城镇职工，城乡居民基本医疗保险参保人员都将纳入长期护理保险的保障范围，实现安庆市长期护理保险试点的政策全覆盖（潘妖，2020）。

2. 筹资方式

安庆市长期护理保险基金筹集主要通过个人缴费、城镇职工基本医疗保险统筹基金结余划转、财政补助等途径解决，并逐步探索建立互助共济、责任共担的长期护理保险多渠道筹资机制。在试点初期，长期护理保险基金筹资标准暂定为每人每年 30 元，其中医保统筹基金结余中划入 20 元，参保人员个人缴费 10 元，参保人员个人缴费随职工医疗保险大病医疗救助保险费收取。随着安庆市长期护理保险试点制度的不断完善，2020 年筹资标准为 40 元/人·年，其中参保人员个人缴费 20 元，地方财政承担 5 元，医疗保险统筹基金承担 15 元。长期护理保险个人缴费部分随大病医疗救助保险费一并征收，也可从职工医保个人账户中代扣代缴。

3. 服务形式与待遇标准

安庆市长期护理保险制度为失能人员提供了医疗机构护理、养老机构护理、上门护理、居家护理四种服务形式，满足了失能人员多样化的照护需求。安庆市长期护理保险制度在运行初期，待遇保障标准为：在定点机构中使用医疗机构护理床位接受护理服务的，长期护理保险基金支付 60%（试点期间按不超过 50 元/天标准结算），同时可享受基本医疗保险住院待遇；而使用养老服务机构护理床位的，长护保险基金支付 50%（试点期间按不超过 40 元/天标准结算）；接受机构提供上门护理服务的，长护保险基金分服务项目按标准按月限额支付，月度限额暂定为 750 元（李鲁祥，2018）。对于选择居家护理的失能人员，长期护理保险基金按照 15 元/天的标准给付。

随着安庆市长期护理保险制度的发展，安庆市不断学习与借鉴其他试点城市的经验，将长期护理保险待遇支付标准调整为：选择医疗机构护理的失能人员待遇支付标准由原来的 50 元/人上调到 60 元/人；选择养老服务机构护理的失能人员待遇支付标准由原来的 40 元/人调整到 50 元/人；进一步整合上门服务和居家护理的服务形式，使选择居家护理的失能人员同时可以享受上门服务。

安庆市长期护理保险的参保人员享受长期护理保险待遇需同时符合下列条件：第一是正常享受职工基本医疗保险待遇；第二是因年老、疾病、伤残等导致失能，经过不少于 6 个月的治疗，生活不能自理、需要长期护理。在参保人员满足条件时，可申请享受长期护理保险待遇，经长期护理保险经办机构组织的失能标准评定后，符合条件的参保人员，自评定结论下发次月起开始享受长期护理保险待遇。

（三）试点制度运行效果

1. 促进了护理服务产业发展

截至 2017 年底，安庆市共有 23.4 万人参加了长期护理保险。2018 年，安庆市长期护理保险参保人数达 25 万人，参保人数逐年增加。2019 年，全市签订协议的长期护理保险定点机构共有 14 家，比 2018 年增加了 2 家。其中养老服务机构共 9 家；医疗护理机构共 4 家；上门护理服务机构共 1 家。2020 年全市新增养老机构 12 家，现有养老床位总数为 3647 张，达到每千名老人拥有床位数 45 张。目前累计享受长期护理保险待遇为 7034 人次，累计完成支付 952.65 万元。

2. 运用现代化手段为失能家庭提供更便捷的服务

安庆市开通了"网络申请""线上办理"等全流程智慧化服务渠道，服务对象家属通过手机 App 客户端、安庆医保公众号、皖事通发起申请，实现待遇申请"零材料"和"零跑路"的服务目标，进一步方便了参保人员。

为了丰富失能人员护理服务内容，安庆市医保局确定了 30 项上门护理服务以供居家护理失能人员选择。实行三个月内就有 56 户失能家庭通过定制服务获得上门护理，特别是床上洗澡、床上擦浴、上门理发等贴心服务项目深受失能家庭欢迎。

三、上饶市

（一）政策实施背景

江西省 2005 年已进入了人口老龄化社会，其中上饶市是江西省老龄化较严重的地级市。根据上饶市统计局数据，2010 年，上饶市 65 岁及以上人口占总人口比重就达到了 7.38%，2018 年上饶市 65 岁及以上人口占总人口比重达到了 12.57%。上饶市老年人口增多导致失能人口也随之增多，为了缓解人口老龄化和失能人口增多这一难题，上饶市政府结合本地实际情况，发布了《关于印发上饶市长期护理保险制度试点经办规程（试行）的通知》，并宣布开始实施长期护理保险试点工作。

（二）政策基本情况

1. 参保对象

2016 年，上饶市对信州区、广丰区、德兴市、弋阳县、万年县、玉山县等六个地区先行开展城镇职工长期护理保险试点工作。2017 年，上饶市规定，凡参加城镇职工基本医疗保险的人员，均须同步参加长期护理保险，实现了医保职工全覆盖，2019 年，将参保范围覆盖至全市全体城乡居民，上饶市长期护理保险参保对象基本实现了全覆盖。

2. 筹资方式

上饶市长期护理保险制度运行初期，基金筹资渠道有个人缴纳、医保基金划转、财政补贴三种方式。基金筹集标准为100元/人。具体如下：财政供给的机关事业单位、关闭破产改制及困难企业单位，由财政部门统一按照每人每年60元（含医保基金和财政补助各30元）的标准划转，其余个人缴纳部分40元从参保人员的个人账户中代扣代缴。如果个人账户余额不足或无个人账户的，可以改用现金缴纳；非当地财政供给单位人员由财政部门统一按照每人每年30元（医保基金部分）的标准划转，单位缴纳部分由经办机构向用人单位按照每人每年30元的标准托收，其余个人缴纳的40元从参保人员的个人账户中代扣代缴，如个人账户余额不足或无个人账户的，由本人采用现金方式缴纳；无用人单位的参保人员每人每年缴纳70元，由经办机构先从基本医疗保险个人账户中代扣代缴，如个人账户余额不足或无个人账户的，由本人采用现金方式缴纳，其余30元（医保基金部分）由财政部门统一划转。

随着上饶市长期护理保险制度的发展，筹资标准也发生了变化。2019年7月，长期护理保险每年的筹资标准调整为90元/人（古梦溪，2020）。以"50＋35＋5"的形式分成三部分缴纳，即个人缴纳50元、医保统筹基金划转35元、单位缴纳或者财政补助5元。城镇职工的费用由医保个人账户进行统一代扣代缴，若账户余额不足而导致存在差额，则其差额部分由职工自行缴纳。城乡居民个人缴费通过基本医保家庭账户统一代扣代缴或者从城乡居民个人缴费部分建立门诊统筹时划转。

3. 服务形式与待遇支付标准

经相关机构鉴定为重度失能人员可根据本人的护理服务需求向承办机构申请护理服务。护理服务方式原则上一年申请一次。上饶市长期护理服务方式共分三种：居家护理、居家上门护理、机构护理。其中，居家护理是指参保失能人员由其配偶、子女、亲属或指定人员照顾护理，居家护理补助标准为450/月，待遇发放到失能人员账户，如需住院，住院期间可继续享受待遇；居家上门护理是指参保失能人员由定点护理服务机构护理人员到其家中提供生活料理和医疗护理服务，居家上门护理补助标准为900/月和护理器材租赁费用，待遇发放给护理机构。如需住院，住院期间不享受待遇；机构护理是指参保失能人员入住定点护理服务机构并由其专业人员提供医疗护理服务，机构护理补助标准为1200/月，待遇发放给护理机构，如需住院，住院期间不享受待遇。

（三）试点制度运行效果

1. 覆盖范围持续扩大

长期护理保险发展速度快、覆盖范围广。在试点工作开始时，上饶市长期护理保险的参保对象仅为参加了城镇职工基本医疗保险的人员，而仅仅经过两年时间，在2019年就实现了辖区内参保对象全覆盖，覆盖人群扩大到了全体城镇职工和城乡居民，形成了长期护理保险人人享有的新局面。

2. 受益人数持续增多

长期护理保险实施效果良好，护理服务人口多，提高了老年人口和失能人口的生活质量，减轻了家庭负担。据有关数据统计，截至2018年7月底，上饶市已有8批参保人提出失能申请，1525人通过了失能评估鉴定，失能人群的资金发放已超过649万元，缓解了失能人群及家庭33%～60%的费用压力（潘丹丹，2019）。截至2019年7月，上饶市41.5万参保职工中有24批次2341人享受长期护理保险待遇，年龄段从28岁至100岁，基金累计支付居家自主护理小额补助或上门照护服务费近1800万元。

第四节　西部地区试点城市长期护理保险制度运行现状

一、重庆市

（一）政策实施背景

重庆市作为我国中西部地区唯一的直辖市，已于20世纪90年代中期开始步入老龄化社会（邓世成，2018）。根据重庆市统计年鉴数据，整理得到重庆市各年龄阶段人口总数和占人口总数比重，如表3-5所示。重庆市在2009年到2018年这十年间，65岁及以上人口总数从325.35万人增长到437.35万人，65岁及以上人口占总人口数比重也从11.38%上升至14.10%。这表明近十年来重庆市老年人口不断增多，老年人口增速不断加快，重庆市正步入快速老龄化时代，人口老龄化形势严峻。

表 3-5　　　　　重庆市 65 岁及以上人口数量及比重（2009~2018 年）

人口数及比重	2009 年	2010 年	2011 年	2012 年	2013 年	2014 年	2015 年	2016 年	2017 年	2018 年
人口数（万人）	325.35	333.41	337.73	341.03	352.84	359.27	367.11	381.97	406.54	437.35
比重（%）	11.38	11.56	11.57	11.58	11.88	12.01	12.17	12.53	13.22	14.10

资料来源：历年重庆市统计年鉴。

重庆市人口老龄化问题已成为其经济社会发展的瓶颈，重庆市在未来将面临更加严峻的人口老龄化问题，以家庭为主导的养老模式将难以满足老年人口的养老需求，迫切需要社会力量的介入。为了更好地缓解社会养老问题，解决长期失能人员的长期护理和日常照料难题，重庆市政府于 2017 年 12 月 11 日印发了《重庆市长期护理保险制度试点意见》，这表明重庆市长期护理保险试点工作正式拉开帷幕。

（二）试点政策基本情况

1. 参保对象

重庆市长期护理保险参保对象采取优先城镇职工医疗保险参保人员，而后逐步覆盖城乡居民医保参保人员的方式进行。目前，重庆市长期护理保险覆盖城镇职工医疗保险参保人群，其在参加职工医保的同时，应同步参加长期护理保险。

2. 筹资方式

重庆市长期护理保险的筹资方式主要是通过医保基金、个人缴费、财政补助等渠道筹集，同时接受企业、单位、慈善机构等社会团体和个人的捐助。长期护理保险资金筹集标准每年由市人力社保局、市财政局等部门根据重庆市经济发展水平、基金运行情况和长期护理等情况测算确定。2019 年，重庆市长期护理保险筹资标准为 150 元/人·年，其中医保基金补助为 60 元/人·年，职工医保参保人个人承担 90 元/人·年。个人缴费部分通过职工个人账户代扣，以个人身份参加职工医保一档的参保人员由个人缴纳。

3. 服务形式与待遇支付

重庆市长期护理保险参保人员，经相关机构认定为失能后，可申请长期护理保险待遇，参保人可根据自身实际选择入住长期护理保险协议机构集中护理服务或由协议机构提供上门护理服务。长期护理保险支付符合享受条件的失能人员在协议机构发生的符合规定的饮食照料、排泄照料、行走照料、清洁照料等基本生活护理服务项目费用。

长期失能人员需同时满足以下条件才能享受长期护理待遇：当年参加了长期护理保险且正常享受职工医保待遇；因年老、疾病、伤残等原因长期卧床或经过不少于 6 个月的治疗，病情基本稳定，需要长期护理，并经评定失能等级达到重度失能标准的人员。

（三）试点制度运行效果

1. 减轻失能人员负担

在重庆市已进入重度老龄化的背景之下，长期护理保险能在一定程度上缓解了社会人口老龄化的矛盾，帮助部分失能人员提高了生活质量。以重庆市巴南区为例，巴南区作为重庆市首批试点区县，于 2019 年 5 月启动长期护理保险试点工作，截至 2020 年 7 月，长期护理保险参保人数达 26.4 万，其中职工医保一档参保人数有 13269 人。累计接受长期护理保险咨询 1458 次，受理失能评定有效申请 790 人，其中 683 人评定为重度失能人员，499 人可享受长期护理保险待遇。

2. 护理服务工作流程逐渐规范

以巴南区为例，在试点过程中，对待遇申请、资格认定、等级评定、服务提供、基金结算进行全流程风险管控，建立评定复核、护理巡查、质量评价等监督管理机制。针对特殊失能群体，试点中心工作人员上门受理失能等级评定申请、为重度失能人员上门办理银行卡等。对于申请人提供资料不足以证明失能原因、可能达不到重度失能等情况，巴南区建立了前置调查程序，通过询问第三方医院、社区人员等直接上门走访、上门查看申请人居住生活环境等方式进行调查。针对前置调查发现不符合申请条件的进行劝导式沟通。为保障日常护理质量，巴南区试点中心开展护理人员培训，对所有居家护理人员进行护理知识与操作指导，每月进行一次上门巡查回访。

二、成都市

（一）政策实施背景

2018 年四川省 65 岁及以上的老年人口占全省总人口的比重首次突破

14%，达到14.17%，四川省人口老龄化形势严峻。根据联合国人口老龄化的标准，四川省已经进入了中度老龄型社会。成都市作为四川省省会城市，2016年60岁以上的老年人口比重已经达到21.17%。过高的老年人口比重加重了劳动年龄人口负担，给经济发展和社会保障带来挑战。

为积极应对日益严重的人口老龄化问题，有效解决老年人的长期照护问题，成都市在2017年出台了《成都市长期照护保险制度试点方案》。为了更有效地管理长期护理保险定点照护服务机构，成都市将其22个市县区划分为五个片区，分别由五家商业保险公司经办长期护理保险业务（杨松，2020）。

（二）试点政策基本情况

1. 参保对象及申请条件

成都市长期护理保险制度实施之初，参保对象为成都市城镇职工基本医疗保险参保人员。随着长期护理保险制度的发展与完善，2020年7月，成都市人民政府印发《成都市人民政府关于深化长期照护保险制度试点的实施意见》，决定自2021年起扩大制度覆盖面，将城乡居民纳入长期护理保险制度覆盖范围。

享受成都市长期护理保险待遇的人员，应同时符合以下条件：一是参保人员因年老、疾病、伤残等导致长期失能，需要长期照护，经失能评定符合长期照护保险待遇保障范围；二是城镇职工基本医疗保险参保人员申请待遇时，应连续参保缴费2年（含）以上并累计缴费满15年。申请待遇时，累计缴费未满15年的，可按标准一次性补足长期护理保险缴费年限后享受相关待遇。2017年7月1日前，已参加成都市城镇职工基本医疗保险，并在长期护理保险制度启动后连续缴费的参保人员，不受该项缴费年限条件限制；三是城乡居民基本医疗保险参保人员申请待遇时，应在成都市连续参加城乡居民基本医疗保险2年（含）以上，并处于城乡居民基本医疗保险待遇享受期内。

2. 筹资方式

成都市将长期护理保险定位为社会保险"第六险"，遵循社会保险广覆盖、保基本、多层次、可持续的基本原则，综合考虑成都市的经济社会发展水平、重度失能率、护理费用等，科学设计长期护理保险保障方案，在强调个人缴费责任的基础上，建立起个人、单位、政府和社会捐助等责任共担的多元筹资机制（周晓容，2019）。成都市长期护理保险资金来源于职工医保统筹基金和个人账户划转，将个人缴费比例与年龄挂钩，年龄越大，缴费比例越高，在强调个人缴费主体责任的同时基本实现个人缴费可负担。长期护理保险筹资比例见表3-6。为保证财政投入可持续，政府仅对参加城镇职工基本医疗保险中的退休人员进行补助，由市级财政、区（市）县财政按不同比例分担。为建立筹资长效机制，鼓励年轻人参保，制定了缴费满15年后享受待遇和多缴2年上浮1%支付比例的鼓励政策。

表3-6　　　　　　　　　成都市长期护理保险筹资比例

年龄	个人缴费比例	单位缴费比例	财政补助
40岁以下	0.1%	0.2%	
40岁至法定退休年龄	0.2%		
退休人员	0.3%		个人账户的0.1%

资料来源：根据《成都市人民政府关于深化长期照护保险制度试点的实施意见》整理。

根据成都市最新发布的有关长期护理保险制度安排，自2021年起，城镇职工个人缴费费率、医保统筹基金划转费率、财政补助标准实行新标准。具体如下：城乡居民长期照护保险个人缴费实行定额征收，征收标准为25元/人·年，由城乡居民在参加基本医疗保险时一并缴纳；财政补助标准为15元/人·年，其中未满60周岁的参保人员财政补助标准为13元/人·年，已满60周岁（含60周岁）的参保人员财政补助标准为20元/人·年。

3. 服务形式

失能人员（试点期间为重度失能人员）或合法委托人可自主选择以下任意一种照护服务方式：照护服务机构提供的机构照护服务；照护服务机构按照约定的服务内容、频次与时间等提供的居家照护服务；个体服务人员（具有照护能力的家属、亲戚、邻居和其他愿意提供照护服务的个人）提供的居家照护服务。对于参保人员选择的各种照护服务方式，其享受的总体待遇保持一致。

4. 待遇支付

成都市长期护理保险待遇支付根据参保类别、失能等级、照护服务方式等因素，实行定额或限额支付，具体见表3-7。一是城镇职工长期护理保险基础照护待遇，以失能等级对应的城镇职工月照护费用为基数，统一按照75%的比例进行支付；二是对选择居家照护的失能人员，可自愿选择由协议照护机构提供居家照护服务。根据照护等级不同，相应增加定额支付标准；三是城乡居民长期照护保险待遇，以失能等级对应的城乡居民月照护费用为基数，按照60%的比例进行定额支付。

表3-7　　　　　　　支付标准根据失能等级对应的照护等级确定

服务形式	照护一级	照护二级	照护三级
机构照护服务	1676元/月	1341元/月	1005元/月
机构提供居家照护服务	1796元/月	1437元/月	1077元/月
个体服务人员提供居家照护服务	1796元/月	1437元/月	1077元/月

资料来源：根据《成都市人民政府关于深化长期照护保险制度试点的实施意见》整理。

（三）试点制度运行效果

1. 满足了失能人员的多样化需求

截至2020年7月，长期护理保险覆盖参保人员为883.01万人，全市享受到长期护理保险待遇支付的有45.89万人次，长期护理保险基金支付5.64亿元，进一步改善了民生，增加了民生福祉。成都市失能人员可以选择在定点照护服务机构进行护理，也可以选择居家护理，满足了失能人员多样化的照护需求。对于选择入住照护服务机构享受护理服务或由专业人员提供照护服务的失能人员，不直接接受长期照护保险待遇支付，成都长期照护保险直接支付给符合条件的医疗机构、养老机构或其他居家照护机构等服务机构，通过这些照护服务机构为重度失能人员提供机构照护或居家上门照护服务。对于选择居家照护的失能人员，享受其家人、亲戚、邻居等提供的照护服务，相关费用直接支付给服务提供人员。为鼓励居家照护和连续参保缴费，在试点初期，制定了居家照护待遇支付高于机构照护5%，以及缴费年限累计达到15年后，缴费年限每增加2年，支付比例提高1%（累计不超过100%）的政策。

2. 促进了护理服务产业发展

长期护理保险制度延伸了产业链条，从供给端增加了就业岗位。2018年年底，成都市建有养老机构520家，城乡社区日间照料中心为2621个。截至

2019 年 6 月，成都新增经办、照护、回访等就业岗位近 2 万个，6300 余名低收入人员通过培训参与提供照护服务，极大地促进了照护服务新业态规范有序、健康可持续发展，为国家试点提供成都经验和成都智慧，缓解了新冠肺炎疫情下就业岗位供给不足的问题，并且能够助力健康中国建设（董小红，2019）。

3. 民众满意度高

成都市长期护理保险制度试点期间，共收到群众赠送锦旗 211 面，感谢信 260 封，先后获评"2017 年度成都市网络理政十大案例""2018 年市级创新项目一等奖""2019 年度全市健康城市十佳案例等荣誉"。长期护理保险制度是近些年成都市关注民生、积极应对"人口老龄化"的重大惠民举措之一，成都市将围绕国际医疗消费中心和美丽宜居公园城市建设，继续探索构建契合市情、多元筹资、规范认定、待遇合理、社商合作的长期护理保险制度体系，切实提升人民群众医疗保障获得感、幸福感、安全感（李丹，2020）。

三、石河子市

（一）政策实施背景

1983 年，新疆生产建设兵团总人口约 221 万人，其中 60 岁以上老年人口达到 26 万人，老年人口占兵团总人口的 11.8%，说明新疆生产建设兵团早在 1983 年便已经步入人口老龄化社会，兵团老龄化进程不仅领先新疆全区，而且比全国老龄化水平提前了 17 年。2015 年，新疆全区 65 岁以上老年人口占总人口的比例首次超过 7%，新疆整体步入老龄化社会。

新疆养老服务产业存在严重的供需不平衡现象，养老、护理服务还存在很大的发展空间（李爽等，2015）。为了应对兵团日益加深的人口老龄化情况，满足众多老年人口逐渐扩大的照护需求，2016 年人力资源社会保障部将新疆生产兵团石河子市列为首批长期护理保险制度试点城市之一，随后石河子市人力资源社会保障局出台了《八师石河子市长期护理保险实施细则（试行）》，规定于 2017 年 1 月 1 日，石河子市正式启动长期护理保险试点工作。

（二）试点政策基本情况

1. 参保对象

石河子市长期护理保险参保对象是参加师市城镇职工基本医疗保险、本地户籍居民基本医疗保险的参保人员。凡因年老、疾病、伤残等原因所致的人身全部或部分功能丧失、常年卧床、生活无法自理的人员，不受年龄限制均可申请享受长期护理保险制度的待遇。

2. 筹资方式

石河子市试点的长期护理保险基金采取个人、企业、政府以及社会四方共担的多元筹集方式。长期护理保险基金设立统一的账户，进行统筹管理与支付，不设个人账户。当长期护理保险基金出现超支的情况时，先由石河子市人力资源和社会保障局向财政局按程序上报，再一起研究确定解决方案。根据《八师石河子市长期护理保险实施细则（试行）》，整理筹资标准如表 3 – 8 所示。可以看出，职工医保个人划转标准仅为 15 元/人·月，低于居民医保个人划转标准。对60 岁以上老人或重度残疾人，政府给予的补贴标准为 40 元/人·年。福彩公益金每年支出 50 万元或按 5% 标准，充实长期护理保险基金账户。

表 3 – 8 石河子市长期护理保险基金筹集方式

筹资渠道	筹资方式	
	职工医保	居民医保
医保账户结余划转和个人缴费	15 元/人·月	24 元/人·年（18 周岁以上居民，在校学生除外）
财政补贴	40 元/人·年（60 岁以上老人/重度残疾人）	
福彩公益金	50 万元/年（同期福彩公益金的 5%）	

3. 服务形式

石河子市长期护理保险所提供的服务类别主要包含三种：一是由护理院、养老院等护理服务机构提供的长期的、连续的照护服务；二是参保职工选择居家接受照护，由护理服务机构安排专业医护人员前往参保职工家中为其提供护理服务；三是不涉及专业医护人员的居家自行护理形式，此形式是由参保人或其代理人安排非机构人员上门提供的护理服务。

4. 待遇支付

根据石河子市长期护理保险政策，参保人接受长期护理保险服务所产生的费用需要由参保个人和护理保险基金共同分担。对于选择机构护理的参保人，其护理费用中由护理保险基金负担的部分应首先由定点的护理服务机构先行垫付，之后再由护理保险经办机构将该费用定期支付给定点护理服务机构；对于选择居家护理的参保人，其护理费用中由护理保险基金负担的部分统一由社保经办机构按月发放的方式直接划转到参保人社保卡账户中。护理保险经办机构可以采用多种结算方式（按人头、按项目、按服务单位等结算方式）对定点护理服务机构进行付费，当选择按服务单位结算时，结算标准为 25 元/人·床·天，并采取"按日计，按月结"的原则进行支付。

（三）试点制度运行效果

1. 养老服务产业得到了很大发展

根据《新疆生产建设兵团 2019 国民经济和社会发展统计公报》，2019 年年末，新疆生产建设兵团共有养老机构及养老设施 263 个，城镇社区服务设施 331 个，其中正在运营的养老机构有 101 家，社区老年人日间照料中心有 39 家，总床位数 17688 张，目前已运营或正在运营中的养老机构累计收养老人 8881 人。相比长期护理保险制度实施之初，养老服务产业得到了很大的发展与进步。

2. 失能人员获得了满足感

长期护理保险制度的推出，不仅在一定程度上缓解了失能人员及其家庭的经济负担，而且由制度规定相关护理服务机构不定时为失能人员家庭提供的护理培训项目，增加了失能人员及其家庭成员的照护知识，能够为失能老人带去更加科学、舒适的照护体验，增强了失能人员的满足感。

第五节　东北地区试点城市长期护理保险制度运行现状

一、长春市

（一）政策实施背景

东三省由于受到早期计划生育政策和人口大量外流的深重影响，人口老龄化程度高于全国平均水平，作为东北老工业基地的吉林省老龄化问题尤其突出。根据吉林省国民经济和社会发展统计公报，2019 年末 0～15 岁（含不满16 周岁）人口为 348.14 万人，占吉林常住人口的比重为 12.94%，比上年末下降了 0.10 个百分点；16～59 岁（含不满 60 周岁）人口为 1791.48 万人，占常住人口的比重为 66.58%，比上年末下降了 0.81 个百分点；60 周岁及以上人口为 551.11 万人，占常住人口的比重为 20.48%，比上年末提高了 0.91个百分点；65 周岁及以上人口为 374.83 万人，占常住人口的比重为 13.93%。以上数据均表明吉林省近几年老龄化形势愈加严峻，若 2020 年吉林省 65 岁老年人占比依旧保持增长态势，则该省将迈入中度老龄化时代。

随着吉林省老龄化程度的加深，产生了许多社会难题。其中，家庭失能人员的照护问题最为突出，长期照护服务供需不平衡的矛盾日益凸显。因此，近年来吉林省承担了大量国家医保改革和长期照护服务试点的任务，医保账户资金充盈，为在该地试点失能人员长期护理保险制度奠定了一定的政治、经济和社会基础。2015 年下半年，吉林省被国家人力资源和社会保障部确定为试点重点联系省份（全国仅山东、吉林两省），长春市作为国家首批试点城市之一率先实施长期护理保险制度。

（二）试点政策基本情况

1. 参保对象和保障范围

长春市长期护理保险参保对象包括参加职工基本医疗保险或城镇居民基本医疗保险的参保人员。以长期处于失能状态的参保人群为保障对象，重点解决长期重度失能人员基本生活照料和与基本生活密切相关的医疗护理等所需费用。考虑到部分人员虽然未达到重度失能状态，但因年老等因素已经中度失能，同样具有护理需求的实际，试点制度明确有条件的统筹地区可以探索将长期中度失能的老年人纳入保障范围。

2. 筹资方式

长春市长期护理保险资金主要通过划转基本医疗保险统筹基金结余、调整职工基本医疗保险个人账户计入办法和费率等渠道筹集，筹资标准见表 3-9。长春市政府一次性为长期护理保险拨付了启动资金，职工医疗照护保险基金分别从基本医保统筹账户结余中划拨 10%、从医疗保险统筹账户划转 0.3%、从个人账户划转 0.2%；城镇居民照护保险基金按照 30 元/人·年的标准从城镇居民医疗保险统筹账户划转。

表 3 - 9　　　　失能人员医疗照护保险制度资金来源和筹集标准

资金来源	筹资标准	保障对象
医保个人和统筹账户	每月分别划拨 0.2% 和 0.3%	城镇职工基本医保参保者
医保统筹账户	每年 30 元	城镇居民基本医保参保者
医保账户划拨	一次性划拨历年结余的 10%	以上两类人员

资料来源：根据长春市《关于建立失能人员医疗照护保险制度的意见》整理。

从表 3 - 9 可以看出，长春市长期护理保险资金主要来源于政府，个人和单位不需承担额外支出，长期护理保险资金筹集缺乏互济性，政府面临着较高的基金支付压力。

3. 服务形式和待遇标准

长春市长期护理保险制度按照护理服务形式将待遇支付标准分为两类：第一类是在定点养老机构和护理机构接受护理服务的参保人员，发生的护理费用报销不设起付线，城镇职工的报销比例表 3 - 10 所示。第二类是在定点医疗机构接受护理服务的参保人员，在此期间发生的护工劳务费用、护理设备使用费、护理日用品费用等由医疗护理保险承担。

表 3 - 10　　　　　　长春市长期护理保险待遇支付标准

受益人类别	失能等级	最高支付限额	基金支付比例（%）	个人自付比例（%）
省直职工	重度失能一级	省直长护险基金年度最高支付限额标准，以长春市现行在岗职工非私营经济平均工资的 40% ~ 50% 作为调整基数	90	10
	重度失能二级		70	30
省直低保对象	中度失能		65	35
85 ~ 90 周岁老人			65	35
90 周岁以上老人	部分失能		65	35

资料来源：《吉林省省直开展长期护理保险制度试点工作实施方案》政策解读。

（三）试点制度运行效果

长期护理保险已成为长春市失能人员及其家庭的曙光和依靠。目前，长春市每位失能人员入住养老机构全年平均费用在 4 万元，经过长期护理保险补偿，参保职工全年只需承担 3600 元左右、参保居民只需承担 7200 元左右，就能享受全年照护服务。长春市作为吉林省最先试点长期护理保险的城市，经过 5 年的发展，长期护理保险制度不断完善。

1. 审批结果可持续

长春市医保局在保证长期护理保险制度有效落实的前提下，以便民利民为切入点，先后两次开展失能人员医疗照护调研，从服务参保人员的角度出发，修改了审批流程，决定在审核期内重复入住同一照护机构的参保人员，无须再次审批，可直接享受政策待遇。使重复入住定点养老机构得长期护理保险参保人员实现"零审批"，让患病失能老人就医实现"零跑动"。

2. 开展精细化管理服务

长春市人力资源和社会保障局为精细化管理制定了具体流程和统一的标准，在护理人员的专业化水平得到提高的同时，针对长期护理保险的特性，开发了长期护理保险电子档案功能，通过远程上传数据信息，实现了网上申报、网上审批和网上结算功能，从而确保长期护理保险制度在运行过程中得到有效监控和规范管理。一系列紧锣密鼓的工作迅速见到了成效，失能人员及时享受到了这项惠民政策（门磊，2017）。

3. 提高医保基金使用效率

长春市失能人员入住长期护理保险定点机构的每日平均床费为 100 元左右，入住医疗机构的每日平均床费近 1000 元。长期护理保险制度试点实施后，入住长期护理保险定点服务机构的每日平均床费个人只需承担 10～20 元，缓解了失能人员经济负担。同时，这种政策杠杆又引导失能人员分流到养老机构和护理机构享受医养服务，从而减轻了医保基金的支付压力，提高了医疗机构床位周转率（崔久平，2018）。

二、齐齐哈尔

（一）政策实施背景

齐齐哈尔市是黑龙江省老龄化形式最严峻的地市级。图 3 - 2 显示了 1985～2018年齐齐哈尔市的人口出生率、死亡率、自然增长率发展趋势。可以看出，齐齐哈尔市近十年来人口自然增长率多为负值，近五年来人口死亡率高于人口出生率。根据黑龙江省经济社会发展统计数据，2010 年齐齐哈尔市户

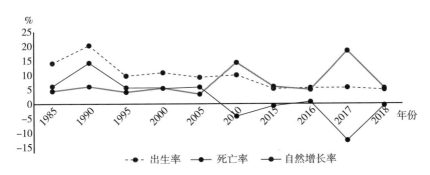

图 3 - 2　齐齐哈尔市 1985 ~ 2018 年人口发展趋势

资料来源：历年《齐齐哈尔经济统计年鉴》。

籍人口迁入率为 1.29%，户籍人口迁出率为 1.33%，且户籍人口迁出总数（50.98 万人）大于户籍人口迁入人数（49.73 万人），人口流出问题较为严重，空巢老人的数量上升，增加了社会养老的负担。

2017 年，齐齐哈尔颁布《齐齐哈尔市长期护理保险实施方案（试行）》，规定 2017 年 10 月 1 日起正式在齐市（梅里斯区除外）启动实施长期护理保险制度。

（二）试点政策基本情况

1. 参保对象

齐齐哈尔长期护理保险参保范围包括参加了城镇职工基本医疗保险的人员（除梅里斯区以外）。参保人因年老、疾病、伤残所致失能，且经过 6 个月以上治疗后，被指定的专业机构评定为重度失能、失去生活自理能力的均可申请享受长期护理保险待遇。

2. 筹资方式

齐齐哈尔市长期护理保险筹资渠道主要由两部分构成：一是城镇职工医疗保险统筹基金结余，二是参保人个人缴纳的费用。此外，长期护理保险基金也接受来自企业、单位、慈善机构等社会团体和个人的捐助，基本形成了共担共济的筹资机制。具体来看，齐齐哈尔市长期护理保险基金额度按上一年度职工月平均工资的 1.5% 确定，在试点时期，该基金额度为 60 元/人·年，其中医

保基金结余划转和个人缴费各承担 50%，即 30 元/人·年。医保基金负担部分每年根据参保人数从城镇职工医保统筹基金中划转，个人缴费部分则由医保经办机构统一划转；对于已有个人账户的参保人员从个人账户资金中划转，暂无个人账户的参保人员从门诊统筹基金中划转。

3. 服务形式

齐齐哈尔市试行的长期护理保险服务主要包括三种服务形式：医养护理服务机构护理、养老护理服务机构护理以及居家护理。居家护理主要由定点的护理服务机构分派专人前往参保人家中为其提供定期定点式护理服务；养老护理为参保人入住养老机构享受相应的养老护理服务；医养护理是指参保人入住的机构既可以提供医疗服务，又可以提供养老服务，使得参保人享受"医"与"养"的双重照护。

4. 待遇支付

齐齐哈尔市长期护理保险待遇支付标准根据服务方式差异而变动，凡满足享受长期护理保险待遇要求的参保人在接受待遇支付时不设起付线，长期护理保险基金按比例支付参保人相应费用。具体地，选择在医养护理服务机构进行护理的参保人，享受的待遇支付标准为 30 元/人·天，长期护理保险基金与个人各负担 60% 和 40%；选择在养老护理服务机构进行护理的参保人，享受的待遇支付标准相对较低，为 25 元/人·天，长期护理保险基金与个人各负担 55% 和 35%；对于选择居家护理的参保人，其享受的待遇支付标准最低，为 20 元/人·天，长期护理保险基金和个人各负担 50%。

（三）试点制度运行效果

1. 缓解了失能人员及其家庭的经济负担和心理负担

齐齐哈尔市长期护理保险保障的对象为所有重度失能人员，对于生活完全失去自理能力的重度失能人员来说，如果其选择前往大型医院进行护理治疗，则将面临十分昂贵的住院费用，并非每个普通家庭都能负担得起；退一步讲，如果其选择居家护理，则会给家人带来极大的照护压力，必要时需要子女辞职进行全天候照料，不仅会对整个家庭间接形成经济损失，而且也会给失能老人带去很大的心理压力。因此，长期护理保险制度的实施为患者提供了更多的照护选择，不仅可以在很大程度上缓解患者及其家庭的经济负担，还能使接受专业的生理及心理上的照料与服务成为可能，从而缓解了患者的心理压力。

2. 为失能老人带去了体面的晚年生活

齐齐哈尔市长期护理保险提供的医养护理、养老护理和居家护理三种服务形式，使该市众多失能老人能够拥有更加多样化的选择，得到更加专业化的照护服务，免去了晚年失能为自己和为家人带来的痛苦与煎熬，使得老人在生命的最后旅程中尽可能享受到体面、有尊严的晚年。

3. 节约了医疗保险资金

在未实施长期护理保险制度之前，齐齐哈尔市的重度失能老人通常会选择居家由家人照护或者住进医院由专业的护工照护，但后一种方式会在一定程度上增加基本医疗保险基金的支付，并且浪费了宝贵的医疗资源。长期护理保险制度的实施，使得重度失能患者在医养机构、养老机构与综合医院之间实现了分流，节约了基本医保基金的支出，优化了有限医疗资源的配置。

第四章　长期护理保险制度试点居民满意度跟踪调查研究

——以广州市为例

为了解长期护理保险制度试点以来，试点城市居民对长期护理保险制度的认知度和满意度情况，本研究以广州市居民为调查对象开展了两次跟踪调查，一次在 2019 年 1 月实施，另一次在 2020 年 11 月实施，两次调查间隔时间接近 2 年。本章以长期护理保险制度试点城市广州市为案例研究对象，以广州市居民为调研对象开展跟踪调查研究，分析广州市居民对长期护理保险制度试点的满意度变动以及影响因素。根据调查结果反映的问题，提出相应的对策和建议。

第一节　调查问卷设计

为了解广州市自试点长期护理保险制度以来，广州市地区居民对长期护理保险制度试点的满意度开展问卷调查，根据广州市试点长期护理保险制度的管理实施办法以及研究需要设计调查问卷。调查问卷包括三个方面的内容：一是调查对象个人（家庭）基本信息；二是调查对象对长期护理保险制度的知晓情况及了解途径，以及对长期护理保险作用的认可度；三是调查对象对长期护理保险制度的满意程度。

一、个人基本信息调查

调查对象个人基本信息包括性别、年龄、文化程度、婚姻状况、家庭人口数、和谁居住、从事的职业、月收入、月支出和健康状况。具体问题设计如表4-1所示。

表4-1　　　　　　　　调查对象个人基本信息问题设计

问题	选项
性别	A. 男　B. 女
年龄	A. 18~30 岁　B. 30~45 岁　C. 45~60 岁　D. 60 岁及以上
文化程度	A. 不识字　B. 小学　C. 初中 D. 高中（含中专和职中）　E. 大专　F. 本科
婚姻状况	A. 未婚　B. 已婚/同居　C. 离异/分居　D. 丧偶
家庭人口数	A. 1~2 人　B. 3~4 人　C. 5~6 人　D. 6 人及以上
和谁居住	A. 自己一个人　B. 和配偶　C. 和父母　D. 和子女
从事的职业	A. 公务员及事业单位职工　B. 企业职工　C. 个体户　D. 务农 E. 学生　F. 其他
月收入（元）	A. 2000 以下　B. 2000~4000　C. 4000~6000　D. 6000~8000 E. 8000~10000　F. 10000 以上
月支出（元）	A. 1000 以下　B. 1000~2000　C. 2000~4000　D. 6000~8000　E. 8000 以上
健康状况	A. 很健康　B. 比较健康　C. 一般　D. 不太健康　E. 很不健康

二、长期护理保险认知度调查

为了解居民对长期护理保险的认知度，问卷设计了6道题。通过询问受访者是否购买商业保险和是否参加职工社会医疗保险，了解居民的保险意识。通过询问受访者对年老失能需要长期护理的担心度、长期护理保险对失能人员的作用，了解居民对长期护理保险制度的认可度。询问受访者是否知道广州市正在试点长期护理保险制度，如果知晓则继续询问从什么渠道了解这一信息。通过这几个问题可以了解居民对广州市试点长期护理保险制度的了解程度以及了解渠道。具体问题设计如表4-2所示。

表4-2　　　　　　长期护理保险制度居民认知度问题设计

问题	选项
是否购买商业保险	A. 是　B. 否
是否参加职工社会医疗保险	A. 是　B. 否

问题	选项
对年老失能需要长期护理的担心度	A. 非常担心　B. 担心　C. 一般　D. 不担心　E. 一点都不担心
长期护理保险制度的作用	A. 作用很大　B. 作用比较大　C. 作用一般　D. 作用不太大 E. 没什么作用
是否知晓广州试点	A. 是　B. 否
主要从什么渠道了解到广州试点	A. 电视、新闻、手机网络　B. 村广播站　C. 工作单位宣传 D. 亲戚邻居之间宣传　E. 政府工作人员宣传　F. 其他

三、长期护理保险满意度调查

该部分共有 5 道题，包括受访者对长期护理保险政策的满意度和试点制度的总体满意度。其中，长期护理保险政策满意度指对资金筹集方式的满意度、对报销支付比例的满意度、对失能评估程序的满意度和对政府宣传力度的满意度。对满意度进行调查可以直观地了解居民的满意度，从而能够更好地对制度进行完善。具体问题设计如表 4 – 3 所示。

表 4 – 3　　　　　　　　　　长期护理保险制度居民满意度问题设计

问题		选项
政策满意度	资金筹集方式满意度	A. 非常满意　B. 满意　C. 一般 D. 不满意　E. 非常不满意
	报销支付比例满意度	
	评估程序满意度	
	政府宣传力度满意度	
总体满意度		

第二节　调查数据的采集

本调查在调查问卷设计完成后，先进行了预调查，预调查样本主要对问卷内容和问题进行检验，及时发现问题并针对问题进行改善。在对老年人进行问卷调查时发现因为其认知水平比较低，问卷理解存在一定的困难，需要对问卷进行讲解，方可完成问卷。通过预调查知道，因为居民的保险意识本来就不是很强，长期护理保险更难理解。针对实地问卷调查，我们改进了这问卷的语言描述，对有些专业的词语会进行解释说明，以居民能理解的方式表达出来。通过问卷的解释性说明可以提高正式调查问卷的有效性。

本研究进行了两次跟踪调查，　次在 2019 年 1 月实施，另　次在 2020 年 11 月实施，两次调查间隔时间接近 2 年。为了使受访者无所顾虑地填写问卷，在问卷的开头明确表达了本次问卷调查的目的以及个人信息的处理方法。2019 年的调查通过网络调查、实地走访等方式来获取数据，发放问卷 200 份，收回有效问卷 184 份，问卷回收率为 92%。2020 年的调查受新冠疫情影响，采取网络调查形式，利用问卷星平台发放问卷，收回有效问卷 786 份，能够满足调查研究要求。

第三节　调查对象基本特征描述性分析

一、调查对象的人口学特征

（一）性别构成

两次被调查居民的性别构成见图 4 - 1。在 2019 年调查的 184 位调查对象中，男性占比为 48.37%，女性占比为 51.63%。在 2020 年调查的 786 位调查对象中，男性占比为 47.58%，女性占比为 52.42%。两次调查中女性和男性的比例基本相当，女性稍多于男性。

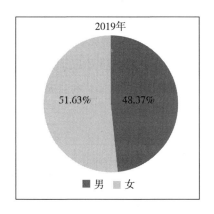

图 4 - 1　调查对象的性别分布

（二）年龄结构

图 4 - 2 显示了两次跟踪调查对象的年龄结构情况。可以看出，2019 年调查中，参与调查的 184 名对象中，18 ~ 30 岁的有 107 人，占比大约为 58.15%；30 ~ 45 岁的有 54 人，占比为 29.35%；45 ~ 60 岁的有 19 人，占比为 10.33%；60 岁及以上的有 4 人，占比为 2.17%。2020 年调查中，参与调查的 786 名对象中，18 ~ 30 岁的有 241 人，占比大约为 30.66%；30 ~ 45 岁的有 283 人，占比为 36.01%；45 ~ 60 岁的有 256 人；占比为 32.57%；60 岁及以上的有 6 人，占比为 0.76%。由于网络调查较难访问到老年人，本研究调查对象主要为 60 岁以下居民。

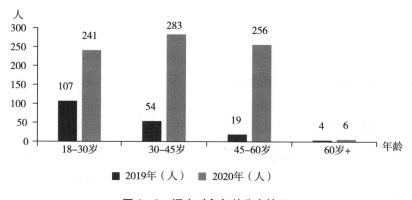

图 4 - 2　调查对象年龄分布情况

（三）受教育水平

图 4 - 3 显示了两次跟踪调查对象的受教育水平对比情况。根据调查数据可以看出，调查对象的文化水平总体偏高，接近七成为本科及以上水平。2019 年调查对象中本科及以上学历占 76.63%，2020 年调查样本中本科及以上学历占 63.49%。

（四）婚姻状况

2019 年和 2020 年两次调查对象的婚姻状况如图 4 - 4 所示。从中可以看出，2019 年调查对象中，未婚的有 107 人，占比为 58.19%，未婚群体占比最高。其次是已婚/同居的有 75 人，占比为 40.76%；离异/分居的有 2 人，占比

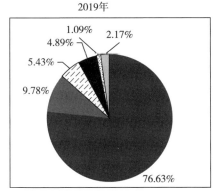
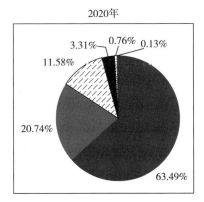

图 4-3　调查对象文化程度分布情况

为 1.09%。2020 年调查对象中，已婚/同居群体占比最高，有 501 人，占比为 63.74%。其次是未婚有 268 人，占比为 34.10%；离异/分居的有 15 人，占比 1.91%；丧偶的有 2 人，占比为 0.25%。

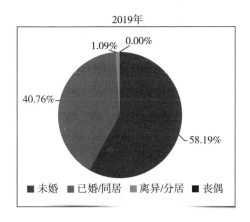
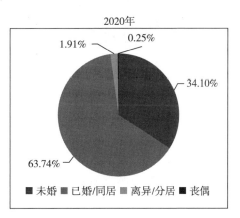

图 4-4　调查对象婚姻状况分布情况

二、调查对象的社会经济特征

（一）家庭规模

图 4 - 5 显示了调查对象的家庭人口数情况。2019 年参与调查的居民的家庭人口数集中在 3 ～ 4 人的有 117 户，占比为 63.59%；1 ～ 2 人的有 16 户，占比为 8.70%；5 ～ 6 人的有 44 户，占比为 23.91%；6 人以上的有 7 户，仅占比 3.80%。2020 年参与调查的居民家庭人口数也是集中在 3 ～ 4 人，占比为 63.36%。这从侧面反映了目前我国的家庭小规模化的状态。

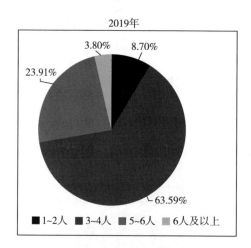
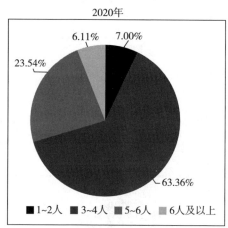

图 4 - 5　调查对象的家庭人口数情况

（二）居住情况

图 4 - 6 显示调查对象的居住情况。在 2019 年的调查中，自己一个人住的有 72 人，占比约为 39%；和配偶一起居住的有 68 人，占比约为 37%；和父母一起居住的有 39 人，占比约为 21%；和子女一起居住的有 5 人，占比约为 3%。在 2020 年的调查中，自己一个人住的有 121 人，占比约为 15.39%；和配偶一起居住的有 365 人，占比约为 46.44%；和父母一起居住的有 191 人，占比约为 24.30%；和子女一起居住的有 109 人，占比约为 13.87%。

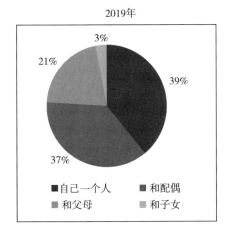
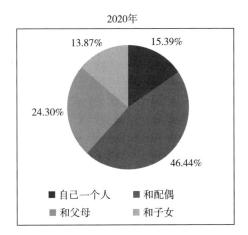

图 4 - 6 调查对象的居住情况

（三）职业状况

图 4 - 7 显示了调查对象的职业分布情况。2019 年公务员及事业单位职工的有 42 人，占比约为 23%；企业职工有 55 人，占比约为 30%；个体户有 6 人，占比约为 3%；务农 2 人，占比约为 1%；学生有 56 人，占比约为 30%；其他有 23 人，占比约为 13%。2020 年公务员及事业单位职工的有 97 人，占比约为 12.34%；企业职工有 445 人，占比约为 56.62%；个体户有 47 人，占

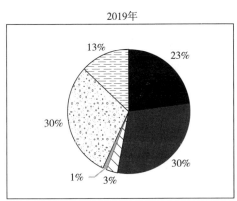
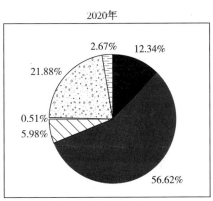

图 4 - 7 调查对象的职业分布情况

比约为 5.98%；务农 4 人，占比约为 0.51%；学生有 172 人，占比约为 21.88%；其他有 21 人，占比约为 2.67%。长期护理保险制度的保障对象是参加职工社会医疗保险的人员。从职业上可以看出，公务员及事业单位职工、企业职工占比超过 50%，即被调查居民，超过半数在试点制度的保障范围内。

（四）收入支出情况

图 4 - 8 显示了调查对象的月收入情况。2019 年的调查中，2000 元以下的有 49 人，占比约为 27%；2000 ~ 4000 元的有 24 人，占比约为 13%；4000 ~ 6000 元的有 23 人，占比约为 13%；6000 ~ 8000 元的有 28 人，占比约为 15%；8000 ~ 10000 元的有 17 人，占比约为 9%；10000 元以上的有 43 人，占比约为 23%。总体来说，6000 元以下的占比为 53%，6000 元以上的占比为 47%。

2020 年的调查中，2000 元以下的有 157 人，占比约为 19.97%；2000 ~ 4000 元的有 54 人，占比约为 6.87%；4000 ~ 6000 元的有 131 人，占比约为 16.67%；6000 ~ 8000 元的有 144 人，占比约为 18.32%；8000 ~ 10000 元的有 152 人，占比约为 19.34%；10000 元以上的有 148 人，占比约为 18.83%。总体来说，6000 元以下的占比为 43.51%，6000 元以上的占比为 56.49%。两次调查对象的月收入分布比较一致，大约有一半的受访者月收入低于 6000 元。

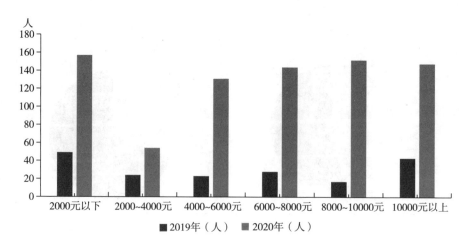

图 4 - 8　调查对象的月收入情况

图4-9显示了调查对象的月支出情况。2019年调查对象中，月支出在1000元以下的有9人，占比约为5%；1000～2000元的有57人，占比约为31%；2000～4000元的有58人，占比约为32%；4000～6000元的有19人，占比约为10%；6000～8000元的有13人，占比约为7%；8000元以上的有28人，占比约为15%。

2020年调查对象中，月支出在1000以下的有28人，占比约为3.56%；1000～2000元的有214人，占比约为27.23%；2000～4000元的有255人，占比约为32.44%；4000～6000元的有156人，占比约为19.85%；6000～8000元的有106人，占比约为13.49%；8000元以上的有27人，占比约为3.44%。两次调查对象的月支出分布比较一致，绝大多数的人月支出范围在1000～4000元之间。

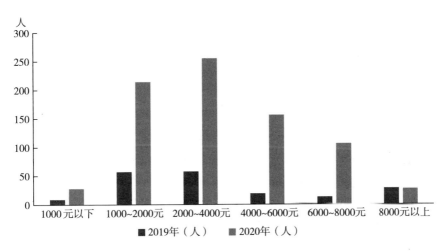

图4-9　调查对象的月支出情况

三、调查对象的健康状况

图4-10显示了调查对象的健康状况。2019年的调查中，认为自己很健康的有49人，占比约为27%；比较健康的有86人，占比约为47%；认为自己健康状况一般的有39人，占比约为21%；不太健康的有9人，占比约为5%；很不健康的有1人，占比约为1%。调查对象对自己的健康状况评估良好。2020年的调查对象健康状况与2019年的相似，认为自己比较健康的比重接近五成。

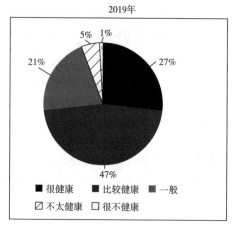
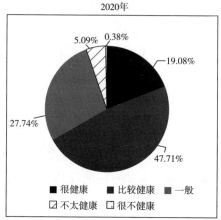

图 4 – 10　调查对象的健康状况

第四节　长期护理保险制度认知度分析

调查对象对长期护理保险制度的认识情况调查包括是否购买了商业保险，是否参加了职工社会医疗保险，对年老失能需要长期护理的担心程度，对长期护理保险制度作用的认可程度，是否知道广州市正在试点长期护理保险制度以及了解信息的渠道等。

一、调查对象的保险意识较强

本研究从调查对象是否购买商业保险、是否参加了职工社会医疗保险来了解居民保险意识的强弱。表 4 – 4 显示了调查对象参加保险情况。2020 年的数据显示，购买了商业保险的有 547 人，占比约为 69.59%；没有购买商业保险的有239 人，占比约为 30.41%。2020 年近七成的调查对象购买过商业保险，说明广州居民保险意识较强。与 2019 年比较，调查对象中购买了商业保险的居民的比重显著增加。2019 年和 2020 年的受访者中参加社会医疗保险的比重分别为64.7% 和 75.9%。调查对象保险意识的强弱，可以间接反映调查对象对长期护理保险这一新的保险制度可能的认识程度和接受能力。居民保险意识越强，越有可能接受新的保险制度，有助于长期护理保险在广州的进一步推广和发展。

表 4-4　　　　　　　　　　调查对象保险意识情况

问题	选项	2019 年		2020 年	
		人数（人）	比重（％）	人数（人）	比重（％）
是否购买 商业保险	是	87	47.28	547	69.59
	否	97	52.72	239	30.41
是否参加社会 医疗保险	是	119	64.70	617	75.90
	否	65	35.30	169	24.10

二、大多数调查对象认可长期护理保险制度的作用

表 4-5 显示了调查对象对长期护理保险制度的认可情况。可以看出，2019 年分别有 34.24% 和 41.85% 的被调查者认为长期护理保险制度对失能老人发挥"很大"或"比较大"作用，两项合计达到 75.09%。到 2020 年年底，认为长期护理保险制度对失能老人发挥"很大"或"比较大"作用的比例上升为 78.62%。总体来说，有超过 70% 的人认可长期护理保险的作用。

表 4-5　　　　　　　调查对象对长期护理保险制度的认可情况

问题	选项	2019 年		2020 年	
		人数（人）	比重（％）	人数（人）	比重（％）
长期护理保 险制度作用	作用非常大	63	34.24	240	30.53
	作用比较大	77	41.85	378	48.09
	一般	35	19.02	138	17.56
	作用不太大	5	2.72	19	2.42
	没什么作用	4	2.17	11	1.40

三、调查对象对广州试点长期护理保险制度的知晓度显著上升

表 4-6 显示了被调查者对长期护理保险制度的知晓情况及了解渠道。2019 年年初，仅 13.04% 的被调查者知晓广州市正在试点长期护理保险制度。

可能的原因是长期护理保险制度试点时间太短，同时政府对长期护理保险制度试点的宣传可能不足。但是，到 2020 年 11 月第二次调查时，知晓广州市试点长期护理保险制度的民众比例大幅上升为 45.67%。与 2019 年相比，2020 年长期护理保险制度的社会知晓度有显著上升。

从居民了解长期护理保险制度试点的渠道来看，2019 年 80% 的被调查者通过电视、新闻、网络等媒体获得试点相关信息。到 2020 年，尽管通过媒体获知长期护理保险制度试点的被调查者仍然保持绝大多数（62%），但是居民获取信息的渠道更加多元，工作单位宣传、亲戚邻居之间宣传、政府工作人员宣传的比例均达到 10%。

表 4 - 6 　　　　　被调查者对长期护理保险制度的知晓情况及了解渠道

问题	选项	2019 年		2020 年	
		人数（人）	比重（%）	人数（人）	比重（%）
试点消息是否知晓	是	24	13.04	359	45.67
	否	160	86.96	427	54.33
了解渠道	电视/新闻/手机/网络	19	79.17	224	62.22
	村广播站	2	8.33	9	2.50
	工作单位宣传	1	4.17	39	10.83
	亲戚邻居之间宣传	0	0.00	36	10.00
	政府工作人员宣传	0	0.00	39	10.83
	其他	2	0.00	13	3.61

第五节　长期护理保险制度居民满意度及影响因素分析

一、长期护理保险制度居民满意度描述性分析

（一）近七成受访者对长期护理保险资金筹集方式表示满意

表 4 - 7 显示了调查者对长期护理保险资金筹集方式的满意度情况。从 2019 年的调查数据来看，有 58 人对长期护理保险资金筹集方式表示非常满意，占比为 31.52%；有 71 人认为满意，占比为 38.59%，两项合计达

70.11%。2020年调查数据的结论与2019年的相似，65%的被调查者认为长期护理保险资金筹集方式不影响日常生活。总体来说，这项长期护理保险资金筹集方式政策，使接近70%的人表示满意。可能的原因一是资金的划拨是从统筹账户而非个人账户直接划拨，没有直接的感受和体验，二是资金额度不高，故而受访者对长期护理保险资金的筹集方式比较满意。

表4-7　　　　　　　　　长期护理保险资金筹集方式满意度

问题	选项	2019 年		2020 年	
		人数（人）	比重（%）	人数（人）	比重（%）
资金筹集方式满意度	非常满意	58	31.52	164	20.87
	满意	71	38.59	349	44.40
	一般	40	21.74	208	26.46
	不满意	12	6.52	60	7.63
	非常不满意	3	1.63	5	0.64

（二）超五成受访者对报销支付比例和限额表示满意

表4-8显示了受访者对长期护理保险报销支付比例满意度。两次调查期间，居民对长期护理保险报销支付比例的满意度显著上升，从30.98%上升至54.32%。2020年的调查显示，在786名被调查者中，认为非常满意的占比为8.65%，认为满意的占比为45.67%，两项合计超过50%，认为满意度一般的占比约为40%，不满意及以下的仅占6%。说明民众对长期护理保险试点制度规定的报销支付比例的满意度较高，报销支付比例规定比较符合人们的预期。

表4-8　　　　　　长期护理保险报销支付比例和限额满意度　　　　　单位:%

问题	选项	2019 年	2020 年
报销支付比例满意度	非常满意	4.89	8.65
	满意	26.09	45.67
	一般	55.98	39.44
	不满意	10.87	5.47
	非常不满意	2.17	0.76

（三）超五成受访者对保险理赔评估程序表示满意

表4-9显示了受访者对长期护理保险评估程序满意度。2020年的786名被调查者中，非常满意的占比为9.16%，满意的占比为46.16%，两项合计达到55.32%。与2019年相比，民众对长期护理保险理赔程序的满意度显著上升。2019年居民对长期护理保险评估程序的总体满意度一般，可能原因一是对试点制度不太了解，仅凭对流程的简要概述做出判断，另一方面也体现出人们希望尽可能减少不必要的评估流程。

表4-9   **长期护理保险评估程序满意度**   单位:%

问题	选项	2019 年	2020 年
评估程序满意度	非常满意	3.80	9.16
	满意	27.17	46.18
	一般	58.70	36.51
	不满意	8.70	7.38
	非常不满意	1.63	0.76

（四）仅四成受访者对政府宣传力度表示满意

表4-10显示受访者对长期护理保险制度宣传力度满意度。两次调查期间，居民对长期护理保险制度宣传力度的满意度显著上升，从9.24%上升至40.08%。2020年的被调查者中，表示非常满意的占比为11.45%，表示满意的占比为28.63%，表示一般及以下的占比为60%。说明民众对广州试点长期护理保险制度的宣传力度总体满意度不高，政府对长期护理保险试点制度的宣传力度有待加强。

表4-10   **长期护理保险制度宣传力度满意度**   单位:%

问题	选项	2019 年	2020 年
宣传力度满意度	非常满意	2.17	11.45
	满意	7.07	28.63
	一般	61.41	44.15
	不满意	23.91	13.61
	非常不满意	5.43	2.16

（五）受访者对长期护理保险制度的总体满意度超过60%

表4-11显示，受访者对长期护理保险试点制度总体满意度。两次调查期间，居民对长期护理保险制度的总体满意度从39.13%上升至62.59%。2020年的调查显示，被调查者中表示非常满意的占比为13.23%，表示满意的占比为49.36%，两项合计达到62%。这说明居民上对广州长期护理保险试点制度的总体满意度较高。

表4-11	长期护理保险试点制度总体满意度		单位:%
问题	选项	2019年	2020年
制度总体满意度	非常满意	2.72	13.23
	满意	36.41	49.36
	一般	55.43	34.48
	不满意	3.80	2.29
	非常不满意	1.63	0.64

二、长期护理保险制度居民满意度影响因素分析

（一）变量设定与模型构建

1. 因变量

本研究的因变量是居民对长期护理保险制度的总体满意度。在调查问卷中，居民满意度是一个五分类变量，包括"非常满意""满意""一般""不满意"和"非常不满意"。考虑到样本量限制，将居民满意度转换为二分类变量，当满意度为"非常满意"和"满意"时，记为1，表示总体满意；当满意度为"一般""不满意"和"非常不满意"时，记为0，表示总体不满意。

2. 自变量

根据研究目的，本研究主要的自变量是时间，调查年份2019年和2020年分别记为0和1。其他变量可以分为三类：社会经济特征变量、长期护理保险认知情况变量、长期护理保险政策满意度变量。

社会经济特征变量包括：性别（女性=0；男性=1）、年龄（18~30岁=0；30~45岁=1；45~60岁=2；60岁及以上=3）、文化程度〔不识字=0；

小学 =1；初中 =2；高中（含中专和职中）=3；大专 =4；本科及以上 =5]、婚姻状况（未婚 =0；已婚/同居 =1；离异/分居 =2；丧偶 =3）、家庭人口数（1 ~2 人 =0；3 ~4 人 =1；5 ~6 人 =2；6 人及以上 =3）、居住安排（独居 =0；和他人同居 =1）、职业（公务员及事业单位职工 =0；企业职工 =1；个体户 =2；务农 =3；学生 =4；其他 =5）、月收入（2000 元以下 =0；2000 ~4000 元 =1；4000 ~6000 元 =2；6000 ~8000 元 =3；8000 ~10000 元 =4；10000 元以上 =5）、健康状况（很健康 =0；比较健康 =1；一般 =2；不太健康 =3；很不健康 =4）。

长期护理保险认知情况变量包括：是否购买商业保险（否 =0；是 =1）、是否参加职工社会医疗保险（否 =0；是 =1）、对年老失能问题的担心（一点都不担心 =0；不担心 =1；一般 =2；担心 =3；非常担心 =4）、长期护理保险制度作用认可度（没什么作用 =0；作用不太大 =1；作用一般 =2；作用比较大 =3；作用很大 =4）、是否知晓试点消息（否 =0；是 =1）。

长期护理保险政策满意度变量包括：资金筹集方式满意度（非常不满意 =0;不满意 =1；一般 =2；满意 =3；非常满意 =4）、报销支付比例及限额满意度（非常不满意 =0；不满意 =1；一般 =2；满意 =3；非常满意 =4）、评估的程序办理满意度（非常不满意 =0；不满意 =1；一般 =2；满意 =3；非常满意 =4）。

3. 序列 Logistic 回归模型

构建序列 Logistic 回归模型（模型 1 仅包含时间自变量、社会经济特征自变量，模型 2 包含时间自变量、社会经济特征自变量和长期护理保险认知情况变量，模型 3 包含全部自变量）。采用逐步回归法分析在控制其他变量后长期护理保险居民满意度影响因素。使用的统计分析软件为 SPSS 22.0，采用向后逐步回归法，进入和排除标准分别为 0.05 和 0.10。

（二）回归模型结果分析

表 4 – 12 是序列 Logistic 逐步回归的结果。可以看出，在控制其他变量后，年份在三个模型中均为显著影响变量（例如，模型 3 中 OR = 1.735，P 值 = 0.013）。这说明，与 2019 年相比，2020 年广州居民对长期护理保险制度的满意度增加 73.5%。

从社会经济特征变量看，性别和健康状况对居民满意度的影响显著。与女性相比，男性居民满意度较高（OR = 1.619，P 值 = 0.004）。与自评健康状况较好的被调查者相比，自评健康较差的被调查者满意度较低（OR = 0.807，P 值 = 0.047）。

从长期护理保险认知情况变量看，对长期护理保险作用的认可度、是否购买商业保险、对年老失能问题的担心、是否知道广州市正在试点，对居民满意度有显著影响。这四个变量对满意度的影响均是正向的，即认可度越高、保险意识越强、对老年失能越担心、越知晓试点，满意度越高。例如，对长期护理保险认可度的优势比为 1.861，P 值为 0.000，显著性较强，只要认可度提高一个单位，整体满意度将是原来的 1.861 倍，这说明居民对政策认可度越高，就对长期护理保险满意度越高；商业保险意识的优势比为 1.633，P 值是 0.005，显著性较强，只要居民保险意识提高一个单位，整体满意度将是原来的 1.633 倍。

从长期护理保险政策满意度变量来看，资金筹集政策、报销支付政策、评估程序对居民满意度的影响显著。居民对长期护理保险资金筹集方式是否满意将正向影响长期护理保险的满意度，优势比为 1.255，P 值为 0.000，显著性较强。在长期护理保险制度试点政策设计中，对个人的筹资标准较低，促使参保人有较高的满意度。居民对报销支付政策、评估程序的满意度越高，对长期护理保险制度的满意度就越高。对报销支付政策（或评估程序）的满意度每增加一单位，对保险制度整体满意度就提高 1.147（或 1.317）倍。

表 4 - 12　　　　　　　　　　序列 Logistic 逐步回归的结果

自变量*	模型 1		模型 2		模型 3	
	OR	P 值	OR	P 值	OR	P 值
年份	2.592	0.000	2.184	0.000	1.735	0.013
性别	1.678	0.000	1.745	0.000	1.619	0.004
婚姻状况	1.874	0.000				
健康状况	0.586	0.000	0.665	0.000	0.807	0.047
长期护理保险的作用			2.091	0.000	1.861	0.000
是否购买商业保险			1.905	0.000	1.633	0.005

续表

自变量*	模型 1		模型 2		模型 3	
	OR	P 值	OR	P 值	OR	P 值
对老年长期护理的担心			1.362	0.000	1.246	0.020
是否知晓广州市试点			3.375	0.000	2.298	0.000
资金筹集政策满意度					1.255	0.023
报销支付政策满意度					2.147	0.000
评估程序政策满意度					2.317	0.000

注: OR, 优势比; *, 逐步回归分析中显著 (P<0.05) 的自变量。

三、提高居民满意度的政策建议

本研究得出两个重要结果: 一是随着广州市长期护理保险制度试点工作的推进, 居民对长期护理保险试点制度的满意度显著上升; 二是显著影响广州市居民长期护理保险制度满意度的主要因素是长期护理保险认知度和长期护理保险政策满意度。

建议从以下两个方面着手, 进一步提高长期护理保险制度试点居民满意度。第一, 加强对长期护理保险制度的宣传, 让民众从更多渠道了解试点制度, 更深入了解长期护理保险制度的作用。民众如果能从更多角度认识和了解长期护理保险政策, 将越有可能提高对长期护理保险制度的认可度。第二, 加强长期护理保险制度顶层设计, 提高长期护理保险政策实施的亲民程度, 增加长期护理保险的覆盖人群。居民普遍担心年老失能缺乏长期护理保障, 对老年护理问题的担心显著影响满意度。将更多居民纳入长期护理保险制度覆盖范围, 简化报销支付、评估程序流程, 可以提高居民对长期护理保险制度的满意度。

第五章　试点地区长期护理保险政策比较研究

本章对首批 15 个试点城市的 84 项长期护理保险政策文件进行文本分析。根据开展长期护理保险工作的具体内容，从覆盖范围、运行模式、筹资机制、服务形式、待遇标准等方面分析各个试点城市长期护理保险试点制度的差异，总结长期护理保险试点政策特征。

第一节　长期护理保险制度试点国家指导意见

一、关于开展长期护理保险制度试点的指导意见

为了应对人口老龄化、促进社会经济发展、健全社会保障体系，人力资源社会保障部于 2016 年 6 月 27 日印发了《关于开展长期护理保险制度试点的指导意见》[以下简称《指导意见（1 号）》]，标志着即将在全国范围内开启长期护理保险制度试点工作，探索建立长期护理保险制度。

《指导意见（1 号）》对有关于长期护理保险制度试点工作的指导思想和原则、目标和任务、基本政策、管理服务、配套措施、组织实施等方面做了总体布局。

第一，《指导意见（1 号）》以习近平总书记系列重要讲话精神等为指导思想，坚持以人为本的基本原则，解决失能人员长期护理保障问题，健全完善我国社会保障体系。《指导意见（1 号）》明确提出将河北省承德市、吉林省长春市、黑龙江省齐齐哈尔市、上海市、江苏省南通市和苏州市、浙江省宁波市、安徽省安庆市、江西省上饶市、山东省青岛市、湖北省荆门市、广东省广州市、重庆市、四川省成都市、新疆生产建设兵团石河子市 15 个城市作为长期护理保险试点城市，其中吉林和山东两省作为国家试点的重点联系省份。利

用1~2年试点时间，开展长期护理保险制度试点工作，积累相关工作经验。《指导意见（1号）》指出，在长期护理保险制度试点期间，主要任务是探索长期护理保险的保障范围、参保缴费、待遇支付、等级评定等，建立健全长期护理保险运行机制，规范运作流程，加强过程监管。

第二，为了保障长期护理保险试点工作正常运行，《指导意见（1号）》对保障范围、参保范围、资金筹集、待遇支付等基本政策有特殊的规定和建议。《指导意见（1号）》强调长期护理保险制度的保障对象为长期处于失能状态的参保人员，在试点阶段，长期护理保险制度主要覆盖人群为职工基本医疗保险参保人员。同时，《指导意见（1号）》建议在长期护理保险制度试点阶段，可通过优化职工医保统账结构、划转职工医保统筹基金结余、调剂职工医保费率等途径筹集资金。在待遇支付方面，《指导意见（1号）》建议长期护理保险基金按比例支付护理服务机构和护理人员为参保人提供的符合规定的护理服务所发生的费用。且对符合规定的长期护理保险费用，基金支付水平总体上应控制在70%左右。

第三，《指导意见（1号）》对基金管理、服务管理、经办管理等管理服务有相应的要求。在基金管理上，要求长期护理保险基金参照现行社会保险基金有关管理制度执行。基金单独管理，专款专用，并加强对长期护理保险基金的监督管理，建立健全长期护理保险基金监管制度和体系。在服务管理上，为了提高对失能人员护理的服务质量，加强对护理服务机构和从业人员的监督管理，要求建立长期护理需求认定和等级评定标准，制定待遇申请和资格审定及变更等管理办法，并积极探索引入第三方监管机制。在经办管理上，要求加强长期护理保险经办管理服务能力建设，规范机构职能和设置，积极协调人力配备，加快信息系统建设。

第四，为了促进和完善长期护理保险制度试点工作，建设和发展长期护理服务体系，加强与其他保障制度的衔接统筹，《指导意见（1号）》强调要增加和健全相关配套措施。《指导意见（1号）》还表示在长期护理保险制度试点工作中，要加强各部门之间的协调，上下联动，共同推进试点工作有序开展。同时，强调试点工作原则上以地市为单位实施，各地可根据实际情况，因地制宜开展试点工作，及时报送工作进度和试点情况。

二、关于扩大长期护理保险制度试点的指导意见

近年来，首批长期护理保险试点城市在制度框架、管理办法等方面进行了有益探索，取得了初步成效。为贯彻落实党中央、国务院关于扩大长期护理保险制度试点的决策部署，进一步深入推进试点工作，经国务院同意，2020 年 9 月 16 日，国家医保局会同财政部印发了《关于扩大长期护理保险制度试点的指导意见》〔以下简称《指导意见（2 号）》〕。

《指导意见（2 号）》对有关于扩大长期护理保险制度试点工作的总体要求、基本政策、管理服务、组织措施做出了明确的要求和解释。

第一，《指导意见（2 号）》以习近平新时代中国特色社会主义思想为指导思想，坚持以人为本的基本原则，重点解决重度失能人员长期护理保障问题。《指导意见》明确提出力争在"十四五"期间，基本形成适应我国经济发展水平和老龄化发展趋势的长期护理保险制度政策框架，推动建立健全满足群众多元需求的多层次长期护理保障制度。

第二，《指导意见（2 号）》指出，在试点阶段，保障对象从职工基本医疗保险参保人员起步，有条件的试点城市可因地制宜，综合考虑当地实际情况，逐步扩大参保对象范围。在资金筹集方面，与以往不同的是，《指导意见（2 号）》强调建立互助共济、责任共担的多渠道筹资机制，建议筹资更多地以单位和个人缴费为主，单位和个人缴费原则上按同比例分担。《指导意见（2 号）》在待遇支付上有更严格的判定，规定经医疗机构或康复机构规范诊疗、失能状态持续在 6 个月以上，经申请通过评估认定的失能参保人员，方可按规定享受相关待遇。

第三，《指导意见（2 号）》对基金管理、服务管理和经办管理等管理服务方面做出了相应的要求。在基金管理方面，强调基金要单独建账，单独核算，完善相关风险管理制度，确保长期护理保险基金安全。在服务管理方面，强调要进一步探索和完善对护理服务机构和从业人员的协议管理和监督稽核等制度，建立健全长期护理保险运行机制，同时也要积极引入和完善第三方监督管理机制。在经办管理方面，强调要更多地引入社会力量参与长期护理保险经办服务，适当增加市场竞争，提高长期护理保险服务质量。同时加快长期护理

保险系统平台建设，构建互联互通共享平台。

第四，《指导意见（2 号）》明确提出要扩大试点范围，在坚持原有长期护理保险试点工作的基础上，扩大长期护理保险试点城市，将北京市石景山区、天津市、山西省晋城市、内蒙古自治区呼和浩特市、辽宁省盘锦市、福建省福州市、河南省开封市、湖南省湘潭市、广西壮族自治区南宁市、贵州省黔西南布依族苗族自治州、云南省昆明市、陕西省汉中市、甘肃省甘南藏族自治州、新疆维吾尔自治区乌鲁木齐市 14 个城市作为新的长期护理保险试点城市，于 2020 年内启动实施，试点期限为两年。《指导意见（2 号）》还强调，各省级人民政府要强化组织领导功能，重视长期护理保险制度试点工作，加强对试点城市的指导。同时要求各地有关部门要加强宣传工作，及时回应社会，积极做好政策解读，使长期护理保险制度试点工作得到人民群众的支持和维护，顺利推进开展长期护理保险制度试点工作。

第二节　长期护理保险制度试点地区层面政策文本分析

一、试点地区长期护理保险政策文件名录

通过搜索首批 15 个试点城市人民政府办公厅、人力资源和社会保障局等权威机构官方网站，收集到长期护理保险制度试点相关政策文件 114 项。各试点城市部分政策文件名录列举如下。

1. 承德市长期护理保险政策文件

试点以来，承德市出台长期护理保险政策文件 4 项，包括承德人民政府关于建立城镇职工长期护理保险制度的实施意见（2016）、河北省承德市人民政府办公室关于进一步调整完善基本医疗保险大病保险医疗保障救助及长期护理保险等相关政策的通知（2018）、承德市人力资源和社会保障局关于印发《承德市城镇职工长期护理保险居家护理管理办法（试行）》的通知（2018）等。

2. 长春市长期护理保险政策文件

试点以来，长春市出台长期护理保险政策文件 4 项，包括长春市人民政府办公厅关于建立失能人员医疗照护保险制度的意见（2015）、长春市失能人员

医疗照护保险实施办法（试行）（2015）等、关于印发《长春市医疗照护保险定点服务机构管理办法（试行）》的通知（2016）。

3. 齐齐哈尔市长期护理保险政策文件

试点以来，齐齐哈尔市出台长期护理保险政策文件 5 项，包括齐齐哈尔市人民政府办公室关于印发《齐齐哈尔市长期护理保险实施方案（试行）》的通知（2017）、关于印发《齐齐哈尔市长期护理保险实施细则（试行）》的通知（2017）、关于印发《齐齐哈尔市长期护理保险失能人员生活活动能力等级评定管理办法（试行）》的通知（2017）、齐齐哈尔市人民政府办公室关于印发《齐齐哈尔市深化长期护理保险制度试点实施方案（试行）》的通知（2021）等。

4. 上海市长期护理保险政策文件

试点以来，上海市出台长期护理保险政策文件 18 项，包括市政府关于印发《上海市长期护理保险试点办法》的通知（2016）、市民政局关于明确养老服务机构开展长期护理保险服务有关事项的通知（2016）、关于印发《上海市长期护理保险需求评估实施办法（试行）》的通知（2016）、关于印发《上海市长期护理保险社区居家和养老机构护理服务规程（试行）》的通知（2016）、关于印发《上海市长期护理保险定点护理服务机构管理办法（试行）》的通知（2016）、上海市人民政府关于印发修订后的《上海市长期护理保险试点办法》的通知（2017）、关于印发《上海市长期护理保险试点办法实施细则（试行）》的通知（2017）、关于印发《上海市长期护理保险结算办法（试行）》的通知（2017）、关于本市长期护理保险试点有关个人负担费用补贴的通知（2018）、关于本市老年人入住长三角区域养老机构长期护理保险费用延伸结算试点有关事项的通知（2021）等。

5. 南通市长期护理保险政策文件

试点以来，南通市出台长期护理保险政策文件 13 项，包括市政府印发《关于建立基本照护保险制度的意见（试行）》的通知（2015）；关于印发《南通市区基本照护保险定点照护服务机构协议管理试行办法》的通知（2016）；关于印发《南通市基本照护保险实施细则》的通知（2016）；关于医疗保险和照护保险照护服务标准化管理的通知（2017）；关于印发《南通市照护保险定点照护服务机构考核暂行办法》的通知（2017）；关于印发《南通市基本照护保险居家上门照护服务意见》的通知（2017）；关于鼓励义工参与基本照护保险服务的意见（试行）（2018）；关于将失智人员纳入基本照护保险范围的通知（2018）；关于基本照护保险开展失能失智预防工作的意见（试行）（2018）；南通市基本照护保险失能失智预防工作实施细则（2019）等。

6. 苏州市长期护理保险政策文件

试点以来，苏州市出台长期护理保险政策文件 10 项，包括市政府印发《关于开展长期护理保险试点的实施意见的通知（2017）》；关于印发《苏州市长期护理保险定点护理服务机构管理办法（试行）》的通知（2017）；关于印发《苏州市长期护理保险失能等级评估管理办法（试行）》的通知（2017）；关于明确《苏州市长期护理保险居家护理服务机构和服务人员条件的通知（试行）》（2018）；关于明确《苏州市长期护理保险居家护理服务项目内容和待遇标准的通知》（试行）（2018）；市政府印发《关于开展长期护理保险试点第二阶段工作的实施意见的通知》（2020）等。

7. 宁波市长期护理保险政策文件

试点以来，宁波市出台长期护理保险政策文件 6 项，包括宁波市人民政府办公厅关于印发宁波市长期护理保险制度试点方案的通知（2017）；关于印发《宁波市长期护理保险失能评估试点办法》的通知（2017）；关于印发《宁波市长期护理保险试点实施细则》的通知（2017）等。

8. 安庆市长期护理保险政策文件

试点以来，安庆市出台长期护理保险政策文件 5 项，包括关于印发《安庆市职工长期护理保险实施细则（试行）》的通知（2017）；关于安庆市镇职工长期护理保险的实施意见（2017）；安庆市人民政府办公室关于印发安庆市城镇职工长期护理保险实施办法的通知（2020）等。

9. 上饶市长期护理保险政策文件

试点以来，上饶市出台长期护理保险政策文件 6 项，包括上饶市人民政府办公厅关于印发《开展长期护理保险试点工作实施方案的通知》（2016）；关于印发《上饶市长期护理保险制度试点经办规程（试行）的通知》（2017）；上饶市人民政府印发《关于全面开展长期护理保险制度试点实施方案的通知》（2019）等。

10. 青岛市长期护理保险政策文件

试点以来，青岛市出台长期护理保险政策文件 12 项，包括《青岛市长期医疗护理保险管理办法》（2014），《关于印发〈青岛市人力资源和社会保障局长期护理保险定点护理服务机构协议管理办法（试行）〉的通知》（2016）、关于将重度失智老人纳入长期护理保险保障范围并实行"失智专区"管理的试点意见（2016）、《关于公布〈青岛市人力资源和社会保障局长期护理保险定点护理服务机构协议管理办法（试行）〉继续有效的通知》（2017）、《青岛市人民政府关于印发青岛市长期护理保险暂行办法的通知》（2018）、关于实施《青岛市长期护理保险暂行办法》有关问题的通知（2018）、关于印发《青岛市长期照护需求等级评估实施办法》的通知（2018）、关于《印发〈青岛市长期护理保险照护需求等级第三方评估工作监督管理办法（试行）〉的通知》（2018）、关于印发《青岛市长期护理保险定点护理服务机构协议管理办法》的通知（2019）、关于开展青岛市长期护理保险定点护理服务机构评鉴试点工作的通知（2020）等。

11. 荆门市长期护理保险政策文件

试点以来，荆门市出台长期护理保险政策文件4项，包括市人民政府关于印发荆门市长期护理保险办法（试行）的通知（2016）；关于印发《荆门市长期护理保险实施细则（试行）》的通知（2017）；关于印发《荆门市长期护理保险定点服务机构管理办法（试行）》的通知（2017）；关于修订《荆门市长期护理保险失能等级评定标准（试行）》的通知（2019）等。

12. 广州市长期护理保险政策文件

试点以来，广州市出台长期护理保险政策文件7项，包括广州市人力资源和社会保障局、广州市财政局、广州市民政局、广州市卫生和计划生育委员会关于印发《广州市长期护理保险试行办法》的通知（2017）；广州市人力资源和社会保障局、广州市民政局、广州市卫生和计划生育委员会关于印发《广州市长期护理保险协议定点服务机构管理办法》的通知（2018）；广州市医疗保障局、广州市财政局、广州市民政局、广州市卫生健康委员会关于开展长期护理保险试点工作的补充通知（2020）等。

13. 重庆市长期护理保险政策文件

试点以来，重庆市出台长期护理保险政策文件2项：重庆市人力资源和社会保障局重庆市财政局关于印发《重庆市长期护理保险制度试点意见》的通知（2017）、重庆市医疗保障局关于印发《重庆市长期护理保险服务机构医疗保障定点管理暂行办法》的通知（2021）等。

14. 成都市长期护理保险政策文件

试点以来，成都市出台长期护理保险政策文件 5 项，包括成都市人民政府关于印发成都市长期照护保险制度试点方案的通知（2017）；成都市人力资源和社会保障局成都市财政局关于印发《成都市长期照护保险实施细则（试行）》的通知（2017）；关于印发《成都市长期照护保险失能照护服务项目和标准（失智）》的通知（2018）；关于印发《成都市长期照护保险协议照护服务机构标准（失智）》的通知等（2018）。

15. 石河子市长期护理保险政策文件

试点以来，石河子市出台长期护理保险政策文件 3 项，包括关于建立长期护理保险制度的意见（试行）（2017）；八师石河子市长期护理保险实施细则（试行）（2017）等。

二、试点地区长期护理保险政策文件基本信息汇总

由于青岛市、长春市、南通市在 2016 年前已经开展长期护理保险制度试点，并且青岛市、上海市、苏州市、广州市已经根据试点实施情况开始了新一轮的长期护理保险政策更新和调整，课题组将已经失效的政策文件剔除，得到 15 个试点城市 84 项处于有效状态的政策文件。这些政策文件发布时间介于 2015 年至 2021 年，主要是关于开展长期护理保险制度试点的指导意见或试行办法，一些地区还出台了定点机构管理、失能等级评定、居家照护服务管理等配套文件（见表 5 - 1）。从政策数量来看，当前上海市和南通市有效政策数量最多，均为 13 项；其次为青岛市和苏州市，有效政策数量介于 7 至 9 项；重庆市和石河子市的政策数量最少，仅为 2 项。

表 5 - 1   15 个试点城市长期护理保险政策文件基本信息

试点地区	出台时间	数量	主要内容
承德市	2016 年、2018 年	3 项	基本制度、居家护理管理办法
长春市	2015 年、2021 年	3 项	基本制度、定点机构
齐齐哈尔市	2017 年、2019 年	4 项	基本制度、失能等级评定办法、筹资标准

试点地区	出台时间	数量	主要内容
上海市	2016年、2017年、2018年、2019年、2020年、2021年	13项	基本制度、定点机构、个人负担费用补贴、评估费、结算办法、日间照护、养老机构护理保险服务管理、护理保险需求评估
南通市	2015年、2016年、2017年、2018年、2019年、2020年	13项	基本制度、定点机构、实施细则、居家照护、失能失智预防、照护服务标准化管理
苏州市	2017年、2018年、2020年	9项	基本制度、定点机构、失能等级评估办法、服务项目和标准、保险对象规定、居家照护
宁波市	2017年、2018年、2020年	6项	基本制度、生活能力评估办法、实施细则、政府购买服务
安庆市	2017年、2020年	4项	基本制度、辅助器具租赁、短期照护管理、实施细则
上饶市	2016年、2017年、2019年、2020年	6项	基本制度、经办规程、失能评估办法、支付结算管理、护理服务机构管理
青岛市	2016年、2018年、2019年、2020年、2021年	7项	基本制度、定点机构、照护需求等级评估办法、护理服务机构管理、失智专区管理
荆门市	2016年、2017年、2019年	4项	基本制度、定点机构、失能评估办法
广州市	2017年、2018年、2019年、2020年	4项	基本制度、定点机构、补充细则
重庆市	2017年、2021年	2项	基本制度、定点机构
成都市	2017年、2018年、2021年	4项	基本制度、定点机构、实施细则、服务项目和标准
石河子市	2017年	2项	基本制度

三、试点地区长期护理政策文本词频分析

利用 Python 软件对表 5−1 中的政策文本进行分词、词频处理，并在剔除"发生""做好""简称"等高频干扰词组、"十分""很""非常"等副词后得到长期护理保险政策高频词组（见表 5−2），限于篇幅仅展示前 20 的词汇。有意义的排名前 10 的高频词汇，依次为护理、服务、机构、保险、评估、定点、参保、失能、管理、基金。

表 5 – 2 长期护理保险政策高频词组

排名	词汇	频数	排名	词汇	频数
1	护理	5517	11	标准	619
2	服务	3394	12	医疗	609
3	机构	2830	13	待遇	590
4	保险	2098	14	养老	527
5	评估	1208	15	支付	524
6	定点	967	16	费用	521
7	参保	867	17	医保	469
8	失能	854	18	居家	445
9	管理	762	19	失智	331
10	基金	685	20	残疾人	283

利用 WordCloud 词云技术，制作出高频词汇的词云图（见图 5 – 1）。词语的字体大小直观反映政策文本中涉及内容的重要程度。这说明试点地区制定的长期护理政策特别重视与护理服务、定点机构、基金管理等相关的内容。

图 5 – 1 长期护理保险政策词云图

第三节 试点地区长期护理保险政策比较与差异探析

一、覆盖范围差异

覆盖范围即长期护理保险的参保对象，覆盖范围的大小可反映各试点城市长期护理保险工作的开展程度及参保对象的数量。《指导意见》建议长期护理保险在试点阶段原则上要覆盖城镇职工基本医疗保险参保人员，试点城市根据各地实际情况确立自己的覆盖范围。

目前，我国 15 个长期护理保险试点城市的参保对象主要有三类，分别是城镇职工基本医疗保险参保人、城镇居民基本医疗保险参保人、城乡居民基本医疗保险参保人。在 15 个试点城市中，较多城市实行参保对象单覆盖和参保对象全覆盖，参保对象单覆盖是指参保对象只包括城镇职工基本医疗保险参保人，在 15 个试点城市中主要有齐齐哈尔市、安庆市、上饶市、成都市、重庆市、宁波市、承德市、广州市 8 个城市采取该种模式；参保对象全覆盖是指参保对象包含城镇职工基本医疗保险参保人和城乡居民基本医疗保险参保人，即覆盖了该地区所有参加了基本医疗保险的人员，主要有上海市、青岛市、南通市、苏州市、荆门市、石河子市 6 个城市实现了参保对象全覆盖。较少城市实行参保对象双覆盖，即参保对象包括城镇职工基本医疗保险参保人和城镇居民基本医疗保险参保人，仅有长春市实行该模式。值得注意的是，上海市对城乡居民医保参保者的年龄进行了限制，其参保对象仅为 60 岁及以上的城乡居民医保参保者。

各试点城市参保对象的差异比较如表 5 – 3 所示。从表 5 – 3 中可以看出，在 15 个长期护理保险试点城市中，参保对象实行全覆盖的城市数量仅为 7 个，这表明我国长期护理保险在覆盖对象上任重而道远，未来，各试点城市也将扩大长期护理保险参保对象范围，逐渐实现全覆盖。

表 5 –3   试点城市参保对象

城市	参保对象	补充说明
承德市	城镇职工基本医疗保险参保人员	
长春市	城镇职工基本医疗保险参保人员、城镇居民基本医疗保险参保人员	
齐齐哈尔市	城镇职工基本医疗保险参保人员	
上海市	城镇职工基本医疗保险参保人员、城乡居民基本医疗保险参保人员	对城乡居民基本医保参保者的年龄进了限制，规定其参保对象年龄必须为 60 周岁及上

城市	参保对象	补充说明
南通市	城镇职工基本医疗保险参保人员、城乡居民基本医疗保险参保人员	
苏州市	城镇职工基本医疗保险参保人员、城乡居民基本医疗保险参保人员	
宁波市	城镇职工基本医疗保险参保人员	
安庆市	城镇职工基本医疗保险参保人员	
上饶市	城镇职工基本医疗保险参保人员	
青岛市	城镇职工基本医疗保险参保人员、城乡居民基本医疗保险参保人员	
荆门市	城镇职工基本医疗保险参保人员、城乡居民基本医疗保险参保人员	
广州市	城镇职工基本医疗保险参保人员	
重庆市	城镇职工基本医疗保险参保人员	
成都市	城镇职工基本医疗保险参保人员、城乡居民基本医疗保险参保人员	
石河子市	城镇职工基本医疗保险参保人员、城乡居民基本医疗保险参保人员	

资料来源：根据试点城市资料整理。

二、运行模式差异

一般来说，长期护理保险运行模式主要有两种，第一种是社会性长期护理保险模式，第二种是商业性长期护理保险模式（荆涛等，2014）。其中社会性长期护理保险模式是指由国家出台相关政策和法律法规，强制居民个人购买，以此来缓解社会失能人员照料问题的一种保险制度。商业性长期护理保险模式是指由商业保险公司承保，居民个人可根据自身需求来自愿选择是否投保，国家或社会不进行强制实施和干涉的一种保险制度（王晓梅，2016）。

我国长期护理保险试点工作具有特殊性，需因势利导，国家人力资源和社会保障部提出我国长期护理保险试点工作应遵循以人为本、责任分担、因地制宜、机制创新和统筹协调的基本原则，其运行模式的选择同样也应遵循该原则，选择能促进各地长期护理保险试点工作顺利开展的运行模式。从我国 15 个长期护理保险试点城市所选择的运行模式来看，目前，我国长期护理保险运行模式主要有两种：

第一种是政府主导的社会性长期护理保险模式，在该种运行模式下，以政府直接参与为主，长期护理保险的实施与经办均由政府独立完成，而不依靠其他专业的保险机构，如商业保险公司等。其以基本医疗保险为基础，强制要求城镇职工基本医疗保险的参保人、城乡居民基本医疗保险的参保人同时加入长期护理保险。在15个长期护理保险试点城市中，采用此种运行模式的城市较多，长春市、齐齐哈尔市、广州市等12个试点城市的运行模式均为社会性长期护理保险模式，此种长期护理保险模式充分立足于我国各试点地区的实际情况，具有较强的社会互助性，覆盖人群多、覆盖范围广，能使更多的失能人员得到更好的照料，符合我国长期护理保险发展的需要，同时也能较好地推动我国长期护理保险试点工作的顺利开展。

第二种是政府间接参与，政府采用通过招标或者购买商业保险机构服务的方式，选择最合适的商业保险机构参与经办、实施，政府进行管理的模式。这种模式能充分利用商业保险公司专业的经办制度和管理服务经验，提高长期护理保险制度实施效率，减轻政府压力。在15个长期护理保险试点城市中，选择此种运行模式的城市较少，只有承德市、成都市、上饶市3个试点城市。我国各试点城市运行模式差异比较如表5－4所示。

表5－4　　　　　　　　　　　　试点城市运行模式

城市	长期护理保险运行模式	补充说明
长春市、齐齐哈尔市、上海市、南通市、苏州市、宁波市、安庆市、青岛市、荆门市、广州市、重庆市、石河子市	社会性长期护理保险模式	南通市长期护理保险的相关资费独立于医保制度，分单独账户进行结算
承德市、成都市、上饶市	政府采用通过招标或者购买商业保险机构服务的方式	

资料来源：根据试点城市资料整理。

三、筹资机制差异

筹资机制是长期护理保险试点工作中不可或缺的一部分，是能有效筹集长期护理保险资金的机制，其内容包括筹资渠道、筹资形式和筹资标准（何世英，2019）。各个试点城市的筹资机制各不相同，其可根据本地区的实际情况，制定出符合开展长期护理保险试点工作的筹资机制。

（一）筹资渠道

筹资渠道是长期护理保险资金的主要来源和可靠保障，筹资包括两种渠道，分别是单一渠道和多元渠道（黄丽娟等，2020）。单一渠道是指长期护理保险资金的筹集方式只有唯一一种渠道来源，其主要是依据长期护理保险跟从基本医疗保险的原则，以基本医疗保险基金为依托，其资金来源主要从职工基本或居民医疗保险的缴纳基金中划拨，即个人和单位无须额外缴费（杜梦真和杨健，2019）；多元渠道是指长期护理保险资金的筹集方式有两种或两种以上的渠道来源，各试点城市可分别根据其实际情况在个人缴费、用人单位缴费、医保基金划转和财政补贴等筹资渠道进行相应的组合或配合（海龙和尹海燕，2020）。我国 15 个试点城市筹资渠道情况如表 5－5 所示。

表 5－5 　　　　　　　　　　　　　试点城市筹资渠道

试点城市	筹资渠道类型	筹资渠道
承德市	多元渠道	医保统筹基金、个人缴费、财政补助
长春市	单一渠道	医保统筹基金
齐齐哈尔市	多元渠道	医保统筹基金、个人缴费
上海市	单一渠道	医保统筹基金
南通市	多元渠道	医保基金划转、财政补助、个人缴费、一次性划转
苏州市	多元渠道	医保基金划转、财政补助、一次性划转
宁波市	单一渠道	医保统筹基金
安庆市	多元渠道	医保基金划转、个人缴费、财政补助
上饶市	多元渠道	医保基金划转、个人缴费、单位缴费或财政补助
青岛市	多元渠道	医保基金划转、福彩基金
荆门市	多元渠道	医保统筹基金、个人缴费、财政补助
广州市	单一渠道	医保统筹基金
重庆市	多元渠道	医保统筹基金、个人缴费、财政补助
成都市	多元渠道	医保统筹基金、个人缴费、财政补助
石河子市	多元渠道	医保基金划转、财政补助、福彩、个人缴费

资料来源：根据试点城市资料整理。

可以看出，大多数城市的筹资渠道属于多元渠道，如承德、齐齐哈尔市等 11 个城市，采取多元渠道的筹资方式既能在一定程度上缓解政府的财政压力，也能更有效地筹集资金，此外，多元化的筹资渠道能够确保长期护理保险试点工作得以健康平稳运行；单一渠道的资金主要来源于医保基金，其中只有 4 个城市的筹资渠道属于单一渠道，包括上海市、广州市、宁波市、长春市，此种筹资渠道主要依赖于医保基金，缺乏多样性，会影响长期护理保险工作的可持续性和稳定性。

（二）筹资形式

在我国 15 个长期护理保险试点城市中，共有三种筹资形式：定额筹资、比例筹资、混合筹资（周磊等，2019）。定额筹资是指每人每年所需缴纳的金额是固定不变的，目前，在我国 15 个试点城市中，定额筹资的金额在 30 ~ 150 元，定额筹资是我国各试点城市所采用的主要筹资方式，共有 8 个城市使用该种筹资方式，如广州市、重庆市、南通市等。比例筹资是指每人每年所需缴纳的金额主要根据参保人员上年度工资总额、人均可支配收入或基本医疗保险基数而定，一般是采用比例的方式缴纳费用，如上海市、承德市等。混合筹资是指定额筹资和比例筹资混合的一种筹资方式，使用何种筹资方式则取决于参保对象，对于不同的参保对象可使用不同的筹资方式和筹资标准，如青岛市、长春市使用的筹资形式为混合筹资。

目前，我国长期护理保险的筹资水平会受到各试点城市的经济社会发展水平、长期护理保险的保障范围和程度等多种因素的影响，而且各试点城市均将重症失能老年人作为主要的护理对象，因此在试点期间长期护理保险的筹资水平偏低，我国试点城市长期护理保险定额筹资的金额仅为 30 ~ 150 元，医保基金划转、财政补助、个人账户划转的比例也都不高于 0.5%。

我国 15 个试点城市的具体筹资形式和筹资标准如表 5 - 6 所示。

表 5 - 6　　　　　　　　　　　试点城市筹资形式及筹资标准

试点城市	筹资形式	筹资标准
承德市	比例筹资	参保人员上年度工资总额的 0.4%，其中城镇职工医保基金 0.2%，个人 0.15%，财政补助 0.05%

试点城市	筹资形式	筹资标准
长春市	混合筹资	职工护理：统账结合医保职工以医保缴费基数为标准，统筹基金划拨0.3%，个人账户划拨0.2%，住院统筹医保的从统筹基金划拨0.5%；居民护理：按每人每年30元标准从城镇居民医保基金中划转
齐齐哈尔市	定额筹资	60元/人·年（个人缴纳30元、医保基金30元）
上海市	比例筹资	本市职工医保人员：按用人单位缴费基数1%按季从统筹基金中划转；本市城乡居民医保：据参保人数数量，按低于本市职工医保人员的人均筹资水平从基金中划转
南通市	定额筹资	100元/人·年（个人缴纳30元、医保基金30元、政府补助40元）
苏州市	定额筹资	政府补助50元/人·年、职工医保基金划转70元/人·年、城乡居民医保基金划转35元/人·年、个人缴费不高于上年度常驻居民人均可支配收入的0.2%
宁波市	比例筹资	开设长期护理保险子账户，将长期护理保险基金纳入财政专户管理
安庆市	定额筹资	30元/人·年（医保统筹基金划转20元、个人缴费10元）
上饶市	定额筹资	100元/人·年（单位缴纳30元、医保统筹基金划转30元、个人缴纳40元）
青岛市	混合筹资	从统筹基金中按月划转缴费基数总额的0.5%、基本医保个人缴费基数的0.2%、财政补贴30元
荆门市	比例筹资	上年度居民人均可支配收入的0.4%，其中，个人缴费占37.5%、医保统筹基金划转占25%、财政补助占37.5%
广州市	定额筹资	130元/人·年
重庆市	定额筹资	150元/人/年，其中个人缴费90元、医保基金补助60元
成都市	比例筹资	单位缴费：职工医保缴费基数的0.2%从统筹基金中按月划转个人缴费
石河子市	定额筹资	职工每人15元从医保基金筹资，居民每人缴纳24元至医保基金再划转到长期护理保险基金，财政对60岁及以上重度残疾者补助每人补助40元到长期护理保险基金，此外，福彩公益每年补助50万元

资料来源：根据试点城市资料整理。

四、服务形式差异

长期护理保险的服务方式主要是机构照护和居家照护。机构护理涵盖医疗机构专护、医养机构护理、养老机构，以及定点或者非定点但符合进入资质的护理机构等；居家照护包括自主护理和专业人员上门护理，其中自主护理指具有照护能力的家属、亲戚、邻居等提供的照护。

试点的15个城市中，青岛市、承德市、南通市、荆门市、石河子市5个城市的服务形式划分较为细致，其中青岛市几乎涵盖了现有的所有形式。上海市等 13 个试点城市有专业人员上门护理，是服务形式里运用最为广泛的方式。长春市、南通市、苏州市等 12 个试点城市有养老机构护理形式。宁波市、安庆市、上饶市等 11 个城市有住院医疗护理形式，说明长期护理保险制度在很大程度上仍依赖机构护理。

五、待遇支付差异

（一）支付条件

《指导意见（1 号）》指出，经医疗机构或康复机构规范诊疗、失能状态持续 6 个月以上，以评定表作为评定依据，只有通过评估认定的失能参保人员，可按规定享受相关待遇。部分地区还规定必须不少于 6 个月的治疗或长期卧床不起，即现阶段各地长期护理保险给付对象主要是重度失能人员，而半失能、罹患慢性病等中度或轻度需护理者，甚至非老年失能者则被排除在了制度之外。仅广州市、上海市适当放宽了给付条件，兼顾了非重度需护理人员，但上海市只针对老年人群，非老年失能者被排除在福利之外。另外，广州市将基本生活照料和医疗护理进行了严格的区分，明确了享受不同给付待遇的具体条件（卢婷，2019）。

（二）支付形式

从支付形式来看，各试点地区或是按比例支付，或是定额支付。其中按比例支付的地区较多，包括承德市、长春市、齐齐哈尔市、上海市、安庆市、广州市、成都市、石河子市、南通市、荆门市等 10 个城市，并且这些城市几乎都设置了支付限额，上海市在居家护理的支付上虽无支付限额，但在服务次数和服务时间上进行了限定。除此之外，成都市的长期护理保险政策规定长护险缴费累计 15 年后，缴费每增加 2 年，支付标准提高 1%，报销比例具有一定的弹性增长空间，这种设计既有助于控制当前长护险基金的支出也能够激励参保人持续增加缴费年限，值得其他地区学习。而定额支付的地区少，仅有青岛市、苏州市、宁波市、上饶市、重庆市 5 个城市，且支付额各不相同，这与筹资水平、当地经济发展水平密切相关。

（三）支付水平

《指导意见（1 号）》指出，长护险基金支付水平总体控制在 70% 左右。

从具体落实情况上看，青岛市各种服务形式的报销比例设置均比较高，职工医保基金支付均达90%；上海市的居家护理方式可报销90%。其余地区的各种护理方式的报销比例虽然也在70%及其以上，但支付限额大多较低，如齐齐哈尔市，报销限额为20元/人·天。按定额支付的地区中，除了荆门的支付额度高一些，其他5个城市的定额标准均不超过50元/人·天。从各试点城市对比来看，首先是报销额差异较大，其中以青岛医疗护理额度最高，为170元/人·天，以南通养老服务机构中度失能人员的额度最低，为中度失能8元/人·天。

不同服务形式下的支付水平存在差异。大部分地区机构护理的支付水平高于居家护理。居家护理的支付水平高于机构护理的地区仅有上海市、苏州市、荆门市、广州市、成都市，可以看出这5个城市更鼓励同时也有基金支持居家护理。

第六章　试点地区长期护理保险
政策强度与协调度评价

本章以首批 15 个试点地区制定的 84 项长期护理保险政策文件为研究对象，构建包含 10 个一级变量和 44 个二级变量的 PMC 指数模型，对试点地区长期护理保险政策强度进行评价。构建系统耦合模型，对试点地区长期护理保险政策强度与人口老龄化及经济发展水平的协调度进行分析。

第一节　试点地区长期护理保险政策强度评价模型构建

一、PMC 指数模型介绍

PMC（Policy Modeling Consistency）指数模型通过融合文本挖掘技术及数学工具，计算 PMC 指数，对政策的内部一致性和政策的优势及劣势进行评判（Ruiz Estrada，2011），与传统的政策评价模型如 BP 的人工神经网络模型、灰色关联模型、层次分析模型、模糊综合评价模型以及深度学习等相比，具有一定的优势，已经被我国学者应用于科技创新政策、住房保障政策等政策评价研究（张永安等，2015；方永恒等，2019）。PMC 指数模型是由鲁伊斯·埃斯特拉达等（Ruiz Estrada et al.，2008）基于 Omnia Mobilis 假说提出的。不同于早期其他条件均相同假设（Ceteris Paribus Assumption），Omnia Mobilis 假说主张世界上的万物均是运动且相互联系的，因此在研究政策模型时也不能忽略任何一个相关变量。PMC 指数模型在选取变量时广泛考虑所有可能的相关变量，且将它们的权重设置为相等，采用二进制方法来平衡所有的选择变量。

PMC 指数模型的构建过程主要包括三个步骤：（1）设定模型变量与取值

规则；（2）建立多投入产出表；（3）计算 PMC 指数。

二、PMC 指数模型构建

（一）设定模型变量与取值规则

表 6-1 列出了本书设定的 10 个一级变量和 44 个二级变量。其中，政策性质（X1）表示政策实施目的与效果，包括创新、监管、引导、支持 4 个二级变量。政策评价（X2）表示政策可行性，包括依据充分、方案科学、目标明确、人才培养 4 个二级变量。保障人群（X3）表示政策受惠人群，包括 4 个二级变量：城镇职工医疗保险参保人员、城镇居民基本医疗保险参保人员、城乡居民基本医疗保险参保人员、城乡居民基本医疗保险参保人员中的 60 岁及以上老人。资金来源（X4）表示政策规定的护理保险资金来源，包括医疗保险基金、个人缴费、财政补贴、单位缴费、社会团体捐赠、个人捐助 6 个二级变量。护理形式（X5）表示政策规定的护理服务形式，包括医疗护理、机构护理、社区护理、居家护理 4 个二级变量。护理内容（X6）表示政策提供的护理服务内容，包括医疗照护、生活照护、预防性照护、康复照护、心理疏导、临终关怀、其他 7 个二级变量。护理机构（X7）表示政策涵盖的护理服务机构类型，包括医疗机构、养老机构、护理服务机构、社区卫生服务中心、日托机构、其他 6 个二级变量。保障水平（X8）表示护理保险赔付方式，包括定额支付、基金按比例支付、按天支付（有限额）、按月支付（有限额）、其他 5 个二级变量。保障条件（X9）表示政策有无明确失能定级标准，包括失能等级评估、失智评估、Barthel 指数、医疗机构证明 4 个二级变量。政策公开（X10）考察该政策是否公开，无二级变量。

表 6-1　　　　　　　　　　长期护理保险政策评价变量设定

编号	一级变量	编号	二级变量	编号	二级变量
X1	政策性质	X1:1 X1:3	创新 引导	X1:2 X1:4	监管 支持
X2	政策评价	X2:1 X2:3	依据充分 目标明确	X2:2 X2:4	方案科学 人才培养
X3	保障人群	X3:1 X3:3	城镇职工 城乡居民	X3:2 X3:4	城镇居民 城乡老人

续表

编号	一级变量	编号	二级变量	编号	二级变量
$X4$	资金来源	$X4:1$ $X4:3$ $X4:5$	医疗保险基金 财政补贴 社会团体捐赠	$X4:2$ $X4:4$ $X4:6$	个人缴费 单位补贴 个人捐助
$X5$	护理形式	$X5:1$ $X5:3$	医疗护理 社区护理	$X5:2$ $X5:4$	机构护理 居家护理
$X6$	护理内容	$X6:1$ $X6:3$ $X6:5$ $X6:7$	医疗照护 预防性照护 心理疏导 其他	$X6:2$ $X6:4$ $X6:6$	生活照护 康复照护 临终关怀
$X7$	护理机构	$X7:1$ $X7:3$ $X7:5$	医疗机构 护理服务机构 日托机构	$X7:2$ $X7:4$ $X7:6$	养老机构 社区卫生服务中心 其他
$X8$	保障水平	$X8:1$ $X8:3$ $X8:5$	定额支付 按天支付 （有限额） 其他	$X8:2$ $X8:4$	基金按比例支付 按月支付 （有限额）
$X9$	保障条件	$X9:1$ $X9:3$	失能等级评估 Barthel 指数	$X9:2$ $X9:4$	失智评估 医疗机构证明
$X10$	政策公开				

确定一级变量和二级变量后，采用以下规则确定变量的取值：所有的二级变量的取值均采用二进制形式，以保持每一个二级变量均含有相对等的权重，使每个二级变量发挥同等重要的作用；即如果政策可以符合相应的二级变量，则该二级变量取值为 1，否则取值为 0。

（二）构建多投入产出表

多投入产出表构建了一套可供选择的数据分析框架，它能够储存大量的数据来计算任何一个单独变量。建立多投入产出表是计算一级变量的基础，每一个一级变量又包括若干个二级变量，且所有二级变量的重要性是相同的。本书结合长期护理保险政策体系的 10 个一级变量和 44 个二级变量，建立的多投入产出表见表 6 - 2。

表 6 - 2　　　　　　　　　　　　多投入产出表

X1							X2				X3			
X1:1	X1:2	X1:3	X1:4				X2:1	X2:2	X2:3	X2:4	X3:1	X3:2	X3:3	X3:4
X4							X5							
X4:1	X4:2	X4:3	X4:4	X4:5	X4:6	X4:7	X5:1	X5:2	X5:3	X5:4				
X6							X7							
X6:1	X6:2	X6:3	X6:4	X6:5	X6:6	X6:7	X7:1	X7:2	X7:3	X7:4	X7:5	X7:6		
X8							X9				X10			
X8:1	X8:2	X8:3	X8:4	X8:5			X9:1	X9:2	X9:3	X9:4	X10			

（三）计算 PMC 指数

基于鲁伊斯·埃斯特拉达等（2008，2011）的研究可知，将一级变量及二级变量放入多投入产出表中，根据式（6-1）计算出一级变量 PMC 指数值，根据式（6-2）计算出政策 PMC 指数值。

$$X_t\left(\sum_{i=1}^{n}\frac{X_{ti}}{T(X_{ti})}\right),\ 其中\ t=1,2,3,\cdots \quad (6-1)$$

式（6-1）中，T 代表一级变量对应的二级变量的个数；下标 t 代表一级变量，i 代表二级变量。

$$PMC=\begin{bmatrix} X_1\left(\sum_{a=1}^{4}\frac{X_{1a}}{4}\right)+X_2\left(\sum_{s=1}^{4}\frac{X_{1s}}{4}\right)+X_3\left(\sum_{d=1}^{4}\frac{X_{1d}}{4}\right) \\[2mm] +X_4\left(\sum_{f=1}^{6}\frac{X_{1f}}{6}\right)+X_5\left(\sum_{g=1}^{4}\frac{X_{1g}}{4}\right)+X_6\left(\sum_{h=1}^{7}\frac{X_{1h}}{7}\right) \\[2mm] +X_7\left(\sum_{i=1}^{6}\frac{X_{1j}}{6}\right)+X_8\left(\sum_{i=1}^{5}\frac{X_{1k}}{5}\right)+X_9\left(\sum_{i=1}^{4}\frac{X_{1l}}{4}\right)+X_{10} \end{bmatrix} \quad (6-2)$$

根据计算出的 PMC 指数值，可以将其分为若干个档次，对各试点地区长期护理政策力度进行等级评价，识别政策弱项。参考鲁伊斯·埃斯特拉达（2011）的做法，评价标准如表 6-3 所示。比如，当一级变量 PMC 指数值介于 0-0.49 时，该一级变量的政策力度等级为"弱"，被评定为政策弱项。

表6-3　　　　　　　　　　PMC 指数评分等级

政策 PMC 指数值	0 - 4.99	5.00 - 6.99	7.00 - 8.99	9.00 - 10
政策力度	弱	中	较强	强
一级变量 PMC 指数值	0　0.49	0.5 - 0.69	0.7 - 0.89	0.90 - 1
政策力度	弱	中	较强	强

第二节　试点地区长期护理保险政策强度评价结果

一、PMC 指数值及排名

依据设定好的变量与参数识别规则，可以得到 15 个地区长期护理保险政策各变量取值的多投入产出表，进而计算出一级变量指标及 PMC 指数的均值，结果如表6-4所示。

表6-4　　　　　试点地区长期护理保险政策的 PMC 指数及排名

代码	X1	X2	X3	X4	X5	X6	X7	X8	X9	X10	PMC 指数	排名
P1	1.00	1.00	0.25	0.83	1.00	0.71	0.67	0.60	0.50	1.00	7.56	5
P2	1.00	0.75	0.50	0.33	1.00	0.43	0.67	0.60	0.75	1.00	7.03	10
P3	1.00	1.00	0.25	0.67	0.75	0.43	0.67	0.40	0.50	1.00	6.66	14
P4	1.00	1.00	0.50	0.33	1.00	0.71	1.00	0.60	0.50	1.00	7.65	4
P5	1.00	1.00	1.00	0.83	0.75	0.71	0.83	0.80	0.75	1.00	8.68	2
P6	1.00	1.00	1.00	0.33	0.75	0.71	0.83	0.60	0.25	1.00	7.48	6
P7	1.00	1.00	0.25	0.17	1.00	0.71	0.67	0.20	0.75	1.00	6.75	13
P8	1.00	1.00	0.25	1.00	0.75	0.29	0.67	0.80	0.25	1.00	7.00	11
P9	1.00	1.00	1.00	0.83	0.75	0.29	0.67	0.40	0.50	1.00	7.44	7
P10	1.00	1.00	1.00	0.67	1.00	1.00	1.00	0.80	0.75	1.00	9.22	1
P11	1.00	1.00	0.50	0.83	0.75	1.00	0.83	0.60	0.50	1.00	8.02	3
P12	1.00	1.00	0.25	0.17	1.00	0.86	0.83	0.60	0.50	1.00	7.21	9
P13	1.00	1.00	0.25	0.83	1.00	0.43	0.50	0.20	0.25	1.00	6.46	15
P14	1.00	1.00	0.25	0.33	0.75	0.86	0.83	0.40	0.50	1.00	6.92	12

代码	X1	X2	X3	X4	X5	X6	X7	X8	X9	X10	PMC 指数	排名
P15	1.00	1.00	0.50	0.83	0.75	0.71	0.50	0.80	0.25	1.00	7.35	8
AVE	1.00	0.98	0.52	0.60	0.87	0.66	0.74	0.56	0.50	1.00	7.43	
SV	0.00	0.06	0.60	0.46	0.14	0.34	0.20	0.35	0.37	0.00	0.10	

注：AVE 表示均值；SV 表示离散系数。

由表 6 - 4 可知，15 个试点地区长期护理保险制度政策的 PMC 指数介于 6.46 ~ 9.22 之间，均值为 7.43。PMC 指数最高的三个地区依次为青岛市（P10）、南通市（P5）、荆门市（P11），最低的三个地区依次为重庆市（P13）、齐齐哈尔市（P3）、宁波（P7）。PMC 指数高于均值的试点地区有 7 个，低于均值的有 8 个。从一级变量 PMC 指数均值来看，$X3_{AVE} = 0.52$、$X4_{AVE} = 0.60$、$X6_{AVE} = 0.66$、$X8_{AVE} = 0.56$ 与 $X9_{AVE} = 0.50$ 低于总均值 $\bar{X}_{AVE} = 0.74$，其中 X3、X9 的均值远低于总均值，表明 15 个试点地区在保障人群和保障条件这两个方面整体较弱。

PMC 指数极差为 2.76，离散系数为 0.10，表明 15 个地区的 PMC 指数存在较大差异。从离散系数来看，X3、X4 的取值达到或超过 0.4，X6、X8、X9 的取值介于 0.3 和 0.4 之间，表明 15 个试点地区在保障人群、资金来源、护理内容、保障水平、保障条件方面存在较大差异。

二、PMC 曲面展示

PMC 曲面是建立在 PMC 矩阵的基础上，用图像化的形式直观展示 PMC 指数，可以直观展示政策模型的优势和劣势。PMC 矩阵包含所有一级变量的得分，考虑到 PMC 矩阵的对称性及 PMC 曲面的平衡性，剔除一级变量的 X10，形成三阶方阵。PMC 曲面公式如式（6 - 3）所示：

$$PMC_{(曲面)} = \begin{pmatrix} X1 & X2 & X3 \\ X4 & X5 & X6 \\ X7 & X8 & X9 \end{pmatrix} \quad (6 - 3)$$

基于试点地区长期护理保险政策的 PMC 指数与根据式（6 - 3），构建出政策的 PMC 曲面图。限于篇幅，不展示。

三、长期护理保险政策弱项分析

对试点地区长期护理保险政策的 PMC 指数进行排名，根据表 6 - 3 的 PMC 指数评分等级标准划分试点地区政策力度等级和政策弱项，结果如表 6 - 5 所示。可以看出，政策力度等级为"强"的试点地区仅有青岛市。政策力度等级为"较强"的试点地区有 10 个，分别为南通市、荆门市、上海市、承德市、苏州市、上饶市、石河子市、广州市、长春市、安庆市。政策力度等级为"中"的试点地区也有 4 个，分别为成都市、宁波市、齐齐哈尔市、重庆市。15 个试点地区中无政策力度等级被评定为"弱"的地区。

从各地区一级变量政策力度来看，青岛市、南通市和荆门市无政策弱项，其他地区的政策弱项主要是 X3（保障人群）、X4（资金来源）、X6（护理内容）、X8（保障水平）和 X9（保障条件）。政策力度等级为"较强"的地区，政策弱项数量为 0 - 3 项。比如，上海市、承德市、石河子市的政策弱项均仅有 1 项，分别为 X9（保障条件）、X4（资金来源）、X3（保障人群）、X9（保障条件）。政策力度等级为"中"的地区，政策弱项数量最多达到 4 项。

表 6 - 5　　　　　试点地区长期护理保险政策力度等级与政策弱项

政策代码	试点地区	PMC 指数	政策力度等级	政策弱项
P10	青岛市	9. 22	强	无
P5	南通市	8. 68	较强	无
P11	荆门市	8. 02	较强	无
P4	上海市	7. 65	较强	X4
P1	承德市	7. 56	较强	X3
P6	苏州市	7. 48	较强	X4、X9
P9	上饶市	7. 44	较强	X6、X8
P15	石河子市	7. 35	较强	X9
P12	广州市	7. 21	较强	X3、X4
P2	长春市	7. 03	较强	X4、X6
P8	安庆市	7. 00	较强	X3、X6、X9
P14	成都市	6. 92	中	X3、X4、X8

政策代码	试点地区	PMC 指数	政策力度等级	政策弱项
P7	宁波市	6.75	中	X3、X4、X8
P3	齐齐哈尔市	6.66	中	X3、X6、X8
P13	重庆市	6.46	中	X3、X6、X8、X9

从表 6 - 5 可以看出，政策力度等级越弱的地区，政策弱项数量越多。15 个试点地区中，出现频率最高的政策弱项是保障人群（X3），其次是保障水平（X8）、资金来源（X4）、护理内容（X6）和保障条件（X9），说明试点地区需要在这些政策选项上予以改进和加强。

政策弱项中有三项与保障条款有关，表明试点地区在保障条款方面的差异相对较大。以保障人群为例，15 个试点地区的政策文件均将城镇职工医疗保险参保人员（X3:1）列为长期护理保险保障人群。但是，少数地区的保障人群还包括城镇居民医疗保险参保人员（X3:2），如荆门市和石河子市；或者城乡居民医疗保险参保人员（X3:3），如南通市、苏州市和青岛市；或者城乡居民医疗保险参保人员中的老年人（X3:4），如上海市。

从资金来源来看，绝大多数试点地区的长期护理保险筹资渠道比较单一，资金来源主要是医疗保险基金（X4:1）和财政补贴（X4:3）。长期护理保险筹资来源单一的原因主要有两种：一是城市经济实力强，可以为长期护理保险提供较为充分的财政支持；二是经济实力不强，过分依赖财政提供筹资支持。上海市和广州市的情形属于前者。这两个城市经济发达，财政实力雄厚，但是仍需规避筹资渠道单一可能引发的资金链风险。

从护理内容来看，试点地区在该政策选项上的异质性较高。从表 5 - 1 可以看出，试点地区政策文件涉及的护理内容种类较多，包括医疗照护、生活照护、预防性照护等 7 种。其中，医疗照护和生活照护是所有试点地区均提供的护理服务内容，其他 5 种护理内容则只在部分地区提供。

第三节　长期护理保险政策与人口经济发展的协调度分析

一、研究问题的提出

《关于扩大长期护理保险制度试点的指导意见》提出，力争在"十四五"期间，基本形成适应中国经济发展水平和老龄化发展趋势的长期护理保险制度政策框架，推动建立健全满足群众多元需求的多层次长期护理保障制度。长期护理保险政策作为长期护理保险的核心内容，与各试点地区的经济发展和人口结构相互影响：一方面，试点城市的经济发展水平及人口结构决定了长期护理保险政策的强度；另一方面，长期护理保险政策强度也会间接影响城市经济发展。因此根据经济发展水平与人口结构及时调整长期护理保险政策水平，确保三者间的协调发展，这也是提高长期护理保险政策效率的重要保障。

本节将长期护理保险政策强度、经济发展、人口结构视为三个相互作用、协调发展的系统，构建"长期护理保险政策—经济—人口"复合系统。利用耦合协调度模型，从定量的角度测算各试点城市长期护理保险政策强度、经济发展及人口结构之间的协调度关系，为长期护理保险的协调发展提供理论依据，进而对长期护理保险的高效、协调、可持续发展提出相应的建议。

二、"长期护理保险政策—经济—人口"复合系统构建

长期护理保险制度自试点实施以来，从国家和地区层面出台了100多项长期护理保险政策，这些政策构成长期护理保险制度试点的实施纲领或规范，对试点实施和推进具有指导作用。本书将这些政策看作长期护理保险政策系统。

长期护理保险制度试点地区的选择，是考虑试点地区经济、社会、人口发展水平的结果，与经济系统、人口系统状况密切相关。比如，长期护理保险筹资水平的制定，应当以试点地区经济发展水平为基础。长期护理保险参保对象的制定，应当与试点地区人口老龄化程度密切相关。同时，经济系统、人口系统的运行会直接影响到长期护理保险政策实施的效果。

因此，本书基于复杂系统视角，将政策系统、经济系统、人口系统联系到

一起加以研究和考虑，将它们看作是长期护理保险制度试点背景下紧密联系的三个系统，构建"长期护理保险政策—经济—人口"复合系统。

三、数据来源与模型构建

（一）指标选取与数据来源

长期护理保险政策系统指标为 PMC 指数，综合反映了试点城市长期护理保险政策的强度。

经济系统指标体系选取四个指标，分别是人均国民生产总值、人均可支配收入、人均消费支出、医疗卫生财政支出。

人口系统指标用来反映人口老龄化水平，选择各试点城市人口老龄化程度（即 65 岁及以上老年人口比例）、老年抚养比、少儿抚养比、人口自然增长率四个指标。其中，老年抚养比 =（65 岁及以上老年人口数/15～64 岁人口数）×100%，少儿抚养比 =（0～14 岁人口数/15～64 岁人口数）×100%。

由于第二批试点城市开展试点时间较短，首批试点城市石河子市数据缺失较多，本书选取其余 14 个首批试点城市作为研究对象。具体数据见附录 2。

（二）耦合协调度模型

1. 系统耦合与耦合系统

耦合是一个物理学概念，指两个或两个以上的体系或运动形式之间通过各种相互作用而彼此影响以至联合起来的现象，或者是通过各种内在机制互为作用，形成一体化的现象。系统耦合指两个或两个以上性质相近似的系统具有互相亲合的趋势，当条件成熟时它们可以结合为一个新的、高一级的结构功能体。耦合系统指当条件、参量适当时，它联通两个或两个以上系统发生系统耦合，系统势能延伸可使不同系统实现结构功能的结合，从而在原来的基础上产生新的高一层的系统，产生新的功能，它不是原系统量的增大，而是具有新质的较高层次系统。两个或两个以上独立同等级的子系统交互部分发生耦合作用，系统耦合可能会致使原来系统的产生进化，变成耦合系统，最终成为一个新系统，即复合系统。

在耦合系统内，耦合度是描述系统或要素相互影响的程度，指两个或两个以上系统之间的相互作用影响，实现协调发展的动态关联关系，可以反映系之间的相互依赖、相互制约的程度。从协同学角度，耦合作用及其协调程度决定系统在达到临界区域时走向何种序与结构，即决定了系统由无序走向有序的趋势。协调指各要素或主体和谐一致，耦合是协调的前提。

2. 系统耦合协调度及其模型

耦合协调度模型用于分析事物的协调发展水平，指耦合相互作用关系中良性耦合程度的大小，它可体现出协调状况的好坏。耦合协调度模型共涉及三个指标值的计算，分别是耦合度 C 值、协调指数 T 值、耦合协调度 D 值。并且结合耦合协调度 D 值和协调等级划分标准，最终得出各项的耦合协调程度。

（1）功效函数。设变量 $u_i(i=1,2,3)$ 分别是长期护理保险系统、经济系统、人口系统三个子系统的系统序参量，即为耦合系统中第 i 个子系统的综合序参量。第 i 个子系统的综合序参量的第 j 个指标，其值为 $X_{ij}(j=1,2,\cdots,n)$，α_{ij}、β_{ij} 是系统稳定临界点序参量的上、下限值。因而"长期护理保险政策—经济—人口"系统对系统有序的功效系数 u_{ij} 可表示为：

$$u_{ij=}\begin{cases}\dfrac{X_{ij}-\beta_{ij}}{\alpha_{ij}-\beta_{ij}}, & u_{ij} \text{ 具有正功效}\\[3mm]\dfrac{\alpha_{ij}-X_{ij}}{\alpha_{ij}-\beta_{ij}} & u_{ij} \text{ 具有负功效}\end{cases} \tag{6-4}$$

式（6-4）中，u_{ij} 表示变量 X_{ij} 对系统的功效贡献大小。功效系数 u_{ij} 反映各指标达到目标值的满意程度，u_{ij} 趋近于 0 为最不满意，趋近于 1 为最满意，所以取值范围为 [0，1]。

子系统内各个序参量对子系统的有序程度的总贡献，采用线性加权和法来测度：

$$u_i = \sum_{j=1}^{n} \lambda_{ij}\mu_{ij}$$

$$\sum_{j=1}^{n} \lambda_{ij} = 1 \tag{6-5}$$

式（6-5）中，u_i 为 i 个子系统的综合序参量，λ_{ij} 为各个序参量的权重。可以利用熵值法等对各个指标进行赋权。

（2）耦合度函数。为测度系统之间的耦合关系，借鉴物理学中的容量耦合系统模型，构建耦合度函数 C：

$$C = \sqrt[3]{\frac{u_1 \times u_2 \times u_3}{[(u_1 + u_2 + u_3)/3]^3}} \qquad (6-6)$$

式（6-6）中，u_i 为 i 个子系统的综合序参量，u_1 表示长期护理保险政策强度，u_2 表示经济发展水平，u_3 表示人口老龄化水平。耦合度值 $C \in [0, 1]$。当 $C = 1$ 时，耦合度最大，说明两个系统之间处于有序运行状态，达到良性共振耦合；当 $C = 0$ 时，耦合度最小，说明系统处于无序状态。

（3）耦合协调度。耦合度在判别耦合作用的强度以及作用的时序区间，预警二者发展秩序等方面具有十分重要的意义。但在计算过程中，由于研究的两个系统各自发展水平存在差异，会出现两个系统发展水平都较低、耦合度却较高的结果，这与两个系统的发展水平都较高、耦合度也较高的内涵并不一样。为避免这一情形，引入耦合协调度模型如下：

$$\begin{cases} D = (C \times T)^{\frac{1}{2}} \\ T = a\,u_1 + b\,u_2 + c\,u_3 \end{cases} \qquad (6-7)$$

式（6-7）中，D 为耦合协调度；C 为耦合度；T 为综合调和指数，它反映三个子系统之间的整体协同效应；a、b、c 为待定系数，根据实际情况决定。

实际应用中，通常耦合协调度划分为十个层次：当 $0 < D \leq 0.1$ 时，表示系统处于极度失调耦合阶段；当 $0.1 < D \leq 0.2$ 时，表示系统处于严重失调耦合阶段；当 $0.2 < D \leq 0.3$ 时，表示系统处于中度失调耦合阶段；当 $0.3 < D \leq 0.4$ 时，表示系统处于轻度失调耦合阶段；当 $0.4 < D \leq 0.5$ 时，表示系统处于濒临失调耦合阶段；当 $0.5 < D \leq 0.6$ 时，表示系统处于勉强协调耦合阶段；当 $0.6 < D \leq 0.7$ 时，表示系统处于初度协调耦合阶段；当 $0.7 < D \leq 0.8$ 时，表示系统处于中级协调耦合阶段；当 $0.8 < D \leq 0.9$ 时，表示系统处于良好协调耦合阶段；当 $0.9 < D \leq 1.0$ 时，表示系统处于优质协调耦合阶段，是最佳状态，系统之间达到良性共振耦合。

四、试点地区"长期护理保险政策—经济—人口"系统耦合协调度

表6-6显示首批14个试点城市长期护理保险政策与经济、人口发展耦合协调分析结果。较高的耦合协调度表明政策水平、经济发展、人口结构三个子

系统之间能够实现良性互动、彼此促进、协调发展。

表6-6表明我国14个试点城市的长期护理保险政策强度—地区经济发展—人口结构的耦合协调度分布在0.452~0.896之间，涉及五个协调等级，平均耦合协调度为0.645，整体处于初度协调阶段。这是由于试点城市多是"一城一策"，各试点城市在经济发展水平、人口老龄化水平方面存在一定差距，各地的筹资水平、覆盖范围等政策规定存在差异。

表6-6 "长期护理保险政策—经济—人口"系统耦合协调度指数和等级

城市	政策强度指数 U_1	经济指数 U_2	人口老龄化指数 U_3	耦合度 C	耦合协调度 D	耦合协调等级
上海市	0.765	0.976	0.693	0.989	0.896	良好协调
南通市	0.868	0.345	0.990	0.908	0.817	良好协调
宁波市	0.675	0.543	0.503	0.992	0.754	中级协调
苏州市	0.720	0.620	0.398	0.970	0.750	中级协调
重庆市	0.621	0.384	0.545	0.980	0.712	中级协调
青岛市	0.922	0.408	0.334	0.903	0.708	中级协调
成都市	0.692	0.354	0.450	0.961	0.692	初度协调
广州市	0.721	0.719	0.209	0.867	0.691	初度协调
长春市	0.678	0.153	0.402	0.844	0.589	勉强协调
荆门市	0.777	0.132	0.399	0.791	0.587	勉强协调
上饶市	0.719	0.097	0.196	0.708	0.489	濒临失调
安庆市	0.600	0.052	0.344	0.666	0.470	濒临失调
承德市	0.756	0.037	0.310	0.557	0.452	濒临失调

长期护理保险的政策强度以各地经济发展和人口老龄化程度为基础，并受其影响。在14个测度试点城市中，上海市和南通市的"长期护理保险政策—经济—人口"系统的耦合协调度最高，达到良好协调阶段。从子系统综合评价指标来看，上海市的政策强度水平、经济和人口老龄化水平均处于较高水平。南通市的长期护理保险政策强度和人口老龄化程度均超过上海市，但是其

经济发展指数不及上海市，且差距较大。

宁波市、苏州市、重庆市、青岛市四个城市均处于中级协调阶段，宁波市和苏州市的耦合协调度指标值相当，为 7.5 左右；重庆市和青岛市的耦合协调度指标值相当，为 7.1 左右。四个城市中，青岛市的政策强度指数最高，它也是 14 个城市中最高的，但是其经济发展水平和人口老龄化程度较其他三个城市低。青岛市是我国最早开展长期护理保险制度试点的城市，积累了丰富的经验，各项制度安排较为完善，其长期护理政策超前于经济发展水平，应对人口老龄化属于提前布局。

成都市和广州市的耦合协调度指数非常接近，均位于（0.6，0.7）区间，属于初级协调等级。从经济发展水平综合评价指标来看，广州市的经济发展水平是试点城市中领先的。广州市的长期护理保险政策强度也处于较高水平。但是，广州市的人口老龄化程度相对较低，人口年龄结构在 14 个试点城市中属于比较年轻的。成都市的人口老龄化水平高于广州市，经济发展水平低于广州市，政策强度则与广州市接近。

长春市和荆门市的耦合协调度指数非常接近，均位于（0.5，0.6）区间，属于勉强协调等级。这两个城市共同的特点是长期护理保险政策强度较高，经济发展指数水平较低，且两者差异非常大。这两个城市制定的长期护理保险政策与经济发展水平不适应，可持续性较差。

上饶市、安庆市、承德市耦合协调值的取值在（0.4，0.5）之间，处于濒临失调阶段。这三个城市的经济发展水平属于试点城市中最差的类型，但是其长期护理保险政策强度处于中上水平，两者相差巨大，政策与城市经济发展水平不匹配。

数据分析结果表明，我国"长期护理保险政策—经济—人口"系统耦合协调度处于初级协调阶段，试点城市间的耦合协调度指数存在较大差异。长期护理保险政策与经济发展水平、人口老龄化程度的协调仍有待提高。稳步建立长期护理保险制度是"十四五"时期的重大任务，在实践中积累试点经验，及时调整长期护理保险政策，优化政策与经济、人口发展之间的关系，逐步提升长期护理保险政策与经济发展及人口结构的协调性，提高长期护理保险制度试点成效。

第四节　提高长期护理保险政策与人口经济协调度的政策建议

为提高长期护理保险政策效率，改善政策与经济、人口发展之间的协调性，建立健康、可持续的长期护理保险制度，应尽快形成与经济社会发展水平相匹配的长期护理保险政策体系，促进长期护理保险制度的高效、协调运行。

一、根据试点成效，调整和完善政策文件内容，建立可操作性强的全国性长期护理保险实施方案

本研究表明，较早开展试点且经历过政策调整的地区，政策力度评分处于前列。贯彻中央政府颁布的《人力资源社会保障部办公厅关于开展长期护理保险制度试点的指导意见》，需要试点地区进一步细化试点方案，将指导意见中的统筹性条款具体化为可操作性强的实施细则。尤其是涉及失能人员切身利益的条款，比如保障人群、资金来源、护理形式、护理内容、护理机构、保障水平、保障条件等，需要进一步细化，达到可量化的程度。比如，在保障水平方面，虽然提到医疗护理费用"按项目及相应支付比例支付"，但是按多大比例缺乏统一标准。除此之外，不同试点地区在"长期护理保险制度"的名称使用上也存在差异，出现"长期护理""长期照护""失能护理""基本照护"等名称。名称差异体现了人们对于长期护理保险制度的理解与认识差异，统一名称有利于统一对长期护理保险制度的认知，进而推行全国性长期护理保险制度。

二、加强政策弱项管理，从保障条款、资金来源、护理服务供给等方面进行改进

首先，针对长期护理保险保障人群、保障水平和保障条件等政策弱项，扩大保障人群范围，具体化保障水平和保障条件。当前大多数长期护理保险试点地区的保障人群局限于城镇职工医疗保险参保人群，护理保险覆盖率低，不能体现社会保险制度的公平性。建议逐步设立覆盖全体失能人群的长期护理保险

制度；利用大数据和精算技术，精准测算长期护理保险支付标准，制定与经济发展水平和筹资水平相适应的保障条款；量化失能评估标准，对保障条件实行精细化过程管理，提高长期护理保险制度保障条款的政策强度。

其次，试点地区长期护理保险资金的筹集宜遵循"以收定支、收支平衡、略有结余"的原则，设立专门的护理保险基金。当前，试点地区资金来源主要依赖医疗保险基金划拨和财政补贴，受制于医疗保险基金的筹资水平和财政支持水平，容易导致基金承受能力不足的风险。建议基于经济发展水平，建立独立于社会医疗保险、与保障水平相适应的长期护理保险基金。同时，拓宽社会筹资渠道，融合企业、团体、机构、福利彩票基金会等社会力量，形成多层次的筹资渠道，规避筹资单一引致的基金风险。

最后，创新护理服务模式，化解长期护理服务供需矛盾。当前长期护理保险试点制度关于护理服务供给的政策指导意见比较传统，保险基金主要补偿机构和社区护理服务。建议融合互联网和护理服务，借助互联网技术平台的方式精准对接供给和需求矛盾，提高有限的护理服务资源利用率，盘活护理服务供给存量。同时，开发智能护理服务模式，增加护理人员培养，做大服务供给增量，为在全国推行长期护理保险制度奠定服务供给能力基础。

第七章　长期护理保险对家庭照护负担
影响的仿真模拟研究

本章基于系统科学理论，构建符合我国实际的长期护理服务系统，分析系统的结构和功能；构建长期护理服务投入指标体系，收集 29 个省份相关数据，评价长期护理服务供给水平的地区差异；构建系统动力学（SD）模型，模拟失能老人的长期护理需求、照护选择和长期护理服务利用过程，进而测算长期护理保险支付比例、长期护理机构床位增长率、社区护理能力的调整时间三个政策变量对家庭照护负担的影响。

第一节　长期护理服务系统结构与功能

根据系统科学理论，长期护理服务系统（LTCS）是结构和功能的统一体，是具有自组织耗散结构性质的开放系统，其运行涉及社会经济发展、老年人护理服务需求、医疗和养老政策等诸多因素。系统内部要素包括长期护理服务的需求方、长期护理服务的供给方、政府管理部门和社会保障机构。长期护理服务的需求方主要是失能失智人员。长期护理服务的供给方包括家庭、社区服务机构和护理机构。政府管理部门的职能包括政策指导、市场监督、协调管理等。社会保障机构是保障长期护理保险制度的运行和实施。系统外环境包括人口结构、慢性病和失能发生率、社会经济因素等。长期护理服务系统的功能是应对人口老龄化，满足老年人长期护理需求，提高老年人生存质量，促进老年健康等。图 7-1 展示了 LTCS 系统的结构和功能。

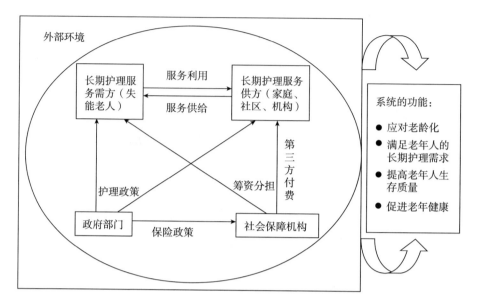

图 7 – 1　LTCS 系统结构和功能示意

一、长期护理需求的界定

根据长期护理概念的内涵，需要长期护理的人通常是慢性病患者和日常生活活动能力有障碍或失能的人。长期护理作为医疗性质的服务时，其服务对象通常是患有慢性病的人。长期护理作为非医疗性质的服务时，其服务对象更广泛一些，通常是日常生活活动失能的人。是否需要长期护理与年龄无关，但年龄大的人更可能需要长期护理。

长期护理需求的定量度量指标主要是研究总体中需要长期护理的人数或比例、需要长期护理的时间和护理费用或成本。由于绝大多数研究均用工具性日常生活能力（IADL）和日常生活活动能力（ADL）是否需要帮助作为有无长期护理需求的标准。在描述目前长期护理需求现状时，采用六项日常生活活动（吃饭、穿衣、洗澡、如厕、室内活动、控制大小便等）能力是否完好来评价高龄老人有无长期护理需求。将至少有一项日常生活活动能力失能界定为需要长期护理，将六项日常生活活动全部完好界定为不需要长期护理。

二、长期护理服务供给主体

根据长期护理服务的场所，可以将长期护理服务供给主体分为三类：一是家庭护理；二是机构护理；三是社区护理。

（一）家庭护理

1. 家庭护理的界定

家庭护理是指由家庭成员或亲属等在家庭中提供的照护服务。机构护理是指护理机构人员提供的照护服务。护理机构主要包括老年公寓、团体之家、日间照料中心、护理院、福利院、敬老院、养老院、临终关怀机构等。社区护理是指社区提供适当程度的干预和支持，为老年人提供照护服务，使其继续生活在社区，同时能获得最大的自主性，掌握自己的生活。

我国绝大多数需要日常生活照料的老年人在家里接受长期护理服务。提供帮助的人通常是家庭成员或居家保姆。研究表明，当老年人的家庭成员可以为之提供护理服务时，他们更愿意待在家里，而不是去养老院。家庭的支持和服务功能包括财务支持、身体照料和心理护理。老年人的子女、孙子女和他们的配偶提供了大多数的日常生活护理和疾病照护。当家庭成员因为没有时间或其他原因不能照顾老年人从而聘用保姆照顾他们时，雇用保姆的费用通常由家庭成员承担。根据第四次国家卫生服务调查，对于需要照料的 60 岁及以上老人，主要由配偶、子女或孙子女照料的比例在城市和农村分别为 94.6% 和 96.3%。在城市，主要由保姆照料的老年人只占 2.0%，主要由居委会或养老机构照料的仅占 0.4%。在农村，由于经济原因，除了家庭成员外主要靠亲戚朋友提供帮助，由保姆照料的老年人非常少。

2. 家庭护理的优势

中国传统意义上的家庭养老是指全部责任在子女身上，代际照料即为养老的全部内容，而目前要建立的居家养老中，子女的责任是有限的，更需要政府、社会来担当。基于中国现实的传统，家庭养老有着深厚的文化基础。费孝通提出的代际"反馈机制"解释代际"均衡互惠"的原则。出于"养儿防老"的观念，上一代抚养了下一代，到老了需要下一代赡养。所以受到面子、感情、舆论压力，子女会尽量选择赡养老人，尤其是儿子。中国奉行儒家文化

"孝道"的传统,"老吾老以及人之老,幼吾幼以及人之幼",对老人的侍奉习俗使得家庭养老仍然是大多数人的首选。

居家养老在社会养老服务体系中处于基础地位是由养老地点所决定的。居家养老遵循了中国家庭养老的传统:一方面,居家养老可以抚慰绝大部分老年人不愿离家改变原有的生活环境和习惯,使老年人居家感受到家庭的温暖;另一方面,居家养老可以通过提供上门服务满足需求,有一定的灵活便利性。

3. 家庭护理的问题

尽管老年人主要由家庭照护的现实不可能在短期内改变,但许多中国家庭在如何照顾他们家里的老年人这一问题上面临着不可回避的困难,传统的家庭护理模式正接受着前所未有的挑战和考验。

第一,家庭结构的变化冲击着传统的家庭护理模式。一方面,预期寿命增加使老年人口总数和比例不断增加;另一方面,计划生育政策使生育率持续下降,我国居民家庭越来越小型化,家庭护理的人力资源正迅速减少,对未来老年人口护理问题造成潜在的巨大危险,独生子女家庭的老年照护问题尤为突出。同时,在社会经济现代化的进程中,妇女广泛就业,社会竞争压力日益激烈,劳动强度增加,作为长期护理主要人力资源的家庭成员正承受着越来越沉重的负担。

第二,城市化和工业化进程带来的人口迁移削弱了年轻一代为老年人提供家庭护理的责任。改革开放以来,中国的发展以经济发展为主导。经济的快速发展为年轻人提供了更多的个人发展机会,越来越多的年轻人离开家庭,从农村流动到城市,从中部地区流动到沿海地区,从经济欠发达地区流动到经济发达地区。年轻人长期不能和老年人共同生活,导致家庭的养老服务功能弱化。

第三,全球一体化导致的社会意识形态的转变影响了家庭养老的观念。尽管家庭护理具有自由、亲情享受和节约成本等诸多方面的优点,但是随着经济的发展和社会意识形态的转变,家庭护理也暴露出许多缺点。比如,家庭护理中广泛存在性别不平等的问题,男性老人常常比女性老人获得更多的家庭照顾;家庭护理产生各种家庭生活的压力,造成家庭人际关系的紧张;家庭中非正规的照顾不能给予老人技术密度较高的护理服务等。2015年上海市统计局城调队做的一项专项调查显示,有17%的老年人有入住养老院的意愿,其中,以独居和子女分开住的老年夫妇居多,占51.8%。从年龄分布看,低龄老年人有入住养老院意愿高于高龄老年人，65～74岁年龄组的低龄老年人占到37%，高于高龄组老年人21个百分点。老年人普遍希望政府和社会多提供一些价格优惠的养老机构，有七成以上的被访者希望入住养老院的月费用在500～1000元之间。上海高龄老年人、生活自理能力缺损的老年人的家庭照料负担日益加重，老年人要求入住养老机构的愿望日趋强烈。预计在2010～2030年，老年人的长期护理将成为突出的社会问题。

（二）社区护理

1. 社区护理的界定

社区护理通过非制度性的方式对老年人进行照料和安置，其初衷是由政府及非政府组织在社区里建立小型化、专业化的服务机构，发展以社区为基础的服务设施，提供更贴近人们正常生活的养老服务。国家卫生部在2002年公布的《社区护理管理的指导意见（试行）》中明确规定了社区护理工作的任务、社区护理人员的配备、社区护士的条件和职责等。我国社区护理的特征是以家庭为单位，以社区居民为中心，以老年人、妇女、儿童、残疾人及慢性病为重点，提供集预防、保健、医疗、护理、康复健康教育和计划生育等为一体的综合、便捷的护理服务。目的是解决社区居民的健康新问题，满足其对护理技术和医疗服务的需求，促进社区人群的健康，提高社区人群生命质量。服务对象是以社区的人群为主，面向个人、家庭提供服务。

社区护理服务是社区卫生服务的重要内容。2000年，我国民政部启动了"星光计划"，20%的社会福利彩票收入被用于建造社区服务中心以及帮助贫穷及体弱的老人，其中多数用于前者。截至2006年2月，我国有95%的地级以上城市和86%的市辖区开展了城市社区卫生服务，设置了3400多个社区卫生服务中心和1.2万个社区卫生服务站，创建了108个全国社区卫生服务示范区。

2. 社区护理的优势

当前社区护理主要包括老年人日间照料中心、托老所、老年活动中心、互助式养老服务中心等形式，目前针对社区养老服务的模式仍在不断的探索中。

一方面顺应实际，大部分子女白天需要上班，老人留在家中缺乏安全感也没有精神慰藉，社区护理机构白天提供照料和活动场所，晚上老年人回到家中享受天伦之乐，既不会耽误子女工作，也让自己有地方可去；另一方面，对于半失能、高龄老人等，在社区可以得到专业的照料，家人也可以经常看望，给予有特殊需求的老人最大的安慰。社区护理机构集聚了居家养老和机构养老的优点，老年人在自己熟悉的社区养老，便于感情的交流和活动，最大程度减少了老年人的落寞感。事实上，社区护理的老年人并非完全失能者，可以在力所能及的基础上进行自我照料，不会造成完全依赖的同时可以发挥老年人的余热，让其为社区做出自己的贡献。

3. 社区护理存在的问题

我国的社区护理尚处于摸索和初步发展的阶段，与社区护理事业发展完善的国家相比，还存在许多不足，主要包括以下四个方面。第一，社区护理模式单一、规模小。社区护理是伴随着社区卫生服务的开展逐渐孕育产生的，我国各地社区护理的规模、形式各不相同。社区护理服务主要集中在大中城市，在小城市的发展相对缓慢，许多农村地区缺乏社区护理服务。第二，社区护理人力资源紧缺，学历偏低，培训不足，缺乏全科护理的理念。目前我国社区护士和医生比为 0.5:1，远远没有达到 WHO 提出的社区护士与社区医生应为 2:1 或 4:1 的目标。大部分社区护士是从临床专科护理转入社区护理工作的，缺乏足够的专业培训。护理岗位工作强度大、收入水平低、职业保障少、从业风险高，因而对社会劳动力也缺乏吸引，供需存在严重失衡。第三，从目前社区护理护士为居民所提供的护理服务的内容来看，社区护理只是针对疾病护理提供入户服务，涉及疾病预防的较少，更少考虑到对居民群体进行健康促进教育的问题。第四，社区护理机构财政状况不佳，普遍存在资金不足的问题。大多数社区护理机构依靠提供有偿服务来支付人员工资和维持日常办公室费用。老年人的照料费用仍然主要由家庭承担。基于上海市的调查表明，满足"星光计划"资助条件的老年人还不到1%。对那些子女没时间照料，且家庭经济能力差的老人来说，社区也没有满足他们的照料需求。我国社区护理发展的上述问题不仅制约了社区护理的发展，而且直接使社区护理服务难以满足老年人的护理需求。

（三）机构护理

1. 机构护理的界定

由于认识到家庭护理存在的问题，我国从 20 世纪 80 年代开始加强了护理机构的建设。在有条件的大城市相继设立了以提供护理服务为重要工作的老年机构，如老年病医院、老年疗养院、敬老院、老年公寓、老年人护理院或老年医疗康复中心等。20 世纪 90 年代，我国又开始鼓励社会力量兴办养老机构，促进了机构护理的迅速发展。目前，我国提供机构护理的系统可以分为两类，即医疗系统和社会福利系统，前者包括老年病医院和老年医疗康复中心等，后者包括老年疗养院和老年公寓等。根据中国民政事业发展统计报告，2009 年全国共有各类老年福利机构 3.8 万个，床位 266.2 万张，平均每千名 60 岁及以上老人拥有养老床位数 15.9 张。在全国养老服务机构中，农村五保供养机构约占 55%；在城市养老机构中，民政部门举办的社会福利机构、光荣院、精神病院等收养性福利机构占 59%。截至 2014 年年底，全国各类养老服务机构和设施增加到 9.4 万个，各类养老床位增加至 577.8 万张。我国养老机构数量及其床位数量不断增加，收养的老年人数也呈上升趋势。

机构护理是社会化长期护理的重要组成部分，利用规模化运作，培训专业的人员，通过提供家庭、社区以外的场所，建设必要的设施，为老年人提供日常生活照料、康复护理、医疗救济、娱乐活动等。机构，对老年人进行护理，尤其是高龄老年人。

2. 机构护理的优势

特殊老年人群对机构养老有较高的需求，尤其对无经济来源、无子女、无自理能力的"三无"老人和针对缺乏劳动能力又缺乏生活来源的老人、未成年的孤儿和残疾人而设立的保吃、保穿、保医、保住、保葬"五保"老人。当在家养老和社区养老都无法实习基本的养老目的时，机构养老重要性就体现出来了。我国老龄化发展快速，老年人中失能和半失能老人占了很大一部分，高龄、失能、失独、孤寡老人对机构养老的需求不容忽视，所以政府对养老机构，尤其是床位建设运营进行补贴以解决失能等老年人的"刚需"。

机构养老有二大优势：首先，现代经济社会的发展使家庭成员的关系趋于独立，子女工作地点和新生活方式的选择使得很多家庭，尤其是农村出现大量独居老人，机构养老可以减轻家庭负担的同时实现"老有所养"；其次，养老机构有利于实现规模化运作，配备各类老年活动节目，老年人的集体生活有利于排解孤独感；再者，机构养老把需要提供照料的老年人集中在一起，形成规模化，并提供专业化的照料，"医养"结合的政策推动越来越多的养老机构配备基本的医疗器材，高龄失能老人可以无须在机构和医院两地奔波，就能得到医疗救济。

3. 机构护理存在的问题

尽管为老年人提供护理服务的机构数及其服务的人数都在不断增加，但仍不能满足老年人的客观需求。根据《中国老龄事业发展"十一五"规划》，我国在"十一五"期间，农村五保供养服务机构要实现集中供养率 50% 的目标，新增供养床位 220 万张，新增城镇孤老集中供养床位 80 万张，以缓解城镇孤老安置床位紧张局面。即使上述目标能够达到，也只能解决 300 万名老年人入住养老院的需求。然而，要满足全国 5% 的老年人入住养老院的愿望，大约需要 720 万张床位。考虑到老年人的自理能力程度不同对老年人入住养老机构可能性的影响，有研究预测，全国需要得到社会提供养老服务的老年人大概在 300 万 ~ 400 万人，目前我国养老机构床位数的实际缺口在一半以上。

在我国现有养老机构床位数不足的情况下，还表现出床位利用率较低的特点，通常的利用率介于 60% ~ 90%。全国老龄委 2006 年所做的统计显示，在我国 60 岁及以上的老年人中约有 5% 的人有入住养老院等护理机构的愿望，而实际入住率只有 0.86%。主要原因是这些养老机构的服务和管理水平较低，不能适应老年人对精神文化生活的需求。在发达国家，养老护理一般都采用先进的管理模式来保证优质的服务质量。根据老人身体各系统的功能状态、生活自理能力及社会交往能力等定出护理级别。在我国，部分养老机构只是在机构内部按收养老人需照料程度的不同，分成专门护理、一级护理、二级护理、三级护理；部分养老机构目前执行的等级标准基本上是自行制定的，或对老人的护理根本无据可依。护理分级标准大多依据老人的自理能力和所需照顾程度分类；护理分级的具体内容比较单一，主要是基本的日常生活照顾和一般的医疗护理，对老人的心理和精神健康状况关注较少。

三、我国长期护理政策发展的四个阶段

在人口快速老龄化背景下，长期护理需求的高增长伴随家庭和社会护理服务能力不足。为了保护老年人被照顾的权益，保障老年人的护理需求，我国政府自 2000 年以来连续出台了多项政策和法规。根据这些政策对长期护理服务

的凸显程度，可以分为四个阶段（彭荣和吴蓓，2014）。

第一个阶段是意识形成阶段（2000～2005年）。国家大力推动社区服务建设，但社区的护理服务覆盖人群和功能非常有限；老年护理服务高度从属于社会救助服务，对象主要是五保、"三无"（无劳动能力、无生活来源、无赡养人和扶养人，或者其赡养人和扶养人确无赡养或扶养能力）等传统弱势人群。2000年8月中共中央、国务院发布的《关于加强老龄工作的决定》，成为之后十几年老龄政策的纲领性文件。《关于加强老龄工作的决定》要求加强社区建设，依托社区发展包括生活照料和护理在内的多种老年服务。随后民政部连续出台了《关于在全国推进城市社区建设的意见》和《"社区老年福利服务星光计划"实施方案》，推进社区服务工作。2001年8月国务院《中国老龄事业发展"十五"计划纲要》提出了在2001～2005年大力发展社区老年照料服务的措施，包括在社区建立综合性、多功能的服务站，依托社区老年服务设施，采取上门服务、定点服务等形式，开展看护照料、精神慰藉、家务帮助等服务项目。2001～2004，"星光计划"总投资达134亿元人民币，建成"星光老年之家"3.2万个，涵盖老年人入户服务、紧急援助、日间照料、保健康复和文体娱乐等多种功能，受益老年人超过3000万人。

第二个阶段是意识深化阶段（2006～2010年）。政府深刻认识到我国老龄人口高龄化、空巢化的严峻现实，逐步重视高龄、失能、空巢老人的护理问题；鉴于家庭养老功能弱化这一事实，推动社区护理功能建设，鼓励兴办具备医疗护理功能的社会养老机构，构建老年人社会福利服务体系，促进老年人社会福利由补缺型向适度普惠型转变。2006年2月国务院办公厅转发全国老龄委办公室和发展改革委等部门的《关于加快发展养老服务业意见的通知》，决定大力发展社会养老服务机构，支持兴办老年护理、临终关怀性质的医疗机构，鼓励医疗机构开展老年护理、临终关怀服务，按规定给予政策扶持。2006年5月发布的《关于加强和改进社区服务工作的意见》，要求推进社区社会保障服务，在具备条件的地方开展老年护理服务。2006年8月发布的《中国老龄事业发展"十一五"规划（2006–2010）》，强调了老年人口的高增速和农村老龄问题，要求以高龄老人和空巢老人的生活照料需求为出发点，在鼓励家庭成员为老年人提供服务的同时，加快建立以居家养老为基础、社区服务为依托、机构养老为补充的老年人社会福利服务体系。2006年，中国老龄事业发展基金会在国家各部委的支持下，在全国范围内开始实施"爱心护理工程"老年服务设施建设项目，主要面向生活不能自理的高龄老人，试图用老年福利社区化概念实现老年人居家养老、生活照顾、护理关怀等一站式服务功能。截至 2010 年年底，该项目建成"爱心护理院"300 多家，覆盖了全国 31 个省份的 100 多个大中城市，提供床位 10 万张。

第三个阶段是启动推进阶段（2011～2015 年）。随着社会养老保障和医疗保障覆盖面的扩大，社会各界老年护理意识的增强，中央和部门政府明显加大了老年护理政策的力度，形成建立了长期护理服务体系的理念。2011 年 9 月发布的《中国老龄事业发展"十二五"规划（2011－2015）》提出，要优先发展护理康复服务，加强老年护理院和康复医疗机构建设，兴办具有长期医疗护理、康复促进、临终关怀等功能的养老机构。卫生部在对全国护理院调研的基础上，修订并发布了《护理院基本标准（2011 版）》，在《中国护理事业发展规划纲要（2011－2015 年）》中指出，"十二五"时期卫生事业发展的主要任务之一是探索建立"以机构为支撑、居家为基础、社区为依托"的长期护理服务体系。2012 年 12 月发布的《中华人民共和国老年人权益法》，从法律角度保障了老年人的护理需求，要求地方政府对生活长期不能自理、经济困难的老年人，根据其失能程度等情况给予护理补贴；政府投资兴办的养老机构，应当优先保障经济困难的孤寡、失能、高龄等老年人的服务需求。2013 年 2 月发布的《中国老龄事业发展报告（2013）》提议，建立长期护理保险制度，加大对商业长期护理保险的政策支持力度以促进其快速发展。2013 年 9 月发布的《国务院关于加快发展养老服务业的若干意见》认为，我国以居家为基础、社区为依托、机构为支撑的养老服务体系已经初步建立；提出到 2020 年全面建成服务体系更加健全的养老服务体系，包括生活照料、医疗护理、精神慰藉等在内养老服务覆盖所有居家老年人；规定公办养老机构应发挥托底作用，重点为"三无"老人、低收入老人、经济困难的失能半失能老人提供无偿或低收费的供养、护理服务。

第四个阶段是深入推进阶段（2016 年至今）。这一阶段的标志性政策是长期护理保险试点制度开始大规模试点。2016 年，长期护理保险制度试点以来，受到民众的普遍欢迎，更多地区要求加入试点计划中。2020 年，国家批准新增第二批试点城市。"十四五"规划明确提出，要稳步建立长期护理保险制度。同时，在这一阶段，针对老年人的各种补贴政策，也让老年人及其家庭获得实惠。目前我国已经有31个省份的老人能够获得高龄补贴，有30个省份出台了针对老人的服务补贴，有29个省出台了针对老人的护理补贴。

从"十五"到"十四五"，国家政策层面的老年长期护理战略逐步清晰，明确了家庭、社区和机构在老年护理服务体系中的定位。从居家传统、赡养法制、家庭建设等方面强调家庭的基础功能；从城乡社区网点覆盖和护理服务功能建设等方面加强社区对居家护理的依托作用；通过明确公立护理机构的托底功能，保障最弱势人群的护理需求；通过加强医院长期医疗护理功能和兴办社会护理机构保障超出家庭社区服务功能的护理服务需求。

第二节　社会长期护理服务供给的地区差异[①]

一、社会长期护理服务的界定

长期护理服务供给主体包括家庭、社区和机构。由家庭成员提供非正式照护服务是最主流的照护模式。但是，随着我国家庭规模小型化，老年人养老观念的转变，由社区和机构提供的社会化照料服务正在成为我国社会生活性公共服务的重要组成部分。长期照料服务的内涵既包括为失能者提供的日常生活照料、医疗护理，也包括居家服务、社会服务、运送服务和其他支持性服务。长期照料形式包括家庭照料（非正式照料）和社会照料（正式照料）。社会照料对家庭照料具有替代效应，能显著减少家庭照料时间，释放家庭中潜在的劳动力。随着家庭照料功能的弱化和养老观念的转变，社会照料成为老年人获取正式照料服务的重要来源。

二、社会长期护理服务供给存在的问题

与我国老年人日益增长的照料需求相比，由社区和机构提供的社会照料服

---

①　第二节内容来源于文献：彭荣，刘慧敏，张萌. 基于熵权 TOPSIS 法的社会照料服务投入水平的地区差异研究［J］. 中国卫生政策研究，2019，12（1）：42－47.

务数量和质量均处于较低的水平。根据第七次全国人口普查结果，2020 年我国 60 岁以上失能老人已超 4200 万人，占 60 岁以上老年人口比例约为 16.6%。相当于我国每 6 位老年人中就有 1 位生活无法自理。但是，我国养老机构床位数仅 680 万张，年末收养老人数不足 2%，远低于发达国家 5%~7% 的水平（吴玉韶，2015）。社会照料服务供给与实际需求结构性失衡矛盾突出，养老机构"一床难求"现象与床位高空置率并存，导致严重的资源浪费。养老院、医院长期病房、福利院、社区照料机构等专业照料机构老年人的需求满足度低于 30%，主要原因在于专业服务短缺（中国保险协会，2016）。同时，我国的养老服务设施建设存在显著的城乡和区域差异。养老机构数量总体上是"农村多、城市少"和"东部多、西部少"，机构和社区照料服务设施质量是城市高于农村、东部高于西部。

除了上述供给和需求不匹配的问题，我国的社会护理服务还存在供给不公平的问题。一是，长期护理服务的供给能力在城乡、省际和不同的经济发展区域存在较大的差异。农村的养老机构要比城市的多，农村的机构数量是城市的 3 倍多，床位数也是城市的 2 倍多。一般来说，人口总量大的地区，床位数也较多。但是中西部地区的床位数相比其他地区偏少，说明床位数的分布不仅与人口有关，可能与经济的发展程度也有一定的关系。二是，我国养老机构以公办为主，民办养老机构发展滞缓。公办养老机构总体数量较少，选择服务对象时的条件限定较多，不满足条件的老人很难住得进去；民办养老机构又大多比较简陋，水平参差不齐，常常出现一些负面报道，让老人很难放心入住。三是一些老龄产业服务机构为功利驱使，注重短时经济效益，关注高端老人、健康老人的房产式集中机构养老；高龄、失能、残疾、农村老人的长期护理服务，往往因投入多、风险大、收益慢而被漠视。

总体来说，作为长期护理系统的有力补充，我国社会护理服务在政府各项扶持政策的指导下虽然得到了较快发展，但是与发达国家的平均水平相去甚远，甚至与发展中国家的平均水平也有不小的差距。目前，我国的社会护理供给能力不足和公平性问题显现，存在着护理设施不足、机构分布不均衡、资金和人力资源短缺、服务内容单一、服务质量不高等问题，不能满足老年人群日益增长的需求。社会照料服务发展的不均衡不仅影响老年人照料服务利用的可及性，而且造成照料服务利用的不平等，进而导致健康产出的不平等。社会照料服务能力的提升，需要持续的资金、设施和人力资源投入。

三、社会长期护理服务供给水平指标体系构建

指标体系的构建是测度社会长期护理服务供给水平的首要环节和核心内容，也是进行定量分析的基本工具。本书构建社会长期护理服务供给能力指标体系的过程如下：

第一步，筛选可用指标。依据对评价对象概念的界定设计出测度因素，对各测度因素涵盖的指标进行初步筛选，摒弃那些不具代表性和说服力的指标，从而为下一步测度指标的确定奠定基础。与世界卫生组织的界定一致，本书社会护理服务指由医疗护理机构、养老机构、社区服务机构等提供的专业照护服务。社会长期护理服务供给能力指标体系的构建应该考虑资金、物质和人力资源三个方面的投入。为不遗漏关键指标，本书采用理论分析法、文献统计法、头脑风暴法结合的方式对测度指标进行理论遴选。

第二步，筛选测度指标。在理论分析的基础上，查阅各类统计年鉴、报告和统计资料，充分考虑指标的代表性、独立性、可比性和数据可获得性。由于总量指标与总体单位数和总体的范围直接相关，不宜进行比较，因此选择结构指标、比例指标、强度指标、平均指标等作为测度指标的基本形式。

表 7-1 是构建的指标体系，包括经费保障程度（A1）、物质设施状况（A2）和人力资源状况（A3）三个一级指标，人均公共卫生支出（A11）等 15 个二级指标。经费保障程度考虑公共卫生支出和老年人补贴两个方面，其中公共卫生支出包括人均公共卫生支出（A11）、人均社会医疗保险支出（A12）。老年人补贴包括高龄补贴人口比重（A13）、照料补贴人口比重（A14）和养老补贴人口比重（A15）三个指标。物质设施状况反映社区照料、医疗护理服务和机构照料硬件水平，包括六个二级指标：每千老年人口社区照料床位数（A21）、每千老年人口社区服务机构数（A22）、每千老年人口老年医院床位数（A23）、每千人口医疗卫生机构床位数（A24）、每千老年人口机构养老床位数（A25）、每千老年人口养老机构数（A26）。人力资源状况反映社区和机构照料服务的人力资源状况，考虑医疗护理人力资源和日常照料人力资源两个方面。医疗护理人力资源用每万人口卫生技术人员数（A31）、注册

护士占卫生技术人员比重（A32）表示。日常照料人力资源用每千老年人口社区服务机构从业人员数（A33）、每千老年人口养老服务机构从业人员数（A34）。表7-1列出了二级指标的计算公式和单位。

表7-1   社会照料服务投入指标体系

一级指标	二级指标	计算公式	单位	熵权
A1 经费保障程度	A11 人均公共卫生支出	（政府卫生支出＋社会卫生支出）/总人口数	元/人	0.1893
	A12 人均社会医疗保险支出	（城镇基本医疗保险支出＋农村新农合医疗支出）/参保人口数	元/人	0.2345
	A13 高龄补贴人口比重	高龄补贴人数/老年人口数	%	0.1211
	A14 照料补贴人口比重	照料补贴人数/老年人口数	%	0.1521
	A15 养老补贴人口比重	养老补贴人数/老年人口数	%	0.3030
A2 物质设施状况	A21 每千老年人口社区照料床位数	社区照料床位数/老年人口数×1000	张/千人	0.1768
	A22 每千老年人口社区服务机构数	社区服务机构数/老年人口数×1000	个/千人	0.2404
	A23 每千老年人口老年医院床位数	老年医院床位数/老年人口数×1000	张/千人	0.1688
	A24 每千人口医疗卫生机构床位数	医疗卫生机构床位数/总人口数×1000	张/千人	0.1372
	A25 每千老年人口机构养老床位数	（城市养老机构床位数＋农村养老机构床位数）/老年人口数×1000	张/千人	0.1283
	A26 每千老年人口养老机构数	（城市养老机构数＋农村养老机构数）/老年人口数×1000	个/千人	0.1486
A3 人力资源状况	A31 每万人口卫生技术人员数	卫生技术人员数/总人口数×10000	人/万人	0.2130
	A32 注册护士占卫生技术人员比重	注册护士数/卫生技术人员人数×100%	%	0.1131
	A33 每千老年人口社区服务机构从业人员数	社区服务机构从业人数/老年人口数×1000	人/千人	0.3443
	A34 每千老年人口养老服务机构从业人员数	（城市养老机构职工人数＋农村养老机构职工人数）/老年人口数×1000	人/千人	0.3296

第三步,评估并确定指标体系。经过筛选得到的指标体系,反映了社会长期护理服务供给能力的三个测量维度,在实证分析前还需要对指标体系的可靠性和有效性进行评估。常用的评估方法是对指标体系进行信度分析和效度分析。上述指标体系的信度和效度分别为 0.521 和 0.653,表明该指标体系具有可靠性和有效性,从而确定其作为社会长期护理服务供给能力综合评价的工具。

四、社会长期护理服务供给水平综合评价过程与结果

(一) 数据来源与预处理

数据来源于《中国统计年鉴 (2017)》《中国民政统计年鉴 (2017)》和《中国卫生和计划生育统计年鉴 (2016)》。其中,公共卫生支出的最新数据代表 2014 年,人均社会医疗保险支出的最新数据代表 2015 年,其他数据均代表 2016 年。由于青海省和西藏自治区缺失数据较多,故将它们剔除,以余下的 29 个省份作为研究对象。其中,海南省享受照料补贴的老年人数缺失,山西省享受养老补贴的老年人数缺失,海南省和重庆市老年医院床位数数据缺失,用相近年份数据插补。

(二) 熵权 TOPSIS 法综合评价过程

熵权 TOPSIS 分析法是熵值赋权法和 TOPSIS 法的组合,其基本思想是:基于原始评价矩阵,对数据进行无量纲化处理,得到规范矩阵,然后结合熵权确定的指标权重,建立加权决策矩阵,找出有限方案中的正理想方案(最优方案)和负理想方案(最劣方案),计算评价对象与正负理想方案的距离,获得评价对象与负理想方案的相对接近程度,并以相对接近度作为评价排序的依据。[6]具体计算步骤如下。

设有 n 个评价单元,每个单元有 p 个评价指标,则评价矩阵为 $X = (x_{ij})_{n \times p}$ ($i = 1,2,3,\cdots,n; j = 1,2,3,\cdots,p$),$x_{ij}$ 指标表示第 i 个评价单元中的第 j 项指标值。在这里,n = 29,p = 15。

第一步,对 x_{ij} 进行无量纲化处理,记为 x_{ij}。无量纲化处理后的数据用熵值赋权法来确定评价指标的权重,具有客观性,能有效避免主观权重的影响。

所有指标均为正向指标，利用阈值法计算评价单元的标准化值，$x_{ij} = \dfrac{x_{ij} - \min\limits_i x_{ij}}{\max\limits_i x_{ij} - \min\limits_i x_{ij}}$。无量纲化处理后，得到规范评价矩阵记为 $X = (x_{ij})_{n \times p}$。

第二步，计算第 j 个评价指标 x_j 的熵值 E_j 和熵权 W_j。如果某个指标的信息熵越小，表明其指标值的变异程度越大，提供的信息量越大，在综合评价中的作用就越大，其权重就越大，反之越小。

$$E_j = -k \sum_{i=1}^{n} f_{ij} \ln f_{ij} \left(f_{ij} = \frac{x'_{ij}}{\sum_{i=1}^{n} x'_{ij}}, \ k = \frac{1}{\ln n} \right),\ 若 f_{ij} = 0 \ 时，则 f_{ij} \ln f_{ij} = 0。$$

$$W_j = \frac{1 - E_j}{p - \sum_{i=1}^{n} E_j} (0 \leqslant W_j \leqslant 1)。$$

第三步，计算相对接近度。相对接近度的值越大，该评价单元的综合评价水平越高，反之，综合评价水平就越低。

根据第二步得到的权重，构造加权的规范评价矩阵 $Z = (z_{ij})_{n \times p}$，其中 $z_{ij} = x_{ij} W_j$。其次，确定矩阵 Z 的正理想解向量 Z^+ 和负理想解向量 Z^-，$Z^+ = \max\{z_{i1}, z_{i2}, z_{i3}, \cdots z_{ip}\}$，$Z^- = \min\{z_{i1}, z_{i2}, z_{i3}, \cdots z_{ip}\}$。然后，计算各个评价单元与正理想解和负理想解的距离 D_i^+ 和 D_i^-，$D_i^+ = \sqrt{\sum_{j=1}^{p} (z_{ij} - z^+)^2}$，$D_i^- = \sqrt{\sum_{j=1}^{p} (z_{ij} - z^-)^2}$。最后，计算各个评价单元与最优值的相对接近度 C_i，$C_i = \dfrac{D_i^-}{D_i^+ + D_i^-} \times 100\%$。

（三）社会长期护理服务供给能力综合评价结果

表 7-1 列出了各二级指标的熵权。可以看出，养老补贴人口比重、每千老年人口社区服务机构从业人员数、每千老年人口养老服务机构从业人员数的变异程度较大，权重较高。

表 7-2 是我国 29 个省份区市社会长期护理服务供给能力的综合评价结果。

表 7 - 2　　我国 29 个省份区市社会长期护理服务供给能力排序

地区	A1 经费保障程度		A2 物质设施状况		A3 人力资源状况		总投入	
	相对接近度值（%）	排序	相对接近度值（%）	排序	相对接近度值（%）	排序	相对接近度值（%）	排序
北京市	77.77	1	51.36	4	73.38	1	68.15	1
上海市	64.80	2	42.51	8	66.09	2	58.99	2
贵州省	29.32	4	58.33	1	48.92	3	45.72	3
江苏省	27.07	5	56.40	2	44.97	5	42.77	4
广东省	14.36	11	50.32	5	48.39	4	40.67	5
浙江省	21.87	8	55.54	3	34.39	7	37.21	6
四川省	46.87	3	41.92	9	15.22	24	35.57	7
海南省	12.57	13	26.65	25	39.35	6	29.63	8
天津市	24.57	6	29.08	22	32.71	8	29.17	9
内蒙古自治区	9.31	18	46.83	6	22.53	14	29.03	10
辽宁省	10.38	17	37.01	14	27.16	9	26.73	11
山东省	11.54	16	37.93	13	27.12	10	26.38	12
河北省	6.88	25	44.93	7	21.24	17	26.36	13
湖北省	7.44	24	40.45	11	26.14	11	26.35	14
新疆维吾尔自治区	16.67	10	35.06	16	24.88	12	25.95	15
陕西省	23.64	7	33.48	19	21.89	15	25.67	16
吉林省	4.76	27	34.82	17	21.87	16	23.76	17
黑龙江省	13.23	12	38.00	12	17.01	21	23.48	18
甘肃省	6.39	26	40.70	10	15.01	25	22.76	19
重庆市	8.25	21	33.83	18	17.82	19	21.18	20
湖南省	8.97	19	35.30	15	14.49	26	20.85	21
宁夏壮族自治区	7.64	23	27.03	23	23.87	13	20.76	22
福建省	19.91	9	23.77	28	17.53	20	19.99	23
山西省	12.26	14	25.30	27	20.90	18	19.74	24
安徽省	11.89	15	29.46	21	16.32	22	19.32	25
江西省	4.28	28	30.58	20	16.15	23	19.11	26
广西壮族自治区	7.67	22	26.69	24	14.36	27	16.70	27
河南省	2.44	29	26.38	26	11.24	28	15.33	28
云南省	8.93	20	21.52	29	11.22	29	13.93	29

从表 7 - 2 可以看出，社会长期护理服务供给能力最高的两个地区是北京

市和上海市，它们与最优值的相对接近度超过 58%，远高于其他地区。这两个地区经济和社会发展综合实力强，投入项各项指标几乎均高于其他省份。

社会照料服务投入水平较高的五个地区是贵州省、江苏省、广东省、浙江省和四川省，它们与最优值的相对接近度介于 35% 和 50% 之间。这些地区的部分一级指标相对接近度排序比较靠前，比如贵州省和江苏省的三个一级指标相对接近度排名均为前五名。

社会长期护理服务供给能力处于中间层次的地区包括海南省、天津市、内蒙古自治区、辽宁省、山东省、河北省、湖北省、新疆维吾尔自治区、陕西省共 9 个地区，这些地区社会长期护理服务供给能力比较接近，相对接近度介于 25% 和 30% 之间。

社会长期护理服务供给能力较低的地区包括吉林省、黑龙江省、甘肃省、重庆省、湖南省、宁夏回族自治区、福建省、山西省、安徽省、江西省、广西壮族自治区、河南省、云南省共 13 个地区，其中大部分地区为中部人口基数大地区或经济落后地区。

五、社会长期护理服务供给水平差异的可能原因

本研究从经费保障程度、物质设施状况、人力资源状况三个维度对 29 个地区社会照料服务投入水平进行综合评价。从表 7 - 1 可以看出，在反映经费保障程度的五个指标中，养老补贴人口比重的熵权最大，超过 0.30。因此，该项指标数值较大的地区在经费保障维度的评价值会较高。比如，北京市领取养老补贴的人口比重最高，达到 7.30%，其次是四川省，为 6.20%，再次为上海市为（3.87%）和贵州省（3.31%）。因此，不难理解表 7 - 2 的结果：经费保障程度相对接近度值最高的五个地区依次为北京市、上海市、四川省和贵州省。

从硬件设施投入方面来看，表 7 - 1 显示每千老年人口社区服务机构数的熵权较高，其次为每千老年人口社区日间照料床位数，分别为 0.24 和 0.18。由于该测量维度六个指标的熵权比较接近，极差为 0.11，各地区的排名依赖于它在这些测度指标上的综合表现。

从人力资源投入来看，每千老年人口社区服务机构从业人员数、每千老年

人口养老服务机构从业人员数的权重较高，两者合计超过 0.65，是影响人力资源投入排名的重要指标。在被评估的 29 个省份中，北京市、上海市、贵州省、广东省和江苏省的上述两项指标值名列前茅，它们成为人力资源状况相对接近度值最高的五个地区（见表 7-2）。

基于上述三个维度的服务投入水平排名，可以将社会长期护理服务供给能力排名靠前地区归纳为以下三类：第一类是经济比较发达、人口老龄化程度高的地区，比如北京市、上海市、江苏省、浙江省；第二类是经济比较发达，人口老龄化程度不高的沿海地区，比如广东省、海南省；第三类是经济欠发达、人口老龄化程度较高的西部地区，比如贵州省、四川省。因此，社会照料投入水平的可能影响因素是经济发展水平、人口老龄化水平和政策因素。人口老龄化严重的发达地区，既有巨大的社会照料服务需求，又有较好的经济支持条件，所以社会照料服务投入水平高。人口老龄化程度不高的沿海发达地区，由于有适合养老的自然环境，具备发展养老服务产业的动力和经济能力。人口老龄化严重的西部欠发达地区，可以得到国家西部政策的扶持，改善了社会照料服务投入水平。比如，贵州省虽然属经济欠发达地区，但是它的养老补贴人口比重、每千老年人口社区服务机构数和每千老年人口社区服务机构从业人员数在 29 个地区中排名非常靠前。由于这些指标的熵权很高，所以贵州省的排名位于前列。

六、提升社会护理服务供给水平的政策建议

根据综合评价结果，对缩小我国各地区老年人社会照料服务水平之间的差异，提升社会护理服务供给水平，提出以下政策建议。

第一，完善投入机制，拓展投入渠道，有步骤、分层次地提升老年人社会照料服务投入水平。由于我国客观存在的地区经济差异，建议根据各地区社会照料服务水平现状和所处的发展层次，在综合考虑经济能力、社会支持能力的基础上，制定长期发展规划。采取逐步递增、分级调整、改善投入结构等策略，逐步提升社会照料服务资金、设施和人力资源投入水平。

第二，大力发展经济，为改善落后地区社会照料经费保障能力和服务设施提供资金支持。本书的研究结果显示，老年人社会照料服务投入水平与区域经

济发展水平和地区综合实力相关，投入水平较高的地方一般是经济较为发达的地区。经济发展为社会发展提供物质和资金支持。通过发展经济，增强政府和社会分担社会照料服务成本的能力，提升社会照料服务投入的总体平均水平，缩小社会照料服务投入水平的地区差异。

第三，完善老年人政府补贴制度，开发老龄服务人力资源，提升照料服务均等水平。目前我国还没有全国统一的老年补贴制度，各省级政府制定的补贴政策各不相同，从目标人群到领取条件、待遇水平、覆盖水平等均有较大差异。建议重视熵权较大的指标，如养老补贴人口比重，在全国范围内改善老年补贴制度的地区差异。另外，针对老龄服务人力投入水平的地区差异，建议通过激发老龄服务产业活力，培育新型老龄服务人力资源市场，制定有利于人力资源流动的政策等措施，提高各地区老龄服务人力资源存量和流量。通过有针对性地改善每千老年人口社区服务机构从业人员数、每千老年人口养老服务机构从业人员数等变异程度较大的指标，缩小社会照料服务水平的地区差异。

第三节　长期护理政策对护理服务分担影响的理论分析

一、长期护理服务分担的内涵

长期护理服务分担是指从服务供给主体的角度，分析长期护理服务在不同服务场所（比如家庭、社区、机构）、不同服务提供者（如正式和非正式护理服务人员）之间的分布，是长期护理服务体系研究的重要组成部分（Harris - Kojetin et al.，2013；Mot et al.，2012）。

按主导地位来分，一些国家以提供机构集中护理为主，比如日本、荷兰、瑞典；但是大多数国家以发展家庭和社区照护为主（Dubuc et al.，2011；Mot et al.，2012）。从全球趋势来看，尽管机构仍然是非常重要的护理服务供给场所，家庭和社区护理却变得越来越重要（Wiener，2013）。比如在2012年，美国护理机构（包括日托中心、护理院、救济院）的床位数虽然是社区护理床位数的2倍，但是数量仅占所有护理服务场所的14%，大约有86%的护理服务场所是以家庭和社区为依托的（Harris - Kojetin et al.，2013）。Bagne的迁移决策"推—拉"理论是分析家庭、社区、机构长期护理服务分担的主要理论依据，机构或社区对老年人养老的吸引力为"拉力"，而家庭具有的许多不利因素为"推力"，老年人的居家护理愿望、护理成本和政府政策的引导也是重要的决定因素（Brownie，2014）。

基于我国的敬老传统和居住习惯，大多数老人通过与家人同居，由配偶、子女、亲属提供非正式照料；护理机构经历了从福利属性到社会化属性的转型，服务对象从主要是五保、"三无"等传统弱势人群，扩大到各种有长期护理需求的人群（Wu et al.，2009）；经过大力发展机构护理实践之后，社区护理作为一种以居家照护为特征的新模式被大力倡导（Wu et al.，2015）。在长期护理服务分担上，我国老年人家庭照护的压力巨大，非正式家庭照料时间折合成的工作日数将由2000年的18亿日快速增加到2020年和2050年的35亿～41亿日和110亿～186亿日（曾毅等，2012）。

经济状况、健康状况、社会保障、家庭支持等是影响失能老人居住安排的主要因素。对传统的家庭和社区护理服务模式的主要批评在于认为它们缺乏持续性，容易导致健康损失和资源浪费（Clarfield et al.，2001）。这种批评激发社会对居家护理服务模式的不断创新，比如病例管理式护理和综合护理等。研究表明，病例管理式护理能显著改善失能老人的日常生活活动能力，有利于合理使用药物，提高社区服务的使用率和减少老年人入住养老院；综合护理能显著提高老年人的社区护理服务使用率（Mor et al.，2014）。

由非正式护理服务者提供的帮助是大多数老年人长期护理服务的主要来源，各国通过多种方案对非正式照护服务者给予支持。在美国，超过80%的失能老人获得来自家人、亲戚、朋友的非正式照护。在欧洲，由非正式照护者免费提供的长期护理服务，其成本估计占总成本的50%～80%。基于21个OECD国家的研究表明，绝大多数国家对非正式照护给予资金补偿，超过半数的国家将补助金发给接受护理的老人，少数国家直接发给护理服务提供者（Stone and Harahan，2010）。

二、我国长期护理服务分担现状

2015年，我国60岁及以上失能老年人口数量为1600万～4100万，占老年人口的 7% ~18.3% （Dang et al.，2018；Jing et al.，2017）。其中，仅有不到 2% 的失能老人选择入住养老机构接受长期护理服务，这也意味着 98% 以上的具有护理需求的失能老人选择了居家护理，由其家庭成员或社区组织为其提供照护服务。其中，选择居家护理的失能老人中，约 95% 由其家庭成员照护（Su et al.，2015）。在机构护理方面，养老机构床位空置率高达 40% （吴玉韶，2015），而且中国的大多数养老机构倾向于接受未失能老人，这些老年人多数会因为有同龄人为伴，或可以在饮食和家务方面得到照顾而选择入住养老机构，因此入住养老机构的老人中失能人员占比不到 30% （吴玉韶，2015）。

在长期护理服务体系不发达的情况下，失能老人的家庭成员很难获得家庭以外的社会性支持服务，尽管有些家庭雇用了保姆照顾老人，但其家庭成员仍面临着沉重的照护压力。此外，健康保险所覆盖的长期护理项目很少，如若失能老人选择接受专业性长期护理服务，巨额服务支出将主要由其家庭成员承担（Yang et al.，2016）。随着中国失能老人数量的增加，家庭护理负担（由家庭成员提供的非专业性照护负担）可能会继续加重。

三、我国长期护理政策体现的护理服务分担倾向

我国政府在"十三五"规划中提出了旨在改善养老服务的政策，并将该政策列入 2016~2020 年国家发展战略。政府鼓励私营部门和非政府组织参与到养老服务供给市场，为老人及其家庭提供更多的护理服务选择；鼓励医院和养老机构加强合作，提供综合性护理服务。此外，通过智慧养老社区和嵌入式社区的长期护理体系，完善社区养老组织的功能。我国政府也在探索建立由政府主导的长期护理保险计划。通过优化职工医疗保险账户结构，利用医疗保险资金为失能老人提供长期护理保险基金，并在 15 个城市中开展新型长期护理保险融资模式试点。

回顾本章第一节我国长期护理政策发展及措施，可以清晰地看出，我国政府希望在未来能够为老年人群提供更多优质的护理服务。在这些政策的实施过程中，人们将更容易享有更多高质量的机构护理和社区护理服务，这也将有利于家庭照护者。但是，目前尚不清楚这些政策将如何影响居家护理在三种不同的护理服务方式（居家护理、社区护理和机构护理）中所占的比

例。可以预见的是，如果没有社会长期护理服务的支持，未来我国家庭的照护负担只会越来越重。鉴于当前已经出现的家庭照护困难，一旦老年人及其家庭缺乏强有力的社会支持和制度保障，老年人的健康福利必将受到损害。

第四节　长期护理服务系统动力学模型构建[①]

一、系统动力学方法

本书利用系统动力学方法构建我国长期护理服务系统动态模型。系统动力学以系统论、信息论、控制论和计算机技术为基础，依据系统的状态、控制和信息反馈等环节来反映实际系统的动态机制，并通过建立仿真模型，借助计算机进行仿真试验，分析系统结构、功能与行为空间之间的动态辩证关系。与其他模型方法相比，系统动力学方法具有适用于处理长期性和周期性的问题，适用于对数据不足的问题进行研究，适用于处理精度要求不高的复杂的社会经济问题，适合用于研究具有动态复杂性的公共卫生问题。

系统动力学方法首先被广泛应用于宏观经济、管理科学等领域，是社会科学的重要实验手段之一。在20世纪70年代，国外学者开始利用系统动力学研究卫生领域问题。荷马和赫希（Homer and Hirsch，2006）综述了系统动力学在疾病流行病学、慢性病干预、卫生保健、公共卫生服务等研究方向的应用，阐述了系统动力学方法在人群健康和卫生服务政策研究领域的应用前景。系统动力学最近也被用于卫生服务供给和人力资源配置等研究。在我国，系统动力学由王其藩等于20世纪80年代引入，但是自2000年后才逐渐被应用于医疗卫生领域。但是，利用系统动力学模型研究长期护理问题的研究较少（Ansah et al.，2013；Ansah et al.，2014）。

[①]　第四、五节内容来源于文献：Rong Peng, Bei Wu. The Impact of Long–term Care Policy on the Percentage of Older Adults with Disabilities Cared by Family Members in China［J］. Research on Aging，2021，43（3–4）：147–155.

系统动力学方法为政策仿真分析提供了一种独特的定量模型，首先生成因果假设和因果关系图，然后将定性假设转化为定量模拟来检验政策效果（Randers，1980；Sterman，2001）。政策制定者和利益相关者可以分析来自模拟实验的模式和趋势，为决策提供帮助。研究表明，系统动力学模型非常适合解决与健康相关的传递系统的动态复杂性（Grimaldo et al.，2014；Lyons and Duggan，2015）。

二、构建 SD 模型的基本思路

本研究在分析长期护理保险制度对照护服务利用的影响路径和动力机制的基础上，利用系统动力学（SD）方法构建一个长期护理服务系统动力学仿真模型。模型主要针对至少有一项日常生活活动失能（ADL）的 60 岁及以上老年人。本研究构建的长期护理模型模拟了人口老龄化过程、老年照护居住选择和长期护理服务供给。该模型模拟了失能老人的长期护理需求、照护选择和长期护理服务利用过程，进而测算长期护理保险支付比例、长期护理机构床位增长率、社区护理能力的调整时间三个政策变量的影响。

利用从多来源数据库中提取的参数，设定模型运行的初始值条件，设计多个政策方案，进行模拟研究。该模型设定了一个 20 年的时间跨度（2015 ~ 2035 年），运用敏感性分析来检验模拟结果对模型中设定参数的敏感性（Tank-Nielsen，1980）。

三、模型初始值设定及数据来源

为了启动模拟过程，需要设定 SD 模型的初始值，这些初始值或者是从最新的公开数据库中获得的，或者是通过计算得到的。文中涉及的公开数据库包括《2016 年中国统计年鉴》《2010 年中国人口普查》《2016 年中国民政统计年鉴》《中国老年健康长寿纵向调查（2008 - 2012）》《老年社会追踪调查（2014）》《第四次中国城乡老人生活状况抽样调查（2015）》，详细信息见表 7 - 3。

表 7 - 3 模型初始值及其数据来源

参数	值		来源
出生率	0.01207		中国统计年鉴（2016）
分年龄死亡率和初始值	死亡率	初始值（人）	人口普查（2010）
0～14 岁	0.000640871	2.27e+008	
15～59 岁	0.001817658	9.26e+008	
60～69 岁	0.013173961	1.33e+008	
70～79 岁	0.038541536	6.28e+008	
80 岁 +	0.107013766	2.61e+007	
60 岁及以上人口年死亡率	0.032199473		人口普查（2010）
ADL 失能发生率	0.018		中国老年健康长寿纵向调查（2008－2012）
老年人入住护理机构意愿	0.037		老年社会追踪调查（2014）
照护机构失能老人数初始值（人）	637000		中国民政统计年鉴（2016）
失能老人居家照护人数初始值（人）	2.42425e+007		第四次中国城乡老人生活状况抽样调查（2015）
照护机构床位数初始值（个）	3476000		中国民政统计年鉴（2016）
老年人利用社区照护意愿	0.2		老年社会追踪调查（2014）
LTCI 对机构需求的弹性系数	1.0		假设值
LTCI 对社区照护需求的弹性系数	1.2		假设值
LTCI 对机构失能照护床位比例的弹性系数	1.0		假设值

四、长期护理服务系统因果关系

长期护理服务系统动态模型显示了长期护理策略如何与失能老人居住转移和长期护理服务利用相关联。图 7 - 2 展示了我国长期护理服务系统因果关系。在图 7 - 2 中，箭头表示变量之间的关系，箭头方向显示变量间影响的方向。记号"＋"或"－"表示影响的效果，"＋"表示变量变化方向相同，"－"表示变量变化方向相反。

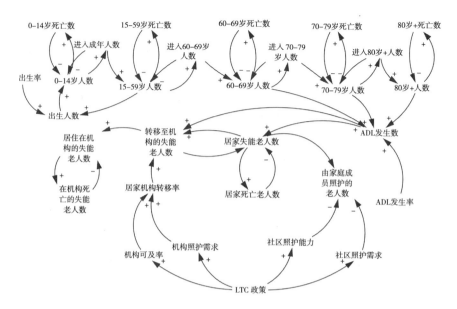

图7-2　我国长期护理服务系统因果关系

资料来源：Rong Peng, Bei Wu. The Impact Of Long-Term Care Policy On The Percentage Of Older Adults With Disabilities Cared By Family Members In China［J］. Research on Aging, 2021, 43（3-4）：147-155.

五、长期护理服务系统动力学流图

在因果关系图的基础上构建长期护理服务系统动力学流图，如图7-3所示。LTC服务系统模型可以分为两个子系统模型：人口子系统模型和居住选择子系统模型。在本研究中，日常生活活动（ADL）受限的老年人有两种居住选择：住在家里或住在机构。由于在我国社区一般不提供留宿服务，社区并不能成为一个居住的地方。人口子模型反映人口老龄化的过程，包括出生、死亡和生存。居住选择子模型模拟失能老人从家庭到机构转移的过程，以及居住在家里的老人由家庭和社区共同照护的服务分担机制。

在人口子模型中，人口老龄化进程包含了一段时间内生育、死亡和生存三个关于人口结构的决定变量，受0~14岁、15~59岁、60~69岁、70~79岁、80岁及以上5个年龄组的生育率和死亡率的影响。60岁及以上高龄老人数量由 60 ~ 69 岁、70 ~ 79 岁、80 岁及以上的老年人口数量合并计算得到。60 岁及以上老年人口数量的增加很大程度上导致失能老人数量随之增加，这是人口子模型和照护选择子模型之间的纽带。

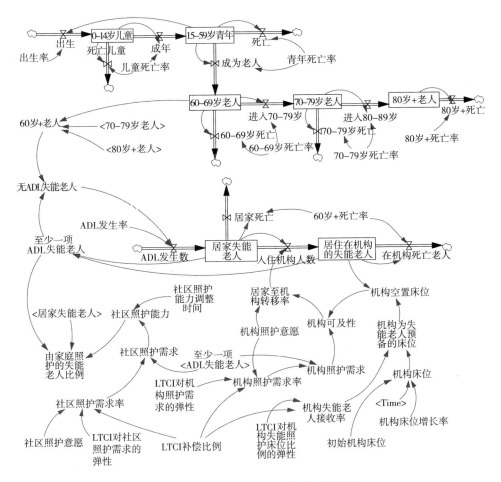

图 7 - 3　长期护理服务系统动力学流图

资料来源：Rong Peng, Bei Wu. The Impact Of Long-Term Care Policy On The Percentage Of Older Adults With Disabilities Cared By Family Members In China ［J］. Research on Aging, 2021, 43 （3 - 4）: 147 - 155.

本研究中，失能老人有两种照护选择：居家护理或机构护理。由于国内社区不提供守夜服务，因此社区护理不作为一项护理选择列入其中。选择居家护理的失能老人主要从两个主体获取照护服务：社区和家庭成员。选择居家护理的老年人数量和由居家护理转变为机构护理的转移比率影响着进入护理机构的老年人数量。长期护理保险制度通过刺激失能人员对机构护理的需求和享受机构护理服务的便利性来影响上述转移率，后者通过照护机构可用床位数量来衡量，体现了机构护理服务的能力。长期护理保险制度还对社区护理服务供需产生了深远影响，并随着失能老人数量变化进一步影响选择居家护理的失能老人比例，该比例也是本项研究中长期护理服务系统模型的结果变量。同时，社区护理服务能力利用社区护理服务供给来衡量。

护理选择子模型模拟了失能人员由居家护理向机构护理和社区护理之间的转移与分流。通过将老年人享受机构护理服务的意愿与便利性相乘，计算得出由居家护理向机构护理的转移率。由于老年人对机构提供的专业性护理服务具有需求，其选择利用机构护理服务的意愿反映出最终使老年人由居家护理转变为机构护理的可能性。假设机构护理服务利用便利性是一个二元选择变量。当护理机构空置床位数量小于护理机构床位需求数量时，其值为1。护理机构床位需求量由失能老人数量与护理机构床位需求率相乘得到。长期护理保险补偿比例及其对机构护理需求率的弹性和失能老人利用机构护理服务的意愿决定了机构护理需求率。空置床位数由护理机构为失能老人提供的总床位数减去已占用的床位数计算得出，它是通过计算接收失能老人的护理机构的预期入住率和机构提供的床位数来确定的。预期入住率是指在一个机构内计划为失能老人分配的床位比例。它被认为是一项衡量护理机构接受失能老人的意愿和提供有效的护理服务的指标。接收失能老人的护理机构的预期入住率为长期护理保险补偿比例及其对机构护理需求率的弹性的乘积。

家庭护理服务和社区护理服务的关系是此消彼长的，如果社区护理服务供给越少，那么选择非正式家庭护理的失能老人将越多。假设社区护理服务供给为社区护理服务需求的延迟函数，则其可通过将社区护理服务需求率与失能老人数量相乘计算得到。社区护理服务需求率则由老年人接受社区护理服务的意愿、长期护理保险补偿比例及其对社区护理服务需求的弹性三者相乘得到。选择居家护理的失能老人百分比由享受居家护理服务的失能老人数量除以失能老人总数计算得到。

第五节　模拟方案设计与结果分析

一、长期护理政策模拟方案设计

长期护理服务系统动力学模型利用长期护理保险补偿比例、长期护理机构床位增长率和社区护理能力改善所需时间三个政策调整变量，模拟了以下五种政策方案：（1）基准政策不受政策干预。（2）由于我国长期护理保险试点政策建议长期护理保险的赔付比例应在 70% 左右，因此，长期护理保险的赔付比例要从 0% 快速提高至 70%。（3）在长期护理设施方面，床位增长率要从0% 提高至 8%。通过设定 8% 的增长率，我们假设机构护理床位数量约为 2035年 60 岁及以上老年人口数量预测值的 5%。（4）改善社区护理服务能力的时间从 20 年降至 5 年。20 年的调整时间意味着 2015～2035 年期间社区护理服务能力没有显著改善，而 5 年的调整时间被认为是合理的政策优化所需时间。（5）政策（1）（2）（3）同时实施（也称为混合政策）。

二、敏感性分析

敏感性分析是指通过改变模型参数生成新的结果，并将新旧结果进行比较，从而确定它们的影响，并评估该模型的可靠性。为了分析参数灵敏度，首先要确定敏感参数，将其限定在合理范围内，然后观察模型响应变量的变化（TankNielsen，1980）。本书选取了失能率、长期护理保险补偿对机构护理服务和社区护理服务需求的弹性值、接收失能老人的护理机构的预期入住率、5 个细分年龄段的死亡率等 9 个敏感参数进行敏感性分析，每个参数值在上下30% 的范围内变动，且每个参数都服从均匀分布。利用 Vensim DSS 5.6a 版本中的灵敏度模拟功能实现以上程序，模型总共运行了 200 次。

三、长期护理保险政策影响的模拟分析结果

本书使用 SD 模型模拟了长期护理政策干预效果。通过在家庭、社区和机构之间选择不同的长期护理服务模式，测度长期护理保险政策对失能老人选择

居家护理比例的影响。图 7 - 4 表明，如果保持当前政策不变，选择居家护理的失能老人占比预计将从 2015 年的 92.6% 增加到 2035 年的 97.8%。

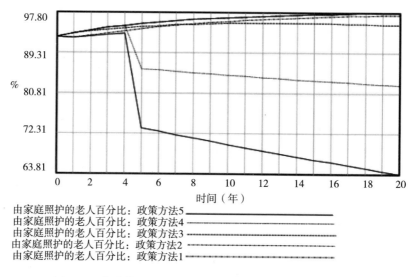

图 7 - 4 长期护理政策对家庭照料负担影响的模拟分析结果

可以看出，各种政策方案调整都会对家庭照护负担产生影响。与没有任何政策变化的基准情形相比，实施长期护理保险制度对失能老人选择居家护理的占比将略有影响，到 2035 年底，该比例将为 97.2%，略低于基准情形下的97.8%。在机构护理床位增长率较高的前提下，到 2035 年底，选择居家护理的失能老人比例为 95.1%，明显低于基线情况下的比例；改善社区护理服务能力所需时间的缩短，很大程度上也降低了选择居家护理的失能老人百分比，该比例由 2015 年的 92.4% 下降为 2035 年的 82.5%。在混合政策干预的情形，选择居家护理的失能老人比例将急剧下降，从 2015 年的 92.4% 下降至 2035 年的 63.8%，20 年内降幅超过 30%。

敏感性分析的结果如图 7 - 5 所示。通过改变作为敏感参数的四个常量，选择居家护理的失能老人占比总体保持一致，该值变化很小，这表明：改变某一参数值将引起居家护理比例发生细微变化，但整体趋势不会改变。因此，该模型是稳定可靠的。

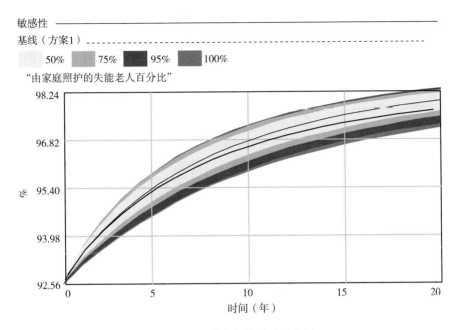

图 7 - 5　系统参数的敏感性分析

第六节　结论与政策启示

本书首次采用 SD 模型，将中国人口老龄化与长期护理服务的供求关系相结合，模拟照护选择并评估当前和未来政策变化对居家护理负担的影响。结果显示，在没有政策变化的情况下，选择居家护理的失能老人占比预计将在2015~2035 年，从 92.6% 增至 97.8%，这表明如果没有任何政策干预，随着中国老年人口总数和失能老人数量的增加，选择居家护理的失能老人占比也将显著增加。考虑到家庭护理所耗时长之久，如果没有能够减轻护理负担的专业护理服务和项目，未来居家护理占比势必持续增加，在加重护理难度的同时，也为社会带来巨大的挑战。本书通过模拟长期护理保险制度的发展以及机构和社区护理服务能力的提高对失能老人选择居家护理比例产生的影响，对上述问题与挑战进行了深入分析。

模拟结果表明，改变三个政策变量对减轻居家护理负担产生的影响最大；仅增加护理机构床位数量或提高社区护理服务能力对减轻家庭护理负担产生了一定的影响；但仅就长期护理保险制度的发展完善而言，将产生十分有限的影响。以上结果是可能的，因为如果长期护理机构的床位数量增长率为零，那么在这一政策背景下，失能老人享受机构护理服务的难度将上升，有机构护理需求的老年人将无法实现由家庭向机构的转移。但是，机构和社区长期护理筹资方式和长期护理服务的改善，将大大减轻家庭照护负担。长期护理保险的待遇支付，对老年人对机构护理的需求和护理机构对失能老人的床位供给都有积极的影响。随着护理机构预期入住率和床位增长率的增加，失能老人更有可能从家里搬到机构。因此，随着机构吸引力的增加，选择居家护理的老年人数量将会减少。此外，随着调整时间减少，社区护理服务能力随着社区护理服务需求的增加而提升，从而进一步减轻了家庭照护负担。

通过研究，可以得出如下政策启示：我国长期护理保险的发展应与社会性长期护理服务能力的提升相辅相成。由于长期保险有助于刺激社会性长期护理服务的需求，老人及其家庭将势必寻求专业性服务，所以增加优质的社会性护理服务供给对减少家庭护理时长具有重要意义。目前，我国社区护理对失能老人提供服务的能力非常有限，农村地区尤其如此。我国现有的长期护理服务体系要求合理优化机构与社区之间的长期护理资源配置。此外，需要更多地关注社区护理，以提高其老年护理服务供给能力。

建立监管制度对规范我国长期护理行业的发展至关重要。我国计划在未来5年进一步放开养老市场，引入私营资本，因而护理机构床位数量供给有望增加。但根据本书的研究，即使长期护理设施更加完善，但由于不可忽视的成本问题，没有长期护理保险的推动，完全的护理服务机构化是不可能发生的。目前，失能老人及其家庭对护理机构的需求较低，但对机构可提供的照护服务的需求较高。我国在没有长期护理保险制度的背景下，由于个人收入水平较低，机构护理床位的高增长率会加剧护理机构的床位空置率。因此，政府帮助确定私营资本可以高效发挥作用的领域是很重要的。

在制定全面的长期护理服务政策的过程中，需要平衡家庭护理负担和长期护理服务支出。随着人口老龄化程度加深，护理服务需求增加，因此必须增加社会性护理服务时长以减轻家庭护理负担，这将进一步导致社会性长期护理服务成本增加。根据本研究的模拟结果，混合政策可能是一个值得在实际政策实践中进一步探索的更优解。

值得注意的是，本研究中提出的 SD 模型有几个局限性。首先，模型中使用了较大的年龄群，由于人口合并的影响，使人口预测不是非常准确。在人口子模型中，输出变量为老年人口数，该变量预测值分别为 2015 年有 221.86 万人、2020 年有 282.82 万人、2025 年有 325.54 万人、2030 年有 354.67 万人、2035 年有 37367 万人。将这 5 个数值与联合国（2019）公布的数据进行比较，预测值与实际值之间的偏差在 0.97% ~ 13.23% 之间。然而这并没有显著影响仿真模型的结果（见图 7 - 4）。其次，通过比较模型输出变量的值和真实值来检验模型有效性是不可行的，因为选择居家护理的失能老人占比的真实值无法取得。此外，对模型中的一些影响因素进行了简化。例如，目前的模型没有考虑以下因素：机构或社区提供护理服务的质量、个人性格和偏好以及社区护理和机构护理之间的相互作用。在今后的研究中，我们将对模型进一步完善。

尽管存在这些局限性，本书依然可为政策制定者提供重要的理论和参考，特别是在长期护理政策发展的规划阶段。通过整合模型中的若干关联变量，本书提出了一个长期护理服务系统动力学模型，模拟了我国长期护理服务在三种不同服务供给主体（居家照护、社区照护和机构照护）间的分配。该模型可以作为一种探索性工具来评估未来政策的影响，并寻找最优的政策方案。更重要的是，本研究对未来成功实施长期护理政策提供了借鉴。我国长期护理保险制度的实施应与社会性长期护理服务能力的完善相辅相成，研究结果揭示了人口老龄化程度严重的国家（比如中国）长期护理保险制度对家庭照护负担的影响。

第八章　我国推进长期护理保险
制度试点的路径机制

本章全面总结我国长期护理保险制度试点的成效，阐述我国长期护理保险制度建设存在的问题，分析我国推进长期护理保险制度建设的主要影响因素，探索我国推进长期护理保险制度试点的路径机制。

第一节　长期护理保险试点制度建设成效

随着长期护理保险制度试点工作的深入开展，我国试点城市的长期护理保险制度政策框架基本建立，存在明显的差异，呈现出以下特征。

（一）弹性覆盖，体现合理性

在保障范围方面，上海市、南通市、苏州市、青岛市等多地实现了城乡全覆盖，使城乡居民得以平等地享受长期护理服务，确保了社会公平；而承德市、宁波市、安庆市等城市则先以城镇职工医保参保人为主体，随着试点情况的稳步推进，再进一步将覆盖主体拓展至全体城乡居民。此外，各试点地区保障主体也逐步从重度失能人员拓展至中度失能及失智人员，具有政策弹性，与各地经济发展水平相适应，在一定程度上体现了制度设计的合理性。

（二）多元筹资，体现接续性

在资金筹集方面，上海市、承德市、南通市、上饶市、荆门市等地建立了多元筹资模式，以个人、单位、医保基金、政府为多元主体，责任共担，并采用了定额与定比两种筹资形式，不仅兼顾了个人和企业的资金承受能力，同时也缓解了长期护理保险作为社会性保险给地方政府带来的资金压力，可见短期内长期护理保险可持续性较好。但从长期来看，考虑到目前我国人口结构正加速改变，各地政府有必要探索更为合理的筹资方式。

（三）"家护"优先，体现经济性

在服务形式方面，各地基本以居家护理、社区护理、机构护理三种形式为主，满足了参保人多样化的护理需求。特别地，多个试点地区对居家护理（"家护"）形式具有明显的政策倾斜，从各地对不同服务形式的报销比例来看，选择居家护理服务形式享受的报销比例与待遇支付水平往往较高。比如，上海市居家护理服务报销比例为90%，而机构护理服务的报销比例则为85%。此外，荆门市、广州市、成都市等在不同程度上也有此倾向，表明各地政府更推崇居家护理服务，这既符合我国的传统社会习惯，又在一定程度上节约了社会成本，具有经济性。

（四）经办管理，体现高效性

荆门市等地政府联合商业保险公司参与经办长期护理保险制度，充分利用专业化保险公司在信息、技术、经验、管理等方面的优势，提高了长期护理保险制度的实施效率，降低了长期护理保险制度的运营成本，减轻了医保部门的工作负担，避免了"一个部门、多种角色"的问题，有利于医保部门集中精力建立监管机制，加快构建我国长期护理保险制度条线式、端到端的完整服务体系。

第二节　长期护理保险政策实施的经济效应

本书收集整理了我国长期护理保险制度试点成效的文献资料。文献来源包括百度检索得到的长期护理保险试点成效相关新闻报道，2016年以来中国知网上公开发表的以"长期护理保险"或"长期照护保险"＋"试点"＋"成效"或"效果"为关键词的期刊论文和报纸文章。截至2020年年底，共收集到新闻链接30条，期刊论文69篇，报纸文章8篇。其次，运用Python文本分析方法，得到长期护理保险制度试点成效的高频词汇。最后，根据高频词汇关联语义，归纳并论述我国长期护理保险制度试点的主要成效。

（一）缓解了失能人员及其家庭的经济负担

长期护理保险较高的报销比例（70%左右），在很大程度上分担了失能人员及其家庭高昂的长期护理服务支出。例如，长春市失能人员入住养老机构全年平均费用在 4 万元，经过长期护理保险补偿，参保职工全年只需承担 3600元左右，参保居民只需承担 7200 元左右，就能享受全年照护服务。截至 2019年，青岛长期护理保险试点制度累计支出近 17 亿元，惠及 6 万多名失能失智人员；承德市长期护理保险基金支付 1460 位参保人的保险补偿款总计 1200.47万元，在很大程度上减轻了重度失能人员及其家庭的经济负担。

（二）促进了养老服务业及其关联产业的发展

随着长期护理保险制度的深入实施，试点地区的养老服务机构、护理服务机构、医养结合机构经历了"从无到有，从有到多，从多到优"的发展过程。随着试点的实施，承德市第一家专业护理院、第一家专门家护服务机构应运而生，填补了本市护理服务的空白。医养结合机构规模随之扩大，先后建成了第三医院等 5 家医养结合定点机构，共设立床位 205 张。承德市定点医疗服务机构由 2017 年制度实施之初的 3 家增至 6 家，包括专业的医养结合机构和专业的医疗服务机构，同时，养老产业持续地吸引各方资金流入。青岛市是全国最早实施长期护理保险制度试点的城市，经过多年经验积累，其医养结合服务水平全国领先。2019 年，青岛市医养结合养老机构数量达到 141 家，占养老机构总数的一半以上（55.7%），护理型床位达 2.5 万张，占机构养老床位总数的 58.9%，基层医疗卫生机构的康复、护理床位占比较试点前均大幅提高。

长期护理保险制度延伸了产业链条，吸引了大量优质资金投入，产生了大量社会护理服务人才需求，拓宽了就业渠道，从供给端增加了就业岗位。在政府大力的政策支持下，社会资本逐步进入社会养老和照料服务领域。竞争提高了护理服务质量，丰富了护理服务产品，推动了社会护理服务业的发展，形成了产业良性循环。例如，自启动长期护理保险制度试点工作以来，荆门市确定定点服务机构 121 家，带动其中 35 家养护机构再投资 3 亿元，吸引 8 家民营企业投资医养护产业，培训护理人员 2.6 万人。为了能够提供优质的护理服务，上海市积极鼓励社会化评估组织的建设，制定了统一、完善的评估体系，从而促进评估系统更加标准化和规范化，促进了上海市养老服务产业的发展与完善。南通市长期护理保险制度试点以来，新注册的照护型服务企业有 12 家，新增的护理型养老机构有 18 家，累计带动了市区内大约 4000 人的就业量。截至 2020 年 6 月，成都市新增经办、照护、回访等就业岗位近 2 万个，6300 余名低收入人员通过培训参与提供照护服务，极大地促进了照护服务新业态有序健康可持续发展，为国家试点提供成都经验和成都智慧，缓解了新冠肺炎疫情下就业岗位供给不足问题。2019 年承德市护理服务就业人员达到 600 余人，新增家护服务企业 3 家，为推进大众创业、万众创新开辟了新途径。

（三）促进了医疗养老护理资源的优化配置

政策杠杆将失能人员引导到养老和护理机构，不仅减轻了医保基金的支付压力，还提高了医疗机构床位周转率。长期护理保险制度的实施，使得重度失能患者在医养机构、养老机构与综合医院之间实现了分流，极大缓解了我国医疗机构有限、优质医疗资源的供给矛盾，节约了基本医保基金的支出，同时也解决了我国养老机构长期以来床位空置率过高的问题，提高了养老资源利用率，优化了有限医疗资源的配置。通过整合家政服务资源，实现了社会资源的优化利用。

在未实施长期护理保险制度之前，重度失能老人通常会选择居家由家人照护或者住进医院由专业的护工照护，但后一种方式会在一定程度上增加基本医疗保险基金的支付，并且浪费了宝贵的医疗资源。长期护理保险制度缓解了二、三级医院的养老护理压力，实现了失能失智老人在二级、三级医院与定点服务机构之间的分流，一方面，使得大医院能够为更多的患有疑难病症的患者提供及时、优质的医疗服务，另一方面，也减轻了因"社会性住院"导致的大额医保开支，从而避免了医疗资源的浪费。另外，参与经办的保险公司为护理服务申请人提供了专业而高效的失能等级评定服务，从而使相关医院免去了评定工作，而且由于保险公司和医疗机构之间存在的独立性，有效扼制了参保人"占用床位"的行为，在一定程度上优化了医疗资源的配置。

（四）居民对试点制度的满意度较高

由于长期护理服务的专业性，享受长期护理保险服务的失能失智老人可以得到更加全面、更加专业、更加舒适的护理服务，使失能失智老人能享有一个体面的晚年，为老人及其家庭带去了强烈的幸福感。成都市长期护理保险制度试点期间，共收到群众赠送锦旗 211 面，感谢信 260 封；先后获评"2017 年度成都市网络理政十大案例""2018 年市级创新项目一等奖""2019 年度全市健康城市十佳案例"等荣誉。苏州市长期护理保险制度运行三年以来，民众满意度较高，被苏城百姓评选为年度"十大民心项目"之一。

第三节　我国长期护理保险制度试点存在的问题

在对长期护理保险制度试点成效进行评估的基础上发现，我国长期护理保险制度建设存在以下问题：一是长期护理保险制度设计欠公平；二是长期护理保险基金筹资责任分担机制不明确；三是长期护理保险制度建设与社会长期护理服务能力提升不同步；四是居民对长期护理保险制度的信心不充分。

经过五年的试点，首批 15 个试点城市逐步构建了符合当地实际的长期护理保险制度框架和政策体系，为扩大试点积累了宝贵经验。我国长期护理保险制度试点虽然取得了一定成效，但是作为新时代一项普惠民生的新建制度还是存在许多需要完善的地方。整体制度设计要全面布局，切实回应广大民众关切，通过扩大试点稳妥推进。

（一）长期护理保险制度设计欠公平

从试点城市长期护理保险制度覆盖人群来看，实行城乡居民全覆盖的城市数量仅占40%，这表明60%的试点地区长期护理保险制度的受益群体仅包括部分特定人群。长期护理保险试点制度优先覆盖城镇职工虽然考虑了资金筹集的便利性和可行性，具有现实合理性，但却缺少了公平性。调查显示，民众对长期护理保险制度作用的认可度很高，要求扩大长期护理保险试点的呼声很高，说明实行长期护理保险全覆盖符合民众关切。各试点城市应扩大长期护理保险参保对象范围，逐渐实现全覆盖。

（二）长期护理保险基金筹资责任分担机制不明确

从试点城市资金筹集方式看，大部分地区采取多元筹资模式，但财政补助、个人缴费等缴费比例低，长期护理保险基金仍主要依赖于医保统筹基金划转，个人、单位、政府没有明确的职责划分，导致医保基金支出负担重，长期护理保险基金可持续性低。我国构建社会长期护理保险制度，需要多元主体共同参与，确立风险共担机制，明确个人、政府、社会应承担的责任，才能实现可持续发展。

（三）长期护理保险制度建设与社会长期护理服务能力提升不同步

随着长期护理保险试点工作的深入开展，长期护理保险制度建设日益受到重视，但是社会长期护理服务发展水平较低成为制约长期护理保险发展的重要因素。一方面，长期护理服务供给总量不足，导致长期护理保险制度试点激发出的社会长期护理服务需求得不到满足；另一方面，护理机构仍然以提供基本生活照料为主，专业护理能力不足，失能人员长期护理需求与实际供给错位，服务质量难以保障；同时，社会长期护理服务发展不平衡，"一床难求"和"空床现象"同时存在，导致资源配置效率低下。

（四）民众对长期护理保险制度的信心不充分

调查显示，民众对全面实施长期护理保险制度的期待很高，对当前长期护理保险试点制度表示一般和不满意的仍有40%，说明民众对我国长期护理保险制度的信心还有待提升。民众对长期护理保险制度的信心不充分的可能原因一是长期护理保险监督管理制度不健全，二是失能评估标准和评估工具不统一，三是在具体操作时存在较多问题和漏洞。

第四节　我国推进长期护理保险制度试点的影响因素

2020年中共十九届五中全会通过的《中共中央关于制定国民经济和社会发展第十四个五年规划和二〇三五年远景目标的建议》，提出了"全面推进健康中国建设"的重大任务，要加快构建居家社区机构相协调、医养康养相结合的养老服务体系，完善上门医疗卫生服务政策，推动医疗卫生服务向社区、家庭延伸。稳步建立长期护理保险制度，大力实施老年健康促进行动，强化老年失能、老年痴呆等预防干预。这是以习近平同志为核心的党中央从党和国家事业发展全局做出的重大战略部署，充分体现了以人民为中心的发展思想，必将对我国卫生健康事业发展、增进人民健康福祉产生深远的影响。

（一）人口老龄化进程提速是重要助推剂

"十四五"时期，我国即将整体进入深度老龄化社会，部分省份将进入超老龄化阶段，推进长期护理保险制度建设势在必行。我国第七次全国人口普查公报显示，除西藏外，其余 30 个省份 65 岁及以上老龄人口比重均超过 7%，13 个省份 65 岁及以上老龄人口比重均超过 14%，已进入深度老龄化阶段。从区域分布来看，老龄化严重的地区集中在东北、长江中下游、黄河中下游以及中西部地区。世界其他国家的经验表明，长期护理保险制度对于保障失能人员的长期护理需求能发挥重要作用，可以为失能人员尤其是失能老人提供有尊严的老年生活保障。由于我国各省份老龄化程度、老龄人口的绝对数量各不相同，因此在长期护理保险制度推广之前需要选择老龄化问题较为突出的省份"先试先行"，通过实践探索后形成可推广的制度政策框架和运行模式。试点以来，长期护理保险制度确实减轻了失能人员及其家庭的经济负担，形成良好的社会效应，发挥出积极的示范作用。

（二）经济持续稳定发展是根本保证

我国长期护理保险基金筹资渠道主要有四个：医保基金、个人缴费、财政补助以及单位缴费。从各地试点情况来看，医保基金和财政补贴又是最主要的长期护理保险基金来源。但是，各地区医保基金结余非常不均衡，人口流入省份结余较高，人口流出省份则是负增长。统计数据显示，人口流入较多的东部 6 省市（上海市、江苏省、浙江省、福建省、山东省、广东省），2020 年医保统筹基金累计结余占全国的 56.6%。同时，从财政收入方面，东部 6 省市 2020 年的财政收入在我国各省市财政收入中排名居前。这就意味着，经济发达地区长期护理保险基金来源更稳定，能够更好地支持长期护理保险制度，进而有效减轻失能人员及其家庭的经济压力。而经济欠发达地区对于长期护理保险的资金支持不足，长期护理保险制度运行的可持续性较低。

（三）社会长期护理服务体系建设是必要条件

根据系统学思想，长期护理系统是结构和功能的统一体，是具有自组织耗散结构性质的开放系统，其运行涉及社会经济发展、失能人员护理服务需求、医疗和养老政策等诸多因素。系统内部要素包括长期护理服务需方（失能人员）、长期护理服务供方（家庭、社区、机构）、政府部门、社会保障机构；系统外环境包括人口结构、慢性病和失能发生情况、社会经济因素等；系统的功能是应对人口老龄化，满足失能人员长期护理需求，提高人的生存质量和生命健康质量。

我国长期护理保险制度是在政府主导下，以保障人民日益增长的长期护理需求为核心目标的一项全新的社会保障制度。为了实现长期护理系统的功能和效率，长期护理保险制度建设与长期护理服务体系建设必须同步推进。一方面，长期护理保险制度保障功能的实现高度依赖于长期护理服务供给，不论是为失能人员直接提供护理服务，还是为失能人员提供资金补偿，护理保障最终落脚于民众能够获得什么样的护理服务；另一方面，长期护理保险制度有助于刺激社会长期护理服务需求，失能人员及其家庭势必寻求专业护理服务，增加优质的社会性护理服务供给对减少家庭护理负担具有重要意义。

（四）社会领域的制度创新是重要推动力

中共十八届五中全会提出了引领性的"创新、协调、绿色、开放、共享"五大新发展理念。稳步建立长期护理保险制度要以制度创新为第一动力，构建适合我国国情的政策体系，大力推进长期护理保险与长期护理服务体系协调发展，以开放发展的理念实现长期护理保险市场的繁荣，以公平惠及全体居民促进共享发展目的的实现。2016 年以来，随着长期护理保险制度试点获得较好的社会效应，更多的地区因此希望加入试点行列。推进长期护理保险制度试点，需要加强创新引领，进一步探索并构建适合我国经济社会发展的长期护理保险制度。

第五节　我国长期护理保险制度试点的推进路径

一、我国长期护理保险制度试点的逻辑

为应对复杂多变的经济环境，政策试点贯穿于我国建设及发展的各个时期，展现出了强大的制度创新能力与适应能力，为我国公共治理实践做出了独特贡献，海内外众多研究者甚至将其视为中国经济崛起与持续发展的关键密钥。学者们认为政策试点是上级政府在全面、正式制定某项政策之前，选择特定的试验单位针对该项政策的实施方案进行反复试验并持续互动的过程，是把来自基层的建议和地方积累的经验注入国家政策的一种机制，是改革过程中一种低成本、低风险、低阻力的政策制定策略（唐斌和张玉，2017）。政策试点

通过边际调适和增量调整的方式逐步化解政策推行阻力，既弱化了不确定性带来的改革风险，也避免了盲目改革带来的无效摩擦与效率损失（闫义夫，2017）。试点可以被理解为上级政府在复杂条件下，为了应对现实问题或者实现特定的政策目标，以小范围创造经验和展示成功的渐进式方式寻找恰当的政策工具的过程。在复杂情境下，对于"政策后果的不确定性"与"政策工具的不确切性"共同构成了政策制定者开展政策试点的前提条件（刘然，2020）。

许多关于我国如何建立护理保险制度的建议是在比较分析国外尤其是美国、德国和日本等较早实施长期护理保险制度国家的成功经验后得出的。美国的长期护理保险至今已有近40年的历史，德国从1995年起开始实行护理保险制度，日本的护理保险于2000年开始实施。相较于发达国家，我国老年人健康服务保障制度、政策建构实践的发展滞后。根据"政策后果的不确定性"和"政策工具的不确切性"两个维度的政策情境对试点目标进行重新审视，刘然（2020）将试点类型区分为"试对""试错""示范"和"深化"四种。我国长期护理保险制度试点是在国外的历史实践、政策学习与政策创新积累了大量可供参考的政策工具与经验借鉴的背景下，侧重政策工具的直接移植与短期成效的"试对型试点"。

二、长期护理保险制度试点推进路径

我国长期护理保险制度建设的路径选择应该从我国长期护理保险制度试点阶段和试点现状出发，充分总结试点成效和经验教训，根据我国长期护理保险制度建设的阶段性目标和长期目标，构建我国推进长期护理保险制度的路径图，如图8－1所示。

（一）长期护理保险制度试点的三个阶段

我国长期护理保险制度试点经历了三个阶段，即早期探索阶段、首批城市大范围试点阶段、扩大试点城市阶段。

第一个阶段即早期试点阶段，长期护理保险制度仅在青岛市、上海市等个别城市实施。在2012年，青岛市在全国率先建立并实施了保障失能人员的长期医疗护理保险制度，2016年青岛市被纳入全国长期护理保险试点城市，

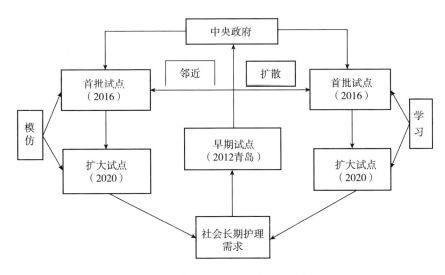

图 8 - 1　长期护理保险制度推进路径

2017 年将失智人员纳入制度保障范围，2018 年又在全国率先实施"全人全责"新型长期护理保险制度，为失能失智人员提供整合式照护服务。从 2013 年 6 月起，上海市启动高龄老人医疗护理计划试点。试点范围由最初的 3 个区 6 个街道，逐步扩大到 2014 年 10 月的 6 个区 22 个街道，并于 2016 年 1 月将试点扩大至全市。2016 年，上海市被确定为全国首批长期护理保险试点城市，制定了上海市长期护理保险相关政策，并于 2017 年在徐汇区、普陀区、金山区三个区先行开展试点，在 2018 年将试点扩大到全市。早期长期护理保险制度试点为在全国大范围试点贡献了地方实践样本。

第二个阶段是 2016~2020 年首批城市大范围试点阶段。2016 年 6 月，人力资源社会保障部印发了《关于开展长期护理保险制度试点的指导意见》，明确提出将河北省承德市、吉林省长春市、黑龙江省齐齐哈尔市等 15 个城市作为长期护理保险试点城市，其中吉林和山东两省作为国家试点的重点联系省份。经过 5 年的试点，首批试点城市的长期护理保险制度在保障当地居民长期护理保险需求方面发挥了重要作用。本书第四、五、六、七章对试点地区长期护理保险制度试点成效进行了详细研究。

第三个阶段是 2020 年至今的扩大试点城市阶段。2020 年 9 月，国家医保局会同财政部印发了《关于扩大长期护理保险制度试点的指导意见》，提出扩大长期护理保险试点城市，将北京市石景山区、天津市等 14 个城市作为新的长期护理保险试点城市。

（二）长期护理保险制度试点政策扩散路径

中共十八大以来，我国在新的历史起点上全面深化改革，更加注重改革的系统性、整体性、协同性。这种强调整体性、自上而下的政策制定模式与过去强调地方经验与国家政策的越级互动、以重点突破带动整体改革的试点方法形成了鲜明对比，也意味着中国正在步入新的时代背景之中。

我国长期护理保险制度试点采取的是自下而上的吸纳辐射式政策扩散模式。自下而上的吸纳辐射扩散模式在公共政策实践中集中体现为"地方政策创新—上级采纳—推广实行"。该模式重点体现在地方政府进行政策首创，上级政府采纳成功的经验并向全国主动辐射的特色过程。自下而上的吸纳辐射式政策扩散对于地方政府来说具有极大的创新空间，主动性很强，并非是仅仅出于上级政府颁发的行政命令的要求（王浦劬和赖先进，2013）。我国虽然是最大的单一制国家，但是中央统一集权的特点并不代表地方政府就完全失去创新的自由空间。中央政府还是给了地方政府足够的空间进行创新突破，这样一来，地方政府才能够根据自身的发展情况执行实施方案，从而有效地满足社会需求。

以青岛市为例，该市早在 1987 年先于全国 12 年、山东省 7 年进入人口老龄化社会；自 2000 年起建立家庭病床业务，重点为长期卧床不起的患者提供社区医疗护理服务；自 2005 年起建立老年护理业务，侧重临终关怀的保障，以家庭病床、护理院服务为主；自 2009 年起建立医疗专护业务，侧重重病康复的保障，主要以中小医院临床服务为主；2012 年在全国率先建立长期医疗护理保险制度（冯广刚等，2019）。在制度设计上，青岛市遵循社会保障制度一般规律，独立进行制度架构，坚持广覆盖、保基本、可持续，坚持待遇水平与经济发展水平相适应，优先重点保障完全失能和重度失智人员。在实施步骤上，按照整体设计、分类管理、分步实施的工作思路稳步推进，职工护理保险采取多元化筹资机制，在原医疗护理基础上，增加了基本生活照料待遇，两项待遇同步实施；居民护理保险维持原筹资渠道不变，优先解决医疗护理待遇，将来综合平衡资金筹集和保障需要等因素后，逐步解决生活照料问题（冯广刚等，2019）。这些政策创新为青岛市尽早应对人口老龄化问题争取了时间窗口。青岛市试点取得的成效和经验教训为中央政府决定在全国性多地区推广长期护理保险试点提供了证据和实践基础，间接推动了我国长期护理保险制度试点工作的开展。

2016～2020年，长期护理保险制度试点在全国首批15个城市开展，这些城市广泛分布在我国东部、中部、西部地区，经济发展水平和人口老龄化程度具有显著差异。同时，中央政府规定地方政府可以根据实际制定符合当地的长期护理保险试点实施方案，给予地方政府较大的自主权。各试点城市启动试点的时间节点并不一致、政策安排和实施细则存在差异，政策成效也不尽相同。

这一时期长期护理保险政策扩散的机制主要是学习和模仿。学习机制是指公共政策的制定者有选择地向其他政策制定者学习政策经验。公共政策扩散学习机制之所以形成，是因为有效而成功的政策扩散活动可以有利于减少政策制定过程中的行政资源消耗，提高公共政策的社会接受度，降低政策制定和执行成本，从而提高公共政策绩效和效益。模仿机制是政策制定者直接套用、复制其他地区政府或部门政策的"政策克隆"过程。政策模仿可以有效降低政策制定和执行成本，减少政策执行中的失败风险和执行失败的主体责任归因风险（王浦劬和赖先进，2013）。本书的研究表明，首批试点城市的长期护理保险制度实施方案在覆盖人群、筹资来源、服务内容等方面存在差异，也有相似之处，出台政策较晚的城市，其制定的长期护理保险方案细则常常模仿较早出台城市的，还会予以适当的改进。

自2020年以来，我国长期护理保险制度在更大范围进行试点，预期目标是在"十四五"期间，基本形成符合我国实际的长期护理保险制度政策框架。这一阶段试点城市的分布进一步密布在我国中东西各区域，代表更广地区、更多居民对长期护理保险制度的愿望和需求。试点将进一步收集信息，积累实践经验，为探索出适合我国经济社会发展实际和人口老龄化阶段的长期护理保险制度奠定基础。这一阶段，要密切注意试点推广的过程、结果和效果，使扩大试点真正成为测试新政策、新方法的有效途径，进而推动全局性的政策创新。

第六节　我国长期护理保险制度试点的推进机制

我国首批 15 个城市实施长期护理保险试点工作已经有五年时间，试点工作在取得成效的同时，也暴露出不足。稳步构建长期护理保险制度建设是"十四五"时期应对人口老龄化的重要举措。国家已经发布第二批试点城市名单，进一步推进长期护理保险制度试点。针对首批试点城市的工作成效和发现的问题，我国稳步推进长期护理保险制度试点，需进一步加强在筹资机制、待遇支付、失能评估标准等方面的体制机制建设，建立可操作性强的全国性长期护理保险实施方案，同时大力发展社会长期照护服务，完善长期护理服务体系，为长期护理保险制度的实施提供服务体系保障。

一、建立独立灵活、长效可持续的长期护理保险筹资机制

筹资机制是长期护理保险不可分割的一部分，是长期护理保险基金的重要来源，对于是否能为失能参保人员提供护理服务、资金补偿以及长期护理保险制度正常运行至关重要。目前，我国长期护理保险筹资渠道主要有单一渠道和多元渠道两种方式，单一渠道是指长期护理保险的资金来源主要依靠医保基金，多元渠道是指长期护理保险的资金来源有财政补助、个人缴费等多个筹资渠道。从 15 个试点城市的筹资渠道来看，上海市、承德市、长春市等 12 个城市采取的是多元渠道筹资方式，广州市、宁波市、青岛市的筹资渠道是单一渠道。虽然大部分试点城市选择的是多渠道筹资方式，但财政补助、个人缴费等缴费比例低，长期护理保险基金大部分都来源于从医保基金直接划拨，例如，成都市为了支持长期护理保险试点工作，从医保基金中一次性划转了 5000 万作为启动资金。这将导致长期护理保险的资金筹集过度依赖于医保基金（季佳林等，2020），缺乏独立性和可持续性。

目前我国医保基金尚有结余，但随着人口老龄化进程加快，医疗费用和医保基金支出将增加，若持续地依靠医保基金划拨，会加大其压力和负担。此外，在定额筹资中每年会固定缴费额，长期护理保险筹资缺乏灵活性。因此，在长期护理保险试点工作中，应该优化筹资机制，加强筹资机制的独立性与可

持续性，逐步摆脱过度依赖医保基金支持的局面，适当加大企事业和个人缴费比例。同时加强筹资机制的灵活性，制定个性化筹资机制，适当提高筹资水平和筹资比例，从而优化我国长期护理保险筹资机制，为新试点城市提供发展经验，实现我国长期护理保险长远发展。

试点地区长期护理保险资金的筹集宜遵循"以收定支、收支平衡、略有结余"的原则，设立专门的护理保险基金。在长期护理保险试点工作中，重庆市按照"先职工、后居民，先试点、后推开"的原则，探索建立了以社会互助共济方式筹集资金，为长期失能人员的基本生活照料和与基本生活密切相关的护理提供资金或服务保障及与医疗保险相对独立、互相衔接的社会保险制度。当前，试点地区资金来源主要依赖医疗保险基金划拨和财政补贴，受制于医疗保险基金的筹资水平和财政支持水平，容易导致基金承受能力不足的风险。建议基于经济发展水平，建立独立于社会医疗保险、与保障水平相适应的长期护理保险基金。同时，拓宽社会筹资渠道，融合企业、团体、机构、福利彩票基金会等社会力量，形成多层次的筹资渠道，规避筹资单一引致的基金风险。

二、加强长期护理保险待遇支付监管，防范道德风险

目前，我国长期护理保险待遇支付的主要形式是现金支付，将给付的保险金支付给失能参保人的直接护理人员或者护理机构（朱国龙等，2020）。而在领取待遇支付期间，不论是选择居家护理还是机构护理，失能人员是否享受到了与支付水平相对应的护理服务，护理服务水平是否达标，直接护理人或者护理机构是否提升了护理质量，待遇支付是否真正做到了专款专用等都无从得知。此外，在待遇支付过程中，若护理人或护理机构联合参保人骗取长期护理保险赔偿金，还存在发生道德风险的可能性。长期护理保险作为社保"第六险"，应当充分发挥其保障作用以及兜底功能，切实保障失能参保人的利益，提供高质量的护理服务，提升失能人员的生活质量，减轻家庭负担，实现待遇支付金专款专用。因此，应当加强长期护理保险待遇支付监管，建立健全相关监管机制，从根源上防范道德风险。在发放待遇支付前严格核查失能人员的申请是否属实，在发放待遇支付后及时监管给付金的使用情况，确保失能参保人

员享受到高质量地护理服务，充分实现长期护理保险待遇支付对失能人员的保障功能。

三、建立健全失能评估标准体系，逐步实现全国标准统一

我国长期护理保险正处于试点阶段，还未建立统一的失能评估体系，缺乏统一标准。失能评估标准体系对长期护理保险试点工作的开展至关重要，关乎失能参保人员的根本利益。在 15 个长期护理保险试点城市中，大部分城市使用 Barthel 指数评分标准对失能人员进行评估，成都市、上海市等部分城市根据当地具体情况制定了评分工具和评分细则。各试点城市的评估工具和评估体系不一，导致评估结果各不相同，影响长期护理保险待遇支付水平，不利于护理资源的合理配置，也不利于社会公平的实现，加大了对评估结果的监督管理难度，影响工作效率。而且我国长期护理保险的评估内容主要是对失能人员日常生活能力的评估，还没有涉及心理健康状况等方面，评估标准不科学、不全面，不能筛选出迫切需要护理服务的失能人员（蒋曼等，2019）。为了摆脱这一局面，避免评估标准碎片化，提高统筹层次，实现社会公平，应该加快建立健全失能评估标准体系，逐步实现全国统筹。与此同时，还应该根据我国长期护理保险的发展，灵活地调整评估细则，以适应其发展步伐。

四、建立可操作性强的全国性长期护理保险实施方案

试点地区制定的长期护理保险政策及实施方案存在差异，主要表现在保障人群、资金来源、护理内容、保障水平、保障条件五个方面。基于构建全国性长期护理保险制度的总体目标，针对试点地区长期护理保险政策差异和政策弱项，根据试点成效，调整和完善政策文件内容，建立可操作性强的全国性长期护理保险实施方案。

本书的研究表明，较早开展试点且经历过政策调整的地区，政策力度评分处于前列。贯彻中央政府颁布的《人力资源社会保障部办公厅关于开展长期护理保险制度试点的指导意见》，需要试点地区进一步细化试点方案，将指导意见中的统筹性条款具体化为可操作性强的实施细则。尤其是涉及失能人员切身利益的条款，比如保障人群、资金来源、护理形式、护理内容、护理机构、

保障水平、保障条件等，需要进一步细化，达到可量化的程度。比如，在保障水平方面，虽然提到医疗护理费用"按项目及相应支付比例支付"，但是按多大比例缺乏统一标准。除此之外，不同试点地区在"长期护理保险制度"的名称使用上也存在差异，出现"长期护理""长期照护""失能护理""基本照护"等名称。名称差异体现了人们对于长期护理保险制度的理解与认识差异，统一名称有利于统一对长期护理保险制度的认知，进而推行全国性长期护理保险制度。

加强政策弱项管理，从保障条款、资金来源、护理服务供给等方面进行改进。针对长期护理保险保障人群、保障水平和保障条件等政策弱项，扩大保障人群范围，具体化保障水平和保障条件。当前大多数长期护理保险试点地区的保障人群局限于城镇职工医疗保险参保人群，护理保险覆盖率低，不能体现社会保险制度的公平性。建议逐步设立覆盖全体失能人群的长期护理保险制度，利用大数据和精算技术，精准测算长期护理保险支付标准，制定与经济发展水平和筹资水平相适应的保障条款；量化失能评估标准，对保障条件实行精细化过程管理，提高长期护理保险制度保障条款的政策强度。

五、创新护理服务模式，促进医养结合等新兴养老服务产业发展

当前长期护理保险试点制度关于护理服务供给的政策指导意见比较传统，保险基金主要补偿机构和社区护理服务。但随着我国人口老龄化进程加快，失能人口增多，传统的护理服务模式已逐渐不能满足失能人口的护理需求，创新长期护理保险护理服务模式迫在眉睫。

一是在护理保险定点机构中全面实施医养结合养老服务。我国医养结合模式发展缓慢，目前还处于摸索过程中，政府应当尽快完善相关法律法规，出台支持医养结合模式发展的政策，使更多定点服务机构实行医养结合模式探索，促进我国医养结合模式高质量和高速度发展。加强康复和护理作为推进长期护理保险制度试点城市老年健康服务体系建设的重要内容，充分发挥康复医疗在老年医疗服务中的作用，积极提升康复医疗从业人员的老年照护服务水平，为老年患者提供早期、系统、专业、连续的康复医疗服务。鼓励医疗资源丰富的地区将部分公立医疗机构转型为护理、康复医疗机构，鼓励二级及以上综合性

医院设立康复医学科，提高基层医疗卫生机构的康复、护理床位占比，进一步拓展老年护理从业人员的工作领域。

二是建议融合互联网和护理服务，借助互联网技术平台的方式精准对接供给和需求矛盾，提高有限的护理服务资源利用率，盘活护理服务供给存量。同时，开发智能护理服务模式，增加护理人员培养，做大服务供给增量，为在全国推行长期护理保险制度奠定服务供给能力基础。优化养老资源配置，满足失能参保人员的护理服务需求，促进我国养老产业的发展。同时也能释放政府压力，加强对长期护理保险试点工作的监督和管理，使长期护理保险制度从顶层设计层面得到优化，从而促进我国长期护理保险发展。

附　录

 试点城市名录（29个）

批次	城市名称	所属省份	区域
第一批	承德市	河北省	东部
	长春市	吉林省	东北
	齐齐哈尔市	黑龙江省	东北
	上海市	上海市	东部
	苏州市	江苏省	东部
	南通市	江苏省	东部
	宁波市	浙江省	东部
	安庆市	安徽省	中部
	上饶市	江西省	中部
	青岛市	山东省	东部
	荆门市	湖北省	中部
	广州市	广东省	东部
	重庆市	重庆市	西部
	成都市	四川省	西部
	石河子市	新疆生产建设兵团	西部
第二批	石景山区	北京市	东部
	天津市	天津市	东部
	晋城市	山西省	中部
	呼和浩特市	内蒙古自治区	西部
	盘锦市	辽宁省	东北
	福州市	福建省	东部
	开封市	河南省	中部

续表

批次	城市名称	所属省份	区域
第二批	湘潭市	湖南省	中部
	南宁市	广西壮族自治区	西部
	黔西南布依族苗族自治州	贵州省	西部
	昆明市	云南省	西部
	汉中市	陕西省	西部
	甘南藏族自治州	甘肃省	西部
	乌鲁木齐市	新疆维吾尔自治区	西部

资料来源：1. 试点城市区域划分根据国家统计局发布的《东中西部和东北地区划分办法》；2. 第一批试点重点联系省份吉林省和山东省另有 20 个城市也在试点，但未被包含在此表中。

附录 2 　　　　试点城市经济发展指标和人口老龄化指标

附录表 2 - 1　　试点城市经济发展指标

批次	城市	人均国民生产总值（元）	人均可支配收入（元）	人均消费支出（元）	医疗卫生财政支出（万元）
第一批	承德市	41058	21828	15286	430000
	长春市	76906	26271	19332	716000
	齐齐哈尔市	22667	21842	17036	380196
	上海市	157279	69442	45605	4934400
	苏州市	179200	60109	35414	1280641
	南通市	128223	40320	24956	911254
	宁波市	143157	56982	33944	1142688
	安庆市	50574	20814	15584	555979
	上饶市	36839	26854	16225	881629
	青岛市	124282	45452	29501	920427
	荆门市	70203	28459	19915	255569
	广州市	156427	57779	41999	2461764
	重庆市	75828	28920	20774	3832583
	成都市	103386	37817	26611	1430531
	石河子市	78101	40319	24739	35452

批次	城市	人均国民生产总值（元）	人均可支配收入（元）	人均消费支出（元）	医疗卫生财政支出（万元）
第二批	石景山区	139000	76990	45904	56590
	天津市	90371	46119	31853	1446988
	晋城市	57714	25897	17530	216358
	呼和浩特市	89138	39230	26182	255642
	盘锦市	88983	35495	22894	123859
	福州市	120879	38719	27490	857275
	开封市	51733	21795	16382	478000
	湘潭市	78575	32548.5	24028	225600
	南宁市	61738	28929	15969	769245
	黔西南布依族苗族自治州	44212	19437	14386	372690
	昆明市	93853	38386	29414.76	684582
	汉中市	45033	20583	13119	447469
	甘南藏族自治州	30252	15154.35	12472.22	144686
	乌鲁木齐市	96723	40587.538	34717.35	110200

资料来源：各地区国民经济和社会发展统计公报、城市统计年鉴、第七次人口普查数据库。

附录表 2－2　试点城市人口老龄化指标

批次	城市	65 岁及以上老年人口比例（%）	老年抚养比（%）	少儿抚养比（%）	人口自然增长率（%）
第一批	承德市	11.73	16.69	25.59	3.73
	长春市	12.63	15.57	16.71	2.15
	齐齐哈尔市	8.14	10.31	16.32	-0.73
	上海市	17.86	22.07	13.62	-2.31
	苏州市	18.91	28.09	20.49	2.37
	南通市	24.39	37.17	15.24	-2.75
	宁波市	16.79	23.93	18.61	4.99
	安庆市	13.73	19.49	22.44	6.24
	上饶市	11.05	16.37	31.75	6.49
	青岛市	13.15	11.54	27.38	7.58
	荆门市	13.07	18.32	21.83	2.74
	广州市	12.57	17.99	25.51	9.72
	重庆市	15.34	22.61	24.72	2.80
	成都市	14.27	20.59	23.67	2.13
	石河子市	17.70	25.56	18.82	1.61

续表

批次	城市	65 岁及以上老年人口比例（%）	老年抚养比（%）	少儿抚养比（%）	人口自然增长率（%）
第二批	石景山区	11.60	14.60	11.50	1.12
	天津市	12.08	15.56	13.23	2.78
	晋城市	13.91	19.23	19.00	4.44
	呼和浩特市	11.96	16.13	18.76	5.20
	盘锦市	15.73	21.78	16.64	3.47
	福州市	11.72	16.46	23.99	7.26
	开封市	13.50	20.90	33.60	5.49
	湘潭市	16.89	25.00	23.00	4.25
	南宁市	10.66	15.46	29.55	8.35
	黔西南布依族苗族自治州	12.56	19.47	35.57	10.50
	昆明市	18.50	18.51	28.83	6.45
	汉中市	17.71	26.75	24.29	2.52
	甘南藏族自治州	9.69	13.89	29.38	7.35
	乌鲁木齐市	9.13	11.96	19.08	5.66

资料来源：各地区国民经济和社会发展统计公报、城市统计年鉴、第七次人口普查数据库。

参考文献

［1］60 加养老观察. 广州长期护理保险研究报告［R］. 2020/5/15. https：//baijiahao. baidu. com/s？id =1666725346454055894&wfr = spider&for = pc.

［2］北京师范大学中国公益研究院. 中国长期护理保险制度试点与探索［J］. 社会福利，2016（03）：21 - 23.

［3］布莱克和斯基博. 人寿与健康保险［M］. 北京：经济科学出版社，2003.

［4］曹新宇. 长护险政策下上海市养老护理员的流动性探究［J］. 统计与管理，2020，35（06）：14 - 18.

［5］曹艳春，王建云. 老年长期照护研究综述［J］. 社会保障研究，2013（03）：56 - 65.

［6］陈诚诚. 长期护理保险试点地区筹资机制的实施现状与政策述评［J］. 学习与实践，2020（06）：88 - 96.

［7］陈小涵 泰康保险参与长期护理保险试点现状浅析［J］. 商讯，2020（04）：10 + 12.

［8］陈彦洁. 长期护理保险发展模式研究［D］. 山东财经大学，2018.

［9］陈志斌，李秋雨，姜晨光. 社保"第六险"来了! 南通市长期照护保险试点实践初见成效［EB/OL］. 我苏网，http：//news. jstv. com/a/20201010/1602381416420. shtml，2020 - 10 - 10.

［10］程煜，沈亦骏. 中国试点地区长期护理保险制度的比较与思考——基于五个试点地区的政策文本分析［J］. 公共治理评论，2017（01）：15 - 24.

［11］崔久平. 长春市失能人员医疗照护保险制度实施效果研究［D］. 长春工业大学，2018.

［12］党俊武. 我国老龄社会初期阶段发展老龄服务的战略思考［J］. 老

龄科学研究，2017，3（3）：3-10.

[13] 戴卫东. 长期护理保险——理论、制度、改革与发展 [M]，经济科学出版社，2014.

[14] 邓晶，邓文燕. 长期护理保险第一批试点城市保险筹资方案比较分析 [J]. 中国卫生政策研究，2017，10（08）：13-17.

[15] 邓世成. 基于 ARIMA 模型的重庆市人口老龄化趋势预测 [J]. 武汉商学院学报，2018，32（01）：60-65.

[16] 董小红. 成都：长期照护保险试点初见成效 2.4 万人已获益 [EB/OL]. 新华网，https：//baijiahao. baidu. com/s？id = 1640002168297724764&wfr = spider&for = pc，2019-07-25.

[17] 杜梦真，杨健. 我国长期护理保险试点运行研究 [J]. 社会福利（理论版），2019（11）：21-25，51.

[18] 方永恒，陈友倩. 国务院保障性住房政策量化评价——基于 10 项保障性住房政策情报的分析 [J]. 情报杂志，2019，38（03）：101-107.

[19] 冯广刚，米红，张雅娟. 青岛市长期护理保险制度分析和启示 [J]. 公共治理评论，2018（01）：111-120.

[20] 冯友梅，吴蓓，张拓红等. 老龄化与全球健康 [M]. 北京：人民卫生出版社，2018.

[21] 龚秀全，钱思寒. 城市失能老人长期护理保险制度完善研究——基于上海市 K 街道高龄老人医疗护理计划的调查 [J]. 公共治理评论，2017（01）：3-14.

[22] 古梦溪. 上饶市长期护理保险调研报告 [D]. 江西财经大学，2020.

[23] 桂世勋. 非本地户籍职工纳入长期护理保险试点参保范围的制度设计 [J]. 社会建设，2017，4（01）：4-9.

[24] 郭语涵，许婷婷，浦峻，张琦洁，马伟玲. 苏州市长期护理保险制度研究 [J]. 中国初级卫生保健，2020，34（09）：13-18.

[25] 海龙，尹海燕. 我国长期护理保险筹资机制研究 [J]. 湖南社会科学，2020（01）：103-109.

[26] 何庆华，郭后华. 打造接地气惠民生的长期护理保险制度——基于

荆门市的实践与思考 [J]. 中国医疗保险, 2019 (08): 45 – 47.

[27] 何世英, 戴瑞明, 王颖, 蒋曼, 白鸽, 罗力. 我国长期护理保险试点地区筹资机制比较研究 [J]. 中国卫生资源, 2019, 22 (01): 28 – 34.

[28] 黄丽娟, 罗娟. 长期护理保险的理论指引与体系建构 [J]. 华东政法大学学报, 2020, 23 (05): 143 – 157.

[29] 焦培欣. 日本护理等级评估标准制定方法与配套条件研究 [J]. 社会保障评论, 2020, 4 (04): 72 – 89.

[30] 荆涛. 长期护理保险研究 [D]. 对外经济贸易大学, 2005.

[31] 荆涛, 谢远涛. 我国长期护理保险制度运行模式的微观分析 [J]. 保险研究, 2014 (05): 60 – 66.

[32] 荆涛, 邢慧霞, 万里虹, 齐铱. 扩大长期护理保险试点对我国城镇职工医保基金可持续性的影响 [J]. 保险研究, 2020 (11): 47 – 62.

[33] 李丹. 成都启动深化长期照护保险试点, 将把成年城乡居民纳入保障范围 [EB/OL]. 四川新闻网, http://news. china. com. cn/rollnews/news/live/2020 – 08/05/content_ 911306. htm, 2020 – 08 – 05.

[34] 李林, 郭赞, 郭宇畅. 长期护理保险制度的建立与探索——基于河北省的实践 [J]. 金融理论探索, 2018 (01): 57 – 63.

[35] 李鲁祥, 潘子龙. 安庆市长期护理保险试点现状研究 [J]. 劳动保障世界, 2018 (14): 30 – 31.

[36] 李强, 历昌习, 岳书铭. 长期照护保险制度试点方案的比较与思考——基于全国 15 个试点地区的比较分析 [J]. 山东农业大学学报 (社会科学版), 2018, 20 (02): 23 – 30.

[37] 李爽, 许元博, 丁亚球. 人口老龄化趋势预测分析下的新疆兵团养老保障问题研究 [J]. 兵团党校学报, 2015 (06): 16 – 21.

[38] 李苏阳. 广州市试点长期护理保险制度居民满意度调查研究 [D]. 广东财经大学, 2019.

[39] 李琰. 江苏省老年人长期照护保险问题研究 [D]. 黑龙江大学, 2019.

[40] 刘然. 并非只为试验: 重新审视试点的功能与价值 [J]. 中国行政管理, 2020 (12): 21 – 26.

［41］刘田静．上海长期护理保险的实践研究［J］．经济研究导刊，2018（28）：50－51．

［42］刘雯薇．非正式照护对正式照护的补偿和替代效应及其政策启示——基于 CLHLS 的实证数据分析［J］．西北人口，2021，42（02）：117－126．

［43］卢珩，宋旭芒，王伟平，陶诗涛，戴莉枫，周伟东，徐双影．长期护理保险浙江试点的实践探索研究［A］．浙江保险科研成果选编（2018 年度）［C］．浙江省保险学会，2019：17．

［44］门磊，孙丹．吉林省开展长期护理保险试点工作综述［J］．劳动保障世界，2017（16）：3－6．

［45］潘丹丹．健康老龄化政策下的长期护理保险运行情况分析［D］．江西财经大学，2019．

［46］潘妩．安庆市长期护理保险制度的实践与发展研究［J］．劳动保障世界，2020（11）：33，35．

［47］彭荣，吴蓓．我国长期护理政策的发展与影响分析［J］．全球健康学杂志，2014，1（2）：29－36．

［48］彭希哲，宋靓珺，茅泽希．中国失能老人问题探究——兼论失能评估工具在中国长期照护服务中的发展方向［J］．新疆师范大学学报（哲学社会科学版），2018，39（05）：102－118，2．

［49］日社宣．多元筹资　创新服务——日照市深入推进长期医疗护理保险试点工作［J］．中国人力资源社会保障，2016（04）：19．

［50］盛政，何蓓，朱蕾艳．苏州市长期护理保险制度试点探析［J］．中国医疗保险，2020（02）：37－40．

［51］孙洁，孙跃跃．长期护理保险扩大试点的瓶颈与政策建议——基于北京石景山的试点经验［J］．卫生经济研究，2020，37（05）：35－38．

［52］孙莹．广州市长期护理保险政策执行研究［D］．华南理工大学，2019．

［53］唐斌，张玉．农村治理政策试点的理论逻辑与实践机制［J］．学术探索，2017（11）：65－71．

［54］王浦劬，赖先进．中国公共政策扩散的模式与机制分析［J］．北京大学学报（哲学社会科学版），2013，50（06）：14－23．

［55］王群，丁心蕊，刘弘毅，沈易非，梁少博．我国长期护理保险制度试点方案分析［J］．卫生经济研究，2018（06）：41－45.

［56］王群，汤未，曹慧媛．我国长期护理保险试点方案服务项目的比较研究［J］．卫生经济研究，2018（11）：38－42.

［57］王诗雨，冯培培，徐悦，计宏跃．失能老人长期护理保险问题研究——以阜新市为例［J］．才智，2016（31）：235.

［58］王文韬，尚浩．承德市长期护理保险试点路径分析［J］．中国医疗保险，2020（02）：49－52.

［59］王晓梅．中国长期护理保险制度运行模式及分析［J］．现代经济信息，2016（23）：139.

［60］吴海波，邵英杰，周桐．长期护理保险筹资机制研究——基于全国15个试点方案的比较［J］．金融理论与实践，2018（10）：98－101.

［61］吴玉韶．中国养老机构发展研究［J］．老龄科学研究，2015，8（8）：13－24.

［62］肖瑛琦，蒋晓莲．中国长期护理保险制度试点分析与思考——基于首批试点城市的比较［J］．中国老年学杂志，2020，40（02）：441－448.

［63］闫义夫．"政策试点"：中国共产党治国理政的重要方式［J］．社会科学家，2017（10）：72－76.

［64］杨松，王守富，黄桃，邓靖，彭美华．成都市长期护理保险服务的供需现状与思考［J］．卫生经济研究，2020，37（10）：34－36.

［65］杨文生．山东省长期护理保险制度试点调查［J］．保险理论与实践，2017（01）：47－68.

［66］易春黎．青岛市长期护理保险试点成效显现［N］．中国保险报，2018－09－11（004）.

［67］殷志芳．江苏长期护理保险的实践与启示——基于南通、苏州与徐州的对比分析［J］．长沙民政职业技术学院学报，2020，27（02）：15－18.

［68］于新亮，刘慧敏，杨文生．长期护理保险对医疗费用的影响——基于青岛模式的合成控制研究［J］．保险研究，2019（02）：114－127.

［69］苑耀明，李建梅，张晓军，王世斌．补齐短板　拓展服务——潍坊市扎实做好职工长期护理保险试点工作［J］．中国人力资源社会保障，2016

(04)：14－16.

　[70] 张萌．广州市试点长期护理保险制度案例分析 [D]．广东财经大学，2018.

　[71] 张茹茜，张舒．我国长期护理保险试点政策的比较研究——以广州和上海为例 [J]．大众标准化，2020 (13)：136－139.

　[72] 张永安，耿喆．我国区域科技创新政策的量化评价——基于 PMC 指数模型 [J]．科技管理研究，2015，35 (14)：26－31.

　[73] 赵娜，陈凯．风险认知对长期护理保险购买意愿影响分析 [J]．保险研究，2015 (10)：84－95.

　[74] 郑秉文．从"长期照护服务体系"视角分析长期护理保险试点三周年成效 [J]．中国人力资源社会保障，2019 (09)：38－41.

　[75] 中国保险协会．2016 中国长期护理调研报告 [R]．北京，中国保险协会，2016.

　[76] 钟俊驰，张铎龄，张莹．我国老年长期护理保险制度构建中的问题与思考 [J]．医学与哲学 (A)，2017，38 (05)：43－45.

　[77] 曾毅，陈华帅，王正联．21 世纪上半叶老年家庭照料需求成本变动趋势分析 [J]．经济研究，2012，10：134－149.

　[78] 周磊，王静曦．长期护理保险资金筹集和待遇支付政策探讨——基于全国 15 个试点城市实施方案的比较 [J]．财经问题研究，2019 (11)：89－97.

　[79] 周四娟，原彰．我国长期护理保险失能等级评定量表的比较研究——以 15 个试点城市为例 [J/OL]．卫生经济研究，2021 (08)：59－62 [2021－08－05]．https：//doi. org/10. 14055/j. cnki. 33－1056/f. 2021. 08. 014.

　[80] 周桐，范转转，杨倩，吴海波．老龄化背景下的长期护理保险：模式选择与制度优化 [J]．江西中医药大学学报，2020，32 (03)：96－100.

　[81] 周晓容．成都市长期照护保险试点背景下居家照护服务质量评价指标体系构建及实证研究 [D]．成都中医药大学，2019.

　[82] 朱琳琳．河北省长期护理保险均衡缴费率研究 [D]．辽宁大学，2019.

　[83] Ansah JP, Eberlein RL, Love SR, Bautista MA, Thompson JP, Malhotra R & Matchar DB. Implications of Long-term Care Capacity Response Policies for an Aging

Population: A Simulation Analysis [J]. *Health Policy*, 2014 (116): 105 – 113.

[84] Ansah JP, Matchar DB, Love SR, Malhotra R, Do YK, Chan A & Eberlein R. Simulating the Impact of Long-term Care Policy on Family Eldercare Hours [J]. *Health Services Research*, 2013 (48): 773 – 791.

[85] Blank F. The State of the German Social Insurance State: Reform and Resilience [J]. *Social Policy & Administration*, 2020, 54 (3): 505 – 524.

[86] Braun RA, Kopecky KA, Koreshkova T. Old, Frail, and Uninsured: Accounting for Features of the US Long-term Care Insurance Market [J]. *Econometrica*, 2019, 87 (3): 981 – 1019.

[87] Bremer P, Challis D, Hallberg IR, et al. Informal and Formal Care: Substitutes or Complements in Care for People with Dementia? Empirical Evidence for 8 European Countries [J]. *Health Policy*, 2017 (6): 613.

[88] Brown JF, Finkelstein A. Why is the Market for Long-term Care Insurance so Small? [J]. *Journal of Public Economics*, 2007, 91 (10), 1967 – 1991.

[89] Brownie S, Horstmanshof L, Garbutt R. Factors that Impact Residents' Transition and Psychological Adjustment to Long-term Aged Care: A Systematic Literature Review. *International Journal of Nursing Studies*, 2014, 51 (12): 1654 – 1666.

[90] Brugiavini A, Carrino L, Orso CE, et al. Vulnerability and Long-term Care in Europe: An Economic Perspective [J]. *Springer: Cham*, 2017, Switzerland.

[91] Burgdorf J, Wolff J, Willink A, et al. Expanding Medicaid Coverage for Community-based Long-term Services and Supports: Lessons from Maryland's Community First Choice Program [J]. *Journal of Applied Gerontology*. 2018, online first.

[92] Büscher A, Wingenfeld K, Schaeffer D. Determining Eligibility for Long-term Care Lessons from Germany [J]. *International Journal of Integrated Care*, 2011, 11 (2): 1 – 9.

[93] Calmus DR. The long-term Care Funding Crisis [R]. Center for Policy Innovation. Discussion Paper, #7 on Health Care, 2013. Accessed January 18, 2020.

[94] Case A, Deaton A. Rising Morbidity and Mortality in Midlife Among

White Non-Hispanic Americans in the 21st Century [J]. *Proceedings of the National Academy of Sciences*, 2015, 112 (49), 15078 – 15083.

[95] Chang S, Yang W, Deguchi H. Care Providers, Access to Care, and the Long-term Care Nursing Insurance in China: An agent-based Simulation [J]. *Social Science & Medicine*, 2020 (244): 112667.

[96] Chin CWW, Phua KH. Long-term Care Policy: Singapore's Experience [J]. *Journal of Aging and Social Policy*, 2016, 28 (2), 113 – 129.

[97] Choi JW, Park EC, Lee SG, et al. Does Long-term Care Insurance Reduce the Burden of Medical Costs? A Retrospective Elderly Cohort Study [J]. *Geriatrics & Gerontology International*, 2018, 18 (12).

[98] Clarfield AM, Bergman H, Kane R. Fragmentation of Care for Frail Older People-an International Problem. Experience from Three Countries: Israel, Canada, and the United States [J]. *Journal of the American Geriatrics Society*, 2001, 49 (12): 1714 – 1721.

[99] Coe N B, Skira M M, Van Houtven C H. Long-term Care Insurance: Does Experience Matter? [J]. *Journal of Health Economics*, 2015 (40): 122 – 131.

[100] Cohen MA, Feder J. Financing Long-term Services and Supports: Challenges, Goals, and Needed Reforms [J]. *Journal of Aging and Social Policy*, 2018, 30 (3 – 4): 209 – 226.

[101] Colombo F, Llena-Nozal A, Mercier J, et al. Help Wanted? Providing and Paying for Long-term Care [J]. *OECD Health Policy Studies*. Paris: OECD Publishing, 2011.

[102] Colombo F, Mercier J. Help Wanted? Fair and Sustainable Financing of Long-term Care Services [J]. *Applied Economic Perspectives and Policy*, 2012, 34 (2): 316 – 332.

[103] Comas-Herrera A, Wittenberg R, Pickard L. The Long Road to Universalism? Recent Developments in the Financing of Long-term Care in England. *Social Policy and Administration*, 2010, 44 (4): 375 – 391.

[104] Costa-Font J, Courbage C, Zweifel P. Policy Dilemmas in Financing Long-term Care in Europe [J]. *Global Policy*, 2017 (8): 38 – 45.

［105］Costa-Font J, Courbage C. *Financing Long-term Care in Europe*: *Institutions*, *Markets and Models* ［M］. London: Palgrave Macmillan, 2012.

［106］Dang J, Wei Y, Liu N. *Survey Report on the Living Conditions of China's Urban and Rural Older Persons* ［M］. Social Sciences Academic Press, 2018.

［107］De Castries H. Ageing and Long-term Care: Key Challenges in Long-term Care Coverage for Public and Private Systems ［R］. The Geneva Papers on Risk and Insurance-Issues and Practice, 2009, 34（1）: 24 – 34.

［108］De Vries NM, Staal JB, Van Ravensberg CD, et al. Outcome Instruments to Measure Frailty: A Systematic Review ［J］. *Ageing research reviews*, 2011, 10（1）: 104 – 114.

［109］Dubuc N, Dubois MF, Raîche M, Gueye N'DR & Hébert R. Meeting the Home-care Needs of Disabled Older Persons Living in the Community: Does Integrated Services Delivery Make a Difference? ［J］. BMC Geriatrics, 2011, 11, 67.

［110］Eisen R, Sloan FA. Long-term Care: Economic Issues and Policy Solutions（Vol. 5）. （1996）

［111］Eling M. Financing Long-term Care: Some Ideas from Switzerland: Comment on "Financing long-term Care: Lessons from Japan ［J］. *International Journal of Health Policy and Management*, 2020, 9（1）: 39 – 41.

［112］European Commission. Peer Review on Germany's Latest Reforms of the Long-term Care System ［EB/OL］, 2019. Accessed on January 18, 2020. https: // ec. europa. eu/social/main. jsp? langId = en&catId = 89&newsId = 9008&furtherNews = yes.

［113］European Commission. The 2015 Ageing Report. Economic and Budgetary Projections for the 28 EU Member States（2013 – 2060）［J］. European Economy 3, 2015. Accessed on January 18, 2020.

［114］Feng J, Wang Z, Yu Y, et al. Does Long-Term Care Insurance Reduce Hospital Utilization and Medical Expenditures? Evidence from China ［J］. *Social Science & Medicine*, https: //doi. org/10. 1016/j. socscimed. 2020. 113081.

［115］Feng Z, Glinskaya E. Aiming higher: Advancing Public Social Insurance for Long-term Care to Meet the Global Aging Challenge; Comment on "Financing long-term Care: lessons from Japan" ［J］. *International Journal of Health Poli-*

cy and Management. （2019）https：//doi. org/10. 15171/ijhpm. 2019. 121

[116] Feng Z, Zhan HJ, Feng X, Liu C, Sun M, Mor V. An Industry in the Making：The Emergence of Institutional Elder Care in Urban China [J]. *Journal of the American Geriatrics Society*, 2011, 59（4）：738 – 744.

[117] Feng Z. Global Convergence：Aging and Long-term Care Policy Challenges in the Developing World [J]. *Journal of Aging Society Policy*, 2019, 31（4）：291 – 297.

[118] Frank RG. Long-term Care Financing in the United States：Sources and Institutions [J]. *Applied Economic Perspectives and Policy*, 2012, 34（2）, 333 – 345.

[119] Fu R, Noguchi H, Kawamura A, et al. Spillover Effect of Japanese Long-term Care Insurance as an Employment Promotion Policy for Family Caregivers [J]. *Journal of Health Economics*, 2017（56）：103 – 112.

[120] Galiana J, Haseltine WA. Aging Well：Solutions to the Most Pressing Global Challenges of Aging [J]. *Singapore：Palgrave Macmillan*, Springer Nature, 2019. https：//doi. org/10. 1007/978 – 981 – 13 – 2164 – 1.

[121] García-Gómez P, Hernández-Quevedo C, Jiménez-Rubio D, Oliva-Moreno J. Inequity in Long-term Care Use and Unmet Need：Two Sides of the Same Coin. *Journal of health economics*, 2015（39）：147 – 158.

[122] Gleckman H. Long-term Care Financing Reform：Lessons from the US and Abroad [M]. Washington, DC：Commonwealth Fund, 2010.

[123] Graham WCK, Bilger M. Financing Long-term Services and Supports：Ideas from Singapore [J]. *The Milbank Quarterly*, 2017, 95（2）：358 – 407.

[124] Grimaldo F, Ordun ~ a JM, Lozano M, R'odenas F, Garc'es J. Towards a Simulator of Integrated Long-term Care Systems for Elderly People [J]. *International Journal on Artificial Intelligence Tools*, 2014, 23（1）, 1440005.

[125] Harris-Kojetin L, Sengupta M, Lendon JP, Rome V, Valverde R, Caffrey C. Long-term Care Providers and Services Users in the United States, 2015 – 2016 [J]. *National Center for Health Statistics.* Vital Health Stat 3（43）, 2019. https：//stacks. cdc. gov/view/cdc/76253

[126] Harris-Kojetin L, Sengupta M, Park-Lee E, Valverde R. Long-term Care Services in the United States: 2013 Overview [R]. National health care statistics reports; no 1. Hyattsville MD: National Center for Health Statistics. 2013.

[127] Homer JB & Hirsch GB. System Dynamics Modeling for Public Health: Background and Opportunities [J]. *American Journal of Public Health*, 2006 (96): 452 – 458.

[128] Ikegami N, Campbell JC. Choices, Policy Logics and Problems in the Design of Long-term Care Systems [J]. *Social Policy and Administration*, 2002, 36 (7): 719 – 734.

[129] Ikegami N. Financing Long-term Care: Lessons from Japan [J]. *International Journal of Health Policy Management*, 2019, 8 (8): 462 – 466.

[130] Jeon B, Kwon S. Health and Long-term Care Systems for Older People in the Republic of Korea: Policy Challenges and Lessons. *Health Systems &Reform*, 2017, 3: 3, 214 – 223,

[131] Jing Y, Li H, Li Y. Quantitative Forecast Analysis of the Quantity and Structure of Disability Old in China [J]. *Population Journal*, 2017, 39 (6): 81 – 89.

[132] Joshua LC. *Aging and Long Term Care Systems: A Review of Finance and Governance Arrangements in Europe*, North America and Asia-Pacific (English) [M]. Washington, DC: World Bank Group, 2017: 1 – 112.

[133] Kato RR. The Future Prospect of the Long-term Care Insurance in Japan. [J] *Japan and the World Economy*, 2018 (47): 1 – 17.

[134] Kim H, Kwon S, Yoon NH, et al. Utilization of Long-term Care Services Under the Public Long-term Care Insurance Program in Korea: Implications of a Subsidy Policy. *Health Policy*, 2013, 111 (2): 166 – 174.

[135] Kim HB, Lim W. Long-term Care Insurance, Informal Care, and Medical Expenditures [J]. *Journal of Public Economics*, 2015, 125, 128 – 142.

[136] Klimaviciute J, Pestieau P. The Public Economics of Long-term Care [J]. A survey of Recent Contributions. Annals of Public and Cooperative Economics, 2018, 89 (1): 49 – 63.

[137] Kraus M, Riedel M, Mot E, et al. A Typology of Long-term Care Sys-

tems in Europe [R]. ENEPRI Research Report No. 91 for the Assessing Needs of Care in European Nations (ANCIEN) research project. Brussels, Belgium: European Network of Economic Policy Research Institutes, 2010. Accessed on February 5, 2020. at https://irihs.ihs.ac.at/id/eprint/3649/1/ENEPRI% 20RR% 20No% 2091% 20Typology% 20of% 20LTC% 20% 20Systems% 20in% 20Europe.pdf

[138] León M. Similar trends, Different Responses: The Transformation of Care in European Societies [J]. In The Transformation of Care in European societies (pp. 324 – 337). Palgrave Macmillan, London, 2014. https://doi.org/10.1057/9781137326515

[139] Li F, Otani J. Financing Elderly People's Long - term Care Needs: Evidence from China [J]. *The International Journal of Health Planning and Management*, 2018, 33 (2): 479 – 488.

[140] Lorenzoni L, Morgan D, Murakami Y, et al. Public Expenditure Projections for Health and Long-Term Care for China Until 2030 [R]. OECD Health Working Papers, No. 84, OECD Publishing, Paris, 2015.

[141] Lu B, Mi H, Zhu Y, et al. A Sustainable Long-term Health Care System for Aging China: A Case Study of Regional Practice [J]. *Health Systems & Reform*, 2017, 3 (3): 182 – 190.

[142] Lyons GJ, Duggan J. System Dynamics Modelling to Support Policy Analysis for Sustainable Health Care [J]. *Journal of Simulation*, 2015, 9 (2): 129 – 139.

[143] Manton KG, Gu X, Lamb VL. Change in Chronic Disability from 1982 to 2004/2005 as Measured by Long-term Changes in Function and Health in the US Elderly Population [J]. *Proceedings of the National Academy of Sciences*, 2006, 103 (48): 18374 – 18379.

[144] Mazurek J, Szcześniak D, Urbańska K, et al. Met and Unmet Care Needs of Older People with Dementia Living at Home: Personal and Informal Carers' Perspectives. *Dementia*, 2019, 18 (6): 1963 – 1975.

[145] Mor V, Leone T, Maresso A. *Regulating Long-term Care Quality: An International Comparison* [M]. Cambridge University Press, 2014.

[146] Mor V, Maresso A. *Health Services Evaluation*, *Provision of Health Services*: *Long-Term Care* [M]. London: Springer, 2019.

[147] Mot E, Faber R, Geerts J, Willemé P. Performance of Long-term Care Systems in Europe [R]. *Enepri Research Report*, No. 117 December 2012.

[148] Nadash P, Doty P, von Schwanenflügel M. The German Long-term Care Insurance Program: Evolution and Recent Developments [J]. *The Gerontologist*, 2018, 58 (3), 588 – 597.

[149] Nadash P, Cuellar AE. The Emerging Market for Supplemental Long Term Care Insurance in Germany in the Context of the 2013 Pflege-Bahr Reform [J]. *Health Policy*, 2017, 121 (6): 588 – 593.

[150] OECD. *Long-term Care for Older People* [M]. OECD Publishing, 2005.

[151] OECD. *Long-term Care Spending and Unit Costs*, *in Health at a Glance 2019*: *OECD Indicators* [M]. OECD Publishing, 2019, Accessed on January 18, at https://doi. org/10. 1787/3e583d73-en

[152] OECD/European Commission. A *Good Life in Old Age? Monitoring and Improving Quality in Long-term Care*, OECD Health Policy Studies, OECD Publishing, 2013.

[153] O'Leary J, Chow L. Challenges Facing US Long-Term Care Financing: Future Needs, Key Issues and Current Solutions [J]. *Benefits quarterly*, 2016, 32 (4): 45.

[154] Olivares-Tirado P, Tamiya N. *Trends and Factors in Japan's Long-term Care Insurance System*: *Japan's 10-year Experience* [M]. Springer Science and Business Media, 2014.

[155] Peng R, Wu B, Ling L. Undermet Needs for Assistance in Personal Activities of Daily Living Among Community-dwelling Oldest old in China from 2005 to 2008. *Research on Aging*, 2015, 37 (2): 148 – 170.

[156] Pickard L, Wittenberg R, Comas-Herrera A, King D, Malley J. Care by Spouses, Care by Children: Projections of Informal Care for Older People in England to 2031 [J]. *Social Policy and Society*, 2007, 6 (3): 353 – 366.

[157] Ranci C, Pavolini E. *Reforms in Long Term Care Policies in Europe*

[M]. Springer New York, 2013.

[158] Randers J. *Elements of the System Dynamics Method* [M]. MIT Press, 1980.

[159] Rhee JC, Done N, Anderson GF. Considering Long-term Care Insurance for Middle-income Countries: Comparing South Korea with Japan and Germany [J]. *Health Policy*, 2015, 119 (10): 1319 – 1329.

[160] Ruiz Estrada MA, Yap SF, Nagaraj S. Beyond the Ceteris Paribus Assumption: Modeling Demand and Supply Assuming Omnia Mobilis [J]. *Internationl Journal of Economics Research*, 2008 (2): 185 – 194.

[161] Ruiz Estrada MA. Policy Modeling: Definition, Classification and Evaluation [J]. *Journal of Policy Modeling*, 2011, (33): 523 – 536.

[162] Schmitz A, Giese C. Is Insurance the Answer to the Long-Term-Care Financing Challenge? [J]. *Generations*, 2019, 43 (1): 86 – 88.

[163] Seok JE. Public Long-term Care Insurance for the Elderly in Korea: Design, Characteristics, and Tasks [J]. *Social Work in Public Health*, 2010, 25 (2): 185 – 209.

[164] Sergi JM, Cristina VP. The Trade-off between Formal and Informal Care in Spain [J]. *European Journal of Health Economics*, 2012 (4): 461 – 490.

[165] Song SO, Jung CH, Song YD, et al. Background and Data Configuration Process of a Nationwide Population-based Study Using the Korean National Health Insurance System [J]. *Diabetes and Metabolism Journal*, 2014, 38 (5): 395 – 403.

[166] Sterman J. System Dynamics Modeling: Tools for Learning in a Complex World [J]. *California Management Review*, 2001, 43 (4): 8 – 25.

[167] Sterman J. *Business Dynamics: Systems Thinking and Modeling for a Complex World* [M]. Boston, MA: McGraw-Hill Higher Education; 2000.

[168] Stone R, Harahan MF. Improving the Long-term Care Workforce Serving Older Adults [J]. *Health Affairs*, 2010, 29 (1): 109 – 115.

[169] Stone RI. Long-term Care for the Elderly with Disabilities: Current Policy Merging Trends and Implications for the Twenty First Century [R]. New York:

The Milbank Memorial Fund, 2000. Accessed on January 18, 2020 at https: // www. milbank. org/wp-content/uploads/2016/04/LongTermCare_Mech5. pdf.

[170] Su Q, Peng B, Chen J. An Analysis on Long-term Care and Influencing Factors of the Disabled Elders: Based on Rural-urban Difference [J]. *Population & Economics*, 2015, 25 (4): 69 – 76.

[171] Sugawara S, Nakamura J. Can Formal Elderly Care Stimulate Female Labor Supply? The Japanese Experience [J]. *Journal of the Japanese and International Economies*, 2014 (34): 98 – 115.

[172] Tank-Nielsen C. *Sensitivity Analysis in System Dynamics* [M]. In R. Jørgen (Ed.), Elements of the system dynamics method (pp. 185 – 202). MIT Press, 1980.

[173] Tell EJ, Cohen MA. The States Can't Wait: The Long-Term-Care Financing Imperative [J]. *Generations*, 2019, 43 (1): 49 – 54.

[174] Umegaki H, Yanagawa M, Nonogaki Z, et al. Hidetoshi Endo, Burden Reduction of Caregivers for Users of Care Services Provided by the Public Long-term Care Insurance System in Japan [J]. *Archives of Gerontology and Geriatrics*, 2014, 58 (1): 130 – 133.

[175] Wang J, Gu D, Zhong R, Peng R, Wu B. Long-term Care Financing [M]. In: Danan Gu, Matthew E. Dupre. (eds) Encyclopedia of Gerontology and Population Aging. 2020, Springer, Cham.

[176] Wiener JM. After CLASS: The Long-term Care Commission's Search for a Solution [J]. *Health Aff (Millwood)*, 2013, 32 (5): 831 – 834.

[177] WHO. World Report on Ageing and Health. Geneva: World Health Organization [R]. 2015. Accessed on January 30, 2020.

[178] Wouterse B, Smid B. How to Finance the Rising Costs of Long-term Care: Four Alternatives for the Netherlands [J]. *Fiscal Studies*, 2017, 38 (3): 369 – 391.

[179] Wu B, Mao Z, Zhong R. Long-term Care Arrangements in Rural China: Review of Recent Developments [J]. *Journal of the American Medical Directors Association*, 2009, 10 (7): 472 – 477.

［180］Yang W, He AJ, Fang L, Mossialos E. Financing Institutional Long-term Care for the Elderly in China：A Policy Evaluation of New Models ［J］. *Health Policy and Planning*, 2016, 31（10）, 1391 – 1401.

［181］Yang W, He JA, Fang L, et al. Financing Institutional Long-term Care for the Elderly in China：A Policy Evaluation of New Models ［J］. *Health Policy and Planning*, 2016, 31（10）, 1391 – 1401.